PORQUE EL FÚTBOL
IMPORTA

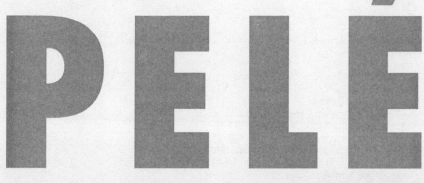

PELÉ

CON BRIAN WINTER

PORQUE EL FÚTBOL IMPORTA

002000305599

A CELEBRA BOOK

Celebra
Publicado por Penguin Group
Penguin Group (USA) LLC, 375 Hudson Street,
Nueva York, Nueva York 10014

Estados Unidos / Canadá / Reino Unido / Irlanda / Australia / Nueva Zelanda / India /
Sudáfrica / China
penguin.com
Una compañía de Penguin Random House

Primera edición: Celebra,
una división de Penguin Group (USA) LLC

Primera impresión: abril de 2014
Copyright © Sport Licensing International, 2014
Translation copyright © Penguin Group (USA) LLC, 2014
Traducido por Santiago Ochoa
NEW AMERICAN LIBRARY SPANISH EDITION ISBN: 978-0-451-46845-1

CATÁLOGO DE LA BIBLIOTECA DEL CONGRESO: DATOS EN PUBLICACIÓN:
Pelé, 1940–
    Por qué es importante el fútbol/Pelé ; con Brian Winter.
        p.   cm.
    ISBN 978-0-451-46844-4 (pasta dura)
    1. Pelé, 1940–   2. Pelé, 1940: Viajes.   3. Fútbol: Historia.
4. Copa Mundial (Fútbol): Historia.   5. Fútbol: Aspectos sociales.
6. Jugadores de fútbol: Brasil: Biografía.   I. Winter, Brian.   II. Título.
    GV942.7.P42A3 2014
    796.334—dc23   2013043730

Impreso en los Estados Unidos de América
10   9   8   7   6   5   4   3   2   1

En la composición de este libro se utilizó la tipografía Adobe Caslon
Diseñada por Spring Hoteling

Para Doña Celeste, con mucho amor

ÍNDICE

PORQUE EL FÚTBOL
IMPORTA

Introducción

ierro los ojos y puedo ver todavía mi primer balón de fútbol.

En realidad eran sólo un montón de medias juntas. Mis amigos y yo las «tomábamos prestadas» de los tendederos de ropa de nuestros vecinos y pateábamos nuestro «balón» durante varias horas seguidas. Corríamos por las calles, gritando y riendo, compitiendo hasta que oscurecía. Como podrán imaginar, ¡algunas personas del barrio no estaban muy contentas con nosotros! Pero estábamos locos por el fútbol y éramos demasiado pobres para permitirnos otra cosa. De todos modos, las medias siempre regresaban a su propietario legítimo, tal vez un poco más sucias que cuando las agarrábamos.

Varios años después practicaba con una toronja o con un par de viejos trapos de cocina atados o incluso con pedazos de basura. Fue sólo hasta que era casi un adolescente que empezamos a jugar con balones «de verdad». Cuando jugué mi primera Copa del Mundo en 1958, a los diecisiete años, utilizábamos un balón de cuero simple y cosido, pero incluso eso parece una reliquia ahora. Después de todo, el deporte ha cambiado mucho. En 1958, los brasileños tuvieron que esperar casi un mes para ver noticias en los cines sobre la final del campeonato entre

Brasil y Suecia, el equipo anfitrión. Por el contrario, durante el último Mundial de Sudáfrica en 2010, alrededor de tres mil doscientos millones de personas —o casi la mitad de la población del planeta— vieron en vivo la final entre España y Holanda por televisión o por Internet. Supongo que no es una coincidencia que los balones que utilizan los jugadores hoy en día sean elegantes, multicolores y sintéticos, probados en túneles de viento para asegurarse de que giren correctamente. A mí, me parecen más naves extraterrestres que algo con lo que realmente tratarías de jugar.

Pienso en todos esos cambios y me digo: *¡Ya soy viejo!* Pero también me maravillo de la forma en que ha evolucionado el mundo —en gran medida para bien— en las últimas siete décadas. ¿Cómo hizo un niño pobre y negro de una zona rural de Brasil, que creció pateando medias rellenas y trozos de basura por calles polvorientas, para estar en el centro de un fenómeno global visto por miles de millones de personas en todo el mundo?

En este libro intento describir algunos de los impresionantes cambios y acontecimientos que hicieron posible mi viaje. También hablo de cómo el fútbol ha ayudado a hacer del mundo un lugar un poco mejor en el transcurso de mi vida, al unir a las comunidades y al dar a los niños desfavorecidos como yo una sensación de propósito y orgullo. Esta no es ni una autobiografía ni son unas memorias convencionales; no todo lo que me ha pasado en la vida está incluido en estas páginas. En realidad, he procurado contar historias superpuestas de cómo he evolucionado como persona y como jugador, y un poco de la forma en que el fútbol y el mundo han evolucionado también. He hecho esto centrándome en cinco Mundiales diferentes, a partir del de 1950 que organizó Brasil cuando yo estaba pequeño y terminando con el evento que mi país organizará con orgullo una vez más en 2014. Por diferentes razones, estos torneos han sido verdaderos hitos en mi vida.

Cuento estas historias con humildad y con gran aprecio por lo afortunado que he sido. Doy gracias a Dios y a mi familia por su apoyo. Estoy agradecido con todas las personas que dedicaron un poco de su tiempo para ayudarme en mi camino. Y también estoy agradecido con el fútbol, el más hermoso de los juegos, por haber tomado a un pequeño niño llamado Edson y haberlo dejado vivir la vida de «Pelé».

EDSON ARANTES DO NASCIMENTO
«PELÉ»
SANTOS, BRASIL
SEPTIEMBRE DE 2013

BRASIL, 1950

1

¡¡¡¡¡¡¡Gooooooooolllllllllll!!!!!!!!!

Nos reímos, gritamos, saltamos arriba y abajo. Todos nosotros, toda mi familia, reunida en nuestra pequeña casa, al igual que cualquier otra en todo Brasil.

A quinientos kilómetros de distancia, y frente a una multitud ruidosa en Río de Janeiro, el poderoso Brasil enfrentaba al pequeño Uruguay en el último partido por la Copa del Mundo. Nuestro equipo era el favorito, había llegado el momento. Y a los dos minutos del segundo tiempo, uno de nuestros delanteros, Friaça, esquivó a un defensa y envió un pelotazo bajo y fuerte que rebotó en la portería, superó al arquero y se alojó en la red.

Brasil 1, Uruguay 0.

Fue un gol hermoso, aunque no pudiéramos verlo con nuestros propios ojos porque no había televisión en nuestra pequeña ciudad. De hecho, las primeras transmisiones televisivas en la historia de Brasil tuvieron lugar en esa Copa del Mundo, pero sólo en Río de Janeiro. Así que para nosotros, como para la mayoría de los brasileños, sólo existía la radio. Nuestra familia tenía un aparato enorme y cuadrado con perillas redondas y una antena en forma de V en un rincón de la sala, y ahora estábamos bailando como locos, gritando y vociferando.

Yo tenía nueve años, pero nunca olvidaré esa sensación: la euforia, el orgullo, la idea de que dos de mis grandes amores —el fútbol y Brasil— estaban unidos ahora en la victoria y que eran los mejores del mundo. Recuerdo a mi madre y su sonrisa fácil, y a mi padre, mi héroe, tan inquieto durante aquellos años, tan frustrado por sus propios sueños malogrados con respecto al fútbol, de repente muy jóvenes de nuevo, abrazando a sus amigos, abrumados por la felicidad.

Esto duraría exactamente diecinueve minutos.

Al igual que millones de brasileños, tuve que aprender una de las lecciones difíciles de la vida: en esta, como en el fútbol, no hay nada seguro hasta que suene por última vez el silbato.

Ah, pero ¿cómo podríamos haber sabido esto? Éramos jóvenes y practicábamos un deporte joven en una nación igualmente joven.

Nuestro viaje apenas comenzaba.

2

Antes de ese día —el 16 de julio de 1950, una fecha que recuerdan todos los brasileños como si se tratara de la muerte de un ser querido— era difícil imaginar algo que lograra unir a nuestro país.

En esa época, los brasileños estaban separados por muchas cosas, y el enorme tamaño de nuestra nación era una de ellas. Nuestra pequeña ciudad de Bauru, en lo alto de una meseta en el interior del estado de São Paulo, parecía estar a un mundo de distancia de la elegante capital de Río de Janeiro al lado del mar, donde se celebraba el último partido de la Copa del Mundo. Río era todo samba, calor tropical y chicas en bikini, que es lo que la mayoría de los extranjeros se imaginan cuando piensan en Brasil. Pero hacía tanto frío en Bauru el día del partido que mi mamá decidió encender la estufa de la cocina, lo cual era una extravagancia, pero ella pensaba que eso ayudaría a calentar la sala y a evitar que nuestros invitados murieran de frío.

Si ese día nos sentimos tan lejos de Río, sólo puedo imaginar cómo se deben haber sentido mis compatriotas brasileños de la Amazonia, del Pantanal o del sertón rocoso y árido del nordeste. Brasil es más grande que el territorio continental de Estados Unidos y en esa época parecía incluso más grande. Se trataba de una época en la que sólo los extraordinariamente ricos podían tener autos, y de todos modos casi no había carreteras pavimentadas en Brasil por las que pudieran circular. Ver cualquier cosa fuera de tu ciudad natal era un sueño lejano para todos, salvo para unos pocos afortunados; sólo conocí el mar cuando tenía quince años, ¡pero no vi a ninguna chica en bikini!

Sin embargo, no era sólo la geografía la que nos mantenía separados. Brasil, un país rico en muchos sentidos, bendecido con oro, petróleo, café y un millón de otros regalos, podría parecer con frecuencia como dos países completamente diferentes. Los magnates y políticos en Río tenían mansiones al estilo de París, pistas de carreras de caballos y casas en la playa para pasar vacaciones, pero ese año, 1950, cuando Brasil fue la sede de la Copa del Mundo por primera vez, casi la mitad de los brasileños no tenía suficiente comida. Sólo uno de cada tres sabía leer correctamente. Mi hermano, mi hermana y yo pertenecíamos a la mitad de la población que andaba descalza. Esta desigualdad estaba arraigada en nuestra política, en nuestra cultura y en nuestra historia: yo pertenecía apenas a la tercera generación de mi familia en haber nacido libre.

Muchos años después, cuando mi carrera como jugador terminó, conocí al gran Nelson Mandela. De todas las personas que he tenido el privilegio de conocer —papas, presidentes, reyes, estrellas de Hollywood— nadie me ha impresionado tanto como él.

—Pelé, aquí en Sudáfrica tenemos muchas personas diferentes, que hablan muchos idiomas distintos —me dijo Mandela—. Allá en Brasil, ustedes tienen muchos recursos y un solo idioma, el portugués. ¿Por qué su país no es rico? ¿Por qué su país no está unido?

Yo no tenía una respuesta para él en aquel entonces y tampoco tengo una respuesta perfecta ahora, pero he visto progreso en mis setenta y tres años de vida. Y sé cuándo creo que comenzó todo.

Sí, la gente puede maldecir todo lo que quiera el 16 de julio de 1950, lo entiendo: ¡yo también lo he hecho! Pero en mi opinión, fue el día en que los brasileños comenzamos nuestro largo viaje por el camino de una mayor unidad, el día en que todo el país se reunió alrededor de la radio, celebrando y sufriendo juntos por primera vez como una sola nación.

El día que empezamos a ver el verdadero poder del fútbol.

3

Mis primeros recuerdos del fútbol son los partidos improvisados en nuestra calle, en medio de pequeñas casas de ladrillo y caminos de tierra llenos de baches, haciendo goles y riendo como un loco mientras jadeaba en el aire frío y pesado. Jugábamos varias horas seguidas hasta que nos dolían los pies y el sol se ponía, y nuestras madres nos llamaban para que regresáramos a casa. No teníamos implementos sofisticados ni camisetas costosas, sólo un balón, o algo parecido. En él se encuentra gran parte de la belleza del deporte.

En cuanto a lo que hice con ese balón... bueno, aprendí casi todo lo que sé con mi padre, João Ramos do Nascimento. Al igual que casi todo el mundo en Brasil, era conocido por su apodo: Dondinho.

Dondinho nació en un pequeño pueblo del estado de Minas Gerais, que significa literalmente «Minas Generales», donde se encontró la mayor parte del oro en Brasil en la época colonial. Dondinho estaba prestando su servicio militar obligatorio cuando conoció a mi madre Celeste, que era una estudiante. Se casaron cuando ella tenía sólo quince años, y a los dieciséis ya estaba embarazada de mí. Me llamaron «Edson» en honor a Thomas Edison porque la bombilla eléctrica recién había llegado a la ciudad cuando nací en 1940. Quedaron tan impresionados que quisieron rendir un homenaje a su inventor. Omitieron una letra, pero de todos modos siempre me ha gustado ese nombre.

Dondinho se tomó en serio su vida militar, pero el fútbol era su verdadera pasión. Medía un metro con ochenta centímetros, lo cual era mucho para Brasil, sobre todo en esa época, y era muy hábil con el balón. Tenía un talento especial para saltar a gran altura y marcar goles con la cabeza, algo que hizo cinco veces en un solo partido, lo que probablemente haya sido —y sea— un récord nacional. Años más tarde, la gente diría —con cierta exageración— ¡que el único récord de goles en Brasil que no pertenece a Pelé está en manos de su propio padre!

No era una coincidencia, estoy seguro de que Dondinho podría haber sido uno de los grandes jugadores brasileños de todos los tiempos, pero nunca tuvo la oportunidad de demostrarlo.

Cuando nací, mi padre jugaba fútbol semiprofesional en un pueblo de Minas Gerais llamado Três Corações —«Tres Corazones» en español—. A decir verdad, no le daba mucho para vivir. Aunque algunos clubes exclusivos de fútbol pagaban salarios decentes en aquel entonces, la gran mayoría no estaba en condiciones de hacerlo, así que ser un jugador de fútbol suponía un cierto estigma, pues era como ser un bailarín, un artista o tener cualquier profesión que la gente persiga por amor y no porque gane buen dinero. Nuestra joven familia deambuló de ciudad en ciudad, luchando siempre para llegar a fin de mes. En un momento dado, vivimos un año entero en un hotel, aunque no era muy lujoso que digamos. Era, como bromeábamos después, un balneario de cero estrellas para jugadores de fútbol, así como para vendedores ambulantes y hasta vagabundos.

Poco antes de mi segundo cumpleaños, en 1942, parecía que todo ese sacrificio finalmente daría frutos: Dondinho tuvo lo que parecía ser su gran oportunidad cuando fue convocado para jugar con el Atlético Mineiro, el club más grande y más rico de todo Minas Gerais. Era un trabajo del que podría vivir toda nuestra familia, tal vez cómodamente. Mi padre sólo tenía veinticinco años y toda su carrera como jugador por delante, pero durante su primer partido, contra el São Cristóvão, un equipo de Río, el desastre llegó cuando Dondinho chocó a toda velocidad con un defensa contrario llamado Augusto.

No fue lo último que supimos de Augusto, quien se recuperaría y se dedicaría a otras cosas. Pero fue, por desgracia, el punto final en la carrera de Dondinho como jugador porque sufrió una lesión catastrófica en la rodilla: en los ligamentos, o tal vez en los meniscos. Digo «tal vez» porque en esa época no había imágenes de resonancia magnética ni una verdadera medicina deportiva en Brasil. Realmente no sabíamos cuál era el problema y mucho menos cómo tratarlo, lo único que sabíamos era aplicar hielo en la parte lesionada, mantenerla en alto y esperar lo mejor. Sobra decir que la rodilla de Dondinho nunca sanó por completo.

Como no pudo jugar su segundo partido, Dondinho fue retirado rápidamente del equipo y enviado de nuevo a Três Corações. Y entonces, comenzó a trabajar como jornalero por un período de varios años en que nuestra familia luchó constantemente para llegar a fin de mes.

Incluso en las mejores épocas las cosas fueron muy difíciles, pero ahora Dondinho pasaba mucho tiempo en casa, tratando de cuidarse la rodilla, con la esperanza de que sanara y pudiera volver a jugar con el Atlético o con otro equipo igualmente lucrativo. Entiendo por qué lo hizo: creía que era el mejor camino para dar una vida mejor a su familia. Pero cuando no estaba en condiciones de jugar, prácticamente no ganaba nada de dinero y, por supuesto, en los años cuarenta no había un sistema de seguridad social en Brasil. Mientras tanto, había nuevas bocas que alimentar: Jair y Maria Lucia, mi hermano y hermana, acababan de venir al mundo. Doña Ambrosina, mi abuela paterna, también se mudó con nosotros, al igual que el tío Jorge, el hermano de mi madre.

Mis hermanos y yo teníamos ropa de segunda mano, muchas veces confeccionada con sacos de trigo. No había dinero para zapatos. Algunos días, la única comida que mamá podía darnos era pan con una rodaja de plátano, acompañada tal vez con frijoles y arroz que el tío Jorge traía de su trabajo en una tienda de abarrotes. Ahora bien, esto nos hacía afortunados en comparación con un gran número de brasileños, pues tengo que decir que nunca pasamos hambre. Nuestra casa tenía un tamaño decente, no era de ninguna manera una casucha o tugurio —o «favela», para usar la palabra brasileña—, pero el techo tenía goteras y el piso quedaba empapado después de cada tormenta. Y estaba también la ansiedad constante que sentíamos todos, incluso los niños, acerca de dónde saldría nuestra siguiente comida. Cualquiera que haya sido así de pobre te dirá que esa incertidumbre y ese miedo, una vez que entra en tus huesos, es como un escalofrío que nunca te abandona. Para ser honesto, a veces siento eso incluso en la actualidad.

Nuestra suerte mejoró un poco cuando nos mudamos a Bauru. Mi papá consiguió un empleo en la Casa Lusitania, una tienda de abarrotes que pertenecía al propietario del club Atlético Bauru, o BAC, uno de los dos equipos de fútbol semiprofesional de la ciudad. Dondinho hacía los mandados durante la semana, preparaba y servía el café, ayudaba a repartir el correo y esas cosas. Y los fines de semana era el delantero estrella del BAC.

En el campo de juego, mi papá mostró destellos —cuando no estaba lesionado— del brillo que una vez lo había puesto tan tentadoramente cerca de tener la oportunidad de su vida. Anotó muchos goles, y en 1946 contribuyó a que el BAC ganara el campeonato de la liga semiprofesional del estado de São Paulo. Él tenía también un cierto carisma, una forma de comportarse con elegancia y buen humor a pesar de la mala suerte que había caído sobre su carrera futbolística. Casi todas las personas de Bauru lo conocían y apreciaban. Yo era conocido en todas partes como el hijo de Dondinho, algo de lo que estaba y estoy muy orgulloso. Sin embargo, eran tiempos difíciles y recuerdo que en aquel entonces pensé que no valía la pena ser famoso si no podías llevar el pan a la mesa.

Supongo que Dondinho podría haber buscado otra habilidad, otra ocupación. Pero el fútbol puede ser generoso y cruel al mismo tiempo. Quienes caen bajo su hechizo no logran escapar nunca de él, y cuando Dondinho se dio cuenta de que su sueño estaba quedando atrás, se dedicó en cuerpo y alma a la crianza de otra persona.

4

Ah, así que crees que eres bueno, ¿eh?

Yo me miraba los pies y sonreía.

—Patea la pelota de aquí —me decía él, señalando un punto en la pared de nuestra casa.

Si lograba hacerlo —cosa que acostumbraba— él sonreía un momento y luego, abruptamente, se ponía serio otra vez.

—¡Muy bien! ¡Ahora hazlo con el otro pie!

¡Pran!

—¡Ahora con la cabeza!

¡Pran!

Y pasábamos así, horas y horas, a veces hasta tarde en la noche, sólo nosotros dos, él y yo. Estos eran los fundamentos básicos del fútbol: driblar, patear, pasar el balón hacia atrás y hacia adelante. Casi nunca teníamos acceso a la cancha de fútbol de la ciudad, así que utilizábamos el espacio disponible, que consistía en nuestro pequeño patio y en Rubens Arruda, nuestra calle. Mi papá me contaba historias de los partidos que había jugado y me enseñaba cosas que había aprendido o que se había inventado. También me hablaba ocasionalmente de su hermano mayor, un centrocampista del que decía que era mejor goleador que él, pero que murió cuando tenía apenas veinticinco años, otra prometedora carrera en la familia Nascimento que, de manera trágica, no estuvo a la altura de su potencial.

Casi siempre practicábamos rutinas y aprendía las habilidades básicas del deporte. Algunos ejercicios eran bastante divertidos en términos retrospectivos. Uno de ellos consistía en atar una pelota a una rama en lo alto de un árbol y golpearla con la cabeza varias horas seguidas. Pero eso era un juego de niños en comparación con la técnica de Dondinho para enseñarme a «cabecear» el balón correctamente hacia la meta. Agarraba un balón con las dos manos y me golpeaba la frente con él, una y otra vez.

«¡No parpadees! ¡No parpadees», me decía. Su objetivo era que yo fuera realmente bueno en esto, y tuve que aprender a mantener los ojos abiertos cuando me golpeaba la cabeza con el balón. Me decía incluso que cuando yo estuviera en casa, debería coger un balón y golpearlo con la cabeza por mi cuenta. Eso hice: ¡no puedo imaginar lo ridículo que debo haber parecido! Pero, obviamente, Dondinho pensaba que esto era muy importante, y tenía razón. Fue una lección que me serviría muchísimo en el futuro.

Además de cabecear, Dondinho quería que yo me concentrara en dos habilidades en particular: 1) mantener el balón tan cerca de mi cuerpo como fuera posible mientras driblaba y 2) hacer todo igual de bien con ambos pies. ¿Por qué enfatizaba estas cosas? Tal vez debido a los lugares tan pequeños en los que jugábamos: en las calles, patios y callejones de Bauru. Pero quizá también porque mi papá veía que yo era muy pequeño y esquelético. Cuando alcancé la edad adulta, medía alrededor de un metro setenta; estaba claro incluso en aquel entonces que yo sería bajito. Así que a diferencia de Dondinho, no tendría ninguna ventaja física en el fútbol. Si no podía derribar a otros jugadores o saltar más alto que ellos, entonces tendría que ser más hábil. Tendría que aprender a hacer que el balón fuera una extensión de mí.

Hay que decir que Dondinho me enseñó todas estas cosas con un riesgo considerable. Mi madre, Doña Celeste, *temía* la posibilidad de que su hijo mayor terminara convertido en un jugador de fútbol.

¿Y quién podía culparla? Para Doña Celeste, el fútbol era un callejón sin salida, un camino seguro a la pobreza. Era una mujer fuerte, que siempre nos cuidaba. Con frecuencia, era la única persona responsable en una casa llena de soñadores. Ella quería que yo dedicara mi tiempo libre a estudiar para que así pudiera hacer algo con mi vida. Antes, al igual que ahora, ella era como un ángel en nuestros hombros, animándonos siempre a actuar correctamente y a hacer cosas constructivas y con sentido moral. Ella quería una vida mejor para todos nosotros. Así que en esos primeros años, me regañaba mucho cuando me veía jugar fútbol. ¡Y a veces, el castigo era mucho peor!

A pesar de sus esfuerzos bien intencionados, no había quién nos detuviera a mi papá y a mí. ¿Qué podía hacer ella? Ambos sufríamos la misma enfermedad y, con el paso del tiempo, mientras seguíamos jugando en el pequeño patio, llegó un momento en que Doña Celeste salía, ponía las manos en las caderas y exhalaba un suspiro de resignación:

—Ah, genial. ¡Tu hijo mayor! Eso sí, no te quejes después cuando se esté muriendo de hambre ¡en vez de estar estudiando medicina o derecho!

Dondinho le pasaba el brazo alrededor de la cintura y se reía.

—No te preocupes, Celeste. Si aprende a usar bien el pie izquierdo, ¡no tendrás nada de qué preocuparte!

El padre con sueños frustrados de grandeza deportiva, entrenando a su hijo o hija para que siga sus pasos: es una vieja historia que está llena de peligros. A algunos niños les molesta la carga derivada de estas expectativas. Otros niños simplemente no resisten tanta presión. Algunos no vuelven a patear un balón en su vida.

Nunca sentí ninguna de esas cosas. La simple verdad es que me *encantaba* el fútbol, me encantaba la sensación del balón en los pies, el sol en la cara, la camaradería resultante de un gran trabajo en equipo, la descarga eléctrica que sentía en mis venas cuando anotaba un gol. Pero sobre todo, me encantaba el tiempo que pasaba con mi papá. Durante todas esas largas horas que practicábamos, no creo que Dondinho pensara nunca que yo sería rico o famoso, al menos no en los primeros años. Creo que simplemente amaba este deporte y quería transmitirle ese amor a su hijo.

Lo logró. Y tengo que decir que ese amor nunca se ha desvanecido, está muy dentro de mí, como la religión o el idioma que se aprenden desde el nacimiento. Mi padre se ha ido, pero lo sorprendente es que, después de tantos años, no puedo separar todavía mi amor por el fútbol de mi amor por él.

5

A lo largo de mi vida tendría el honor de jugar en casi todos los grandes estadios del mundo: en el Maracaná de Río, en el Camp Nou de Barcelona, e incluso en el Yankee Stadium de la ciudad de Nueva York. Pero mis primeros partidos de competencia se disputaron en los terrenos sagrados del «estadio Rubens Arruda» que no era una cancha en absoluto, sino una calle polvorienta frente a nuestra casa en Bauru. Los niños del barrio fueron mis primeros rivales. Utilizábamos zapatos viejos para demarcar las porterías, las casas estaban lejos de nosotros (la mayor parte del tiempo), pero si un tiro desviado rompía una farola o una ventana, corríamos como locos, aunque todo el mundo suponía por lo general que yo era el culpable, pues era conocido en toda la ciudad como el más afiebrado por el fútbol entre todo el grupo. ¡Creo que esa fue la única desventaja de ser hijo de Dondinho!

Nuestros partidos improvisados reflejaban por qué creo que el fútbol une a la gente como ninguna otra actividad. Otros deportes, como el béisbol, el cricket o el fútbol americano, requieren todo tipo de implementos costosos o de equipos con una organización muy compleja. Seguramente, todos estos deportes estaban fuera del alcance de un grupo de niños pobres y sin ninguna organización en un lugar como Bauru. Pero lo único que necesitábamos para jugar fútbol era un balón. Podíamos jugar once contra once o uno contra uno y nos entreteníamos igual. Yo podía caminar casi a cualquier hora del día por nuestro barrio y encontrar al menos seis o diez niños para jugar. Nuestras madres estaban cerca y podían cuidarnos. Pero en realidad, no había mucho de qué preocuparse en un pequeño pueblo de Brasil en los años cuarenta; no había autos, casi ningún crimen violento y todos los miembros de la comunidad se conocían. Por lo tanto, sin importar la hora del día, el estadio Rubens Arruda era casi siempre la sede de algún tipo de partido, a menos de que el árbitro —es decir, mi mamá— lo diera por terminado.

Otra cosa maravillosa que tiene el fútbol es que, literalmente, todo el mundo puede jugarlo: puedes ser bajito, alto, fuerte o delgado, pero siempre y cuando puedas correr y patear, serás perfectamente capaz de jugar en una cancha de fútbol. En consecuencia, nuestros partidos incluían a un grupo de niños increíblemente diverso y variado. Cada juego era como una pequeña reunión de las Naciones Unidas: había sirios, portugueses, italianos, japoneses y, por supuesto, muchos afrobrasileños como yo.

En ese sentido, Bauru era un microcosmos de Brasil, que acogía a inmigrantes de todas partes del mundo. Era un verdadero crisol de culturas, tan diverso —si no más— como Estados Unidos. Muchos extranjeros no saben que São Paulo, incluso hoy en día, tiene la mayor población de ascendencia japonesa de cualquier ciudad fuera de Japón. Bauru estaba a más de trescientos kilómetros de São Paulo y parecía tener una millonésima de su tamaño, pero acogió también a inmigrantes que llegaron a trabajar en las plantaciones de café en las afueras de nuestra ciudad. Mis vecinos tenían apellidos como Kamazuki, Haddad y Marconi. El fútbol nos hizo dejar a un lado cualquier diferencia que pudiéramos tener, y yo iba a sus casas después de jugar fútbol y comía yakisoba, kebbe o simplemente arroz y frijoles brasileños. Fue una gran introducción al mundo y despertó en mí un interés precoz por otras culturas que tendría la suerte de disfrutar enormemente en los años posteriores.

Yo siempre tenía prisa por jugar, y generalmente me encargaba de conformar los equipos. Esto era complicado. ¿Por qué? Bueno, a riesgo de sonar inmodesto, todas esas prácticas con Dondinho estaban empezando a dar sus frutos, y eso se estaba convirtiendo en un problema. Mi equipo ganaba los partidos 12–3 o 20–6. Todos empezaron a negarse a jugar, incluso los que eran mucho mayores que yo. Así que al principio trataba de mantenerlos interesados conformando equipos desiguales, jugando tres contra siete por ejemplo, y yo me incluía en el equipo con menos jugadores. Cuando esto ya no fue suficiente, empecé a jugar el primer tiempo como portero, sólo para no ganar por muchos goles, y después jugaba como delantero. Jugar de portero con tanta frecuencia en esos años fue otra decisión que resonaría en mi vida en las formas más extrañas y que con el tiempo me daría mi apodo más famoso, por el que todo el mundo me conoce.

Los apodos son una cosa curiosa en Brasil: casi todo el mundo tiene uno y algunas personas tienen tres o cuatro. En ese momento, yo era conocido todavía como «Dico», tal como mi familia me dice hasta el día de hoy. A mi hermano Jair le decían «Zoca». Y cuando él y yo no estábamos en casa, teníamos todo tipo de aventuras con nuestros amigos alrededor de la ciudad. La estación del tren estaba a pocas cuadras; íbamos allá para ver a las personas que llegaban de São Paulo y de otros lugares: era nuestra ventana al mundo. Otros días, íbamos a pescar al río Bauru debajo del puente del ferrocarril; obviamente, no teníamos dinero para comprar cañas ni carretes de pescar, y entonces pedíamos prestados tamices con bordes de madera para atrapar peces. En muchas ocasiones corríamos con nuestros amigos al bosque que rodeaba la ciudad y cogíamos mangos y ciruelas de los árboles y cazábamos pájaros, incluyendo una especie llamada tiziu, que se convirtió brevemente en otro apodo mío, ¡porque los tizius son pequeños, negros y rápidos!

Obviamente, no todo era diversión y juegos. Presionado por la situación económica de mi familia, comencé a trabajar medio tiempo cuando tenía siete años. Mi tío Jorge me prestó un poco de dinero y compré un kit de limpieza de calzado, una caja pequeña con algunos cepillos y con una correa de cuero para cargarla. Practiqué inicialmente brillando los zapatos de mis amigos y familiares y, luego, cuando aprendí la técnica, fui a lustrar zapatos a la estación del tren. En los años siguientes trabajé en una fábrica de calzado. Una mujer siria de nuestro barrio hacía *pasteis* —una deliciosa empanada frita de Brasil, generalmente rellena con carne picada, queso o palmitos—, y por poco tiempo se los llevé a un proveedor, que los vendía a los pasajeros en una de las tres líneas de trenes que funcionaban en la ciudad.

No había mucho dinero en ello: Bauru era pobre, al igual que el resto de Brasil. A menudo parecía que había una gran cantidad de lustrabotas, pero no suficientes zapatos. Sin embargo, el poco dinero que ganaba se lo entregaba obedientemente a mi madre, quien lo utilizaba para comprar comida. En las buenas épocas ella me daba unas monedas para ir al cine los domingos.

También estaba la escuela. Aquí, me temo que mi rendimiento no era igual al del campo de juego. Mi entusiasmo por el fútbol hacía de mí un estudiante difícil y a menudo rebelde. A veces, salía del salón de clases y empezaba a driblar por el patio con un trozo de papel arrugado. Mis profesores hicieron lo mejor que pudieron y trataron de disciplinarme, haciéndome arrodillar sobre frijoles secos o metiéndome bolas de papel en la boca para que dejara de hablar. Un profesor me hacía estar de pie en un rincón, mirando la pared con los brazos extendidos, algo así como la estatua del Cristo Redentor en Río de Janeiro. Recuerdo una vez que me metí en un problema muy grave después de gatear debajo del escritorio de una profesora y de mirarle el vestido.

Con el tiempo, me desanimé de la escuela. Había muchas otras cosas que hacer, y siento decir que mi asistencia se hizo esporádica. Esto era tristemente típico en aquella época: a finales de los años cuarenta sólo uno de cada tres niños brasileños iba a la escuela, y sólo uno de cada seis llegaba a la escuela secundaria. Sin embargo, era una disculpa infundada. Más tarde lamenté no haber prestado más atención como estudiante e hice esfuerzos considerables para compensarlo.

Para bien o para mal, dediqué la mayor parte de todas mis energías a las canchas de fútbol porque era un lugar donde no teníamos que pensar en la pobreza, en nuestros padres o en las viejas tragedias. Allí, nadie era rico o pobre; era un lugar donde simplemente podíamos jugar. Pasábamos los días hablando, respirando y viviendo el deporte. Poco sabíamos que el fútbol sería el telón de fondo del más grande suceso de la historia de Brasil.

6

Anteriormente, y al igual que ahora, no hay nada que emocione tanto a la gente en todas partes como la Copa del Mundo. Este evento reúne cada cuatro años a países de todo el planeta en un mes de partidos, fiestas y acontecimientos. Es semejante a una gran fiesta a la que todo el planeta está invitado y he estado en cada una de ellas durante los últimos cincuenta y seis años, ya sea como jugador, aficionado o «embajador» del fútbol. Basado en mi experiencia, puedo decir con cierta autoridad que no hay nada mejor que esto. Obviamente, los Juegos Olímpicos también son geniales, pero para mi gusto, el número de competencias y eventos es excesivo. En la Copa del Mundo hay solamente fútbol, un evento que crece y crece hasta alcanzar un clímax emocionante: la final del campeonato, cuando los nuevos reyes del mundo son proclamados.

La Copa del Mundo se ha convertido ya en una institución tan importante que parece haber existido desde siempre. Pero en 1950, cuando se realizó por primera vez en territorio brasileño, el Mundial todavía era un evento relativamente nuevo y estaba en una situación un tanto inestable. La primera Copa fue organizada sólo veinte años antes, en 1930. Jules Rimet, un francés que era presidente de la FIFA, el organismo internacional del fútbol, decidió crear una vitrina para este deporte cada vez más popular. Su plan era reunir cada cuatro años a varios equipos, dos años después de los Juegos Olímpicos de verano, esperando que el perfil de los equipos internacionales aumentara, y hacer también una contribución a la armonía mundial. Por desgracia, sólo había equipos masculinos en aquel entonces; pasarían varias décadas para que alguien tuviera la idea maravillosa y largamente esperada de organizar también un Mundial para equipos femeninos. Las primeras Copas del Mundo atrajeron a equipos de países tan diversos como Cuba, Rumania y las Indias Orientales Holandesas (actualmente Indonesia), así como a superpotencias ya afianzadas como Brasil e Italia. La Copa del Mundo creció en prestigio y asistencia, y en la edición de 1938, celebrada en Francia, los partidos se jugaron en grandes escenarios llenos de decenas de miles de personas. Sin embargo, hubo varios eventos premonitorios en esa Copa de 1938, como por ejemplo, la retirada en el último momento del equipo austriaco porque tres meses atrás su nación había sido absorbida por Alemania. El equipo alemán terminó incorporando a varios de los mejores jugadores de Austria, pero fueron eliminados en la primera ronda ante un público parisino hostil, que les lanzó botellas. Por desgracia, no fue la última vez que la política se entrometería en las canchas de fútbol.

Cuando la Segunda Guerra Mundial estalló un año después, el Mundial de fútbol —como tantas otras cosas— fue suspendido durante mucho tiempo. La guerra terminó en 1945, pero la mayor parte de Europa quedó tan terriblemente devastada y se concentró en la reconstrucción de sus ciudades y fábricas, que pasarían muchos años antes de que alguien pensara que era posible realizar de nuevo una Copa Mundial de fútbol. En 1950, parecía finalmente que todo estaba listo para que la copa se reanudara, pero los organizadores necesitaban un país anfitrión que no hubiera sido afectado por la guerra y que pudiera permitirse el lujo de construir estadios y otras obras de infraestructura necesarias. Y fue así como Brasil entró en escena.

Incluso después de que Brasil aceptara organizar el Mundial de 1950, varios países estaban demasiado arruinados todavía para enviar equipos a Suramérica. Todavía no llegaba la época en que todo el mundo podría viajar en avión, y llegar desde Europa podía tomar treinta horas, requiriendo varias escalas en lugares como Cabo Verde y Recife, en la costa nordeste de Brasil. A Alemania, que aún estaba dividida y ocupada por las potencias aliadas, se le prohibió participar. Lo mismo sucedió con Japón. Escocia y Turquía se retiraron en el último instante. Al final, sólo asistieron seis países de Europa, que además de Suramérica, era la otra potencia del fútbol mundial. Esto fue muy malo para ellos, ¡pero parecía muy bueno para Brasil! Todavía estábamos buscando nuestro primer título de la Copa del Mundo y nos pareció que ya era más que hora de hacerlo. Con tan pocos competidores y jugando en calidad de locales, ¿cómo podríamos perder?

En Bauru, así como en el resto de Brasil, todos quedamos consumidos por la fiebre del Mundial; bueno, no tanto por la Copa en sí, sino por la absoluta certeza de que estábamos a punto de ser coronados como campeones mundiales. Yo tenía apenas nueve años, pero ya era sin duda lo bastante grande como para ser arrastrado por las cosas.

—¡La Copa es nuestra! —recuerdo que decía mi papá con mucha confianza, una y otra vez, mientras oíamos de noche en la radio las noticias de los preparativos para el torneo—. ¡La Copa va a ser nuestra, Dico!

Mis amigos y yo hablábamos de las celebraciones y desfiles, y discutíamos quién lograría ver el trofeo con sus propios ojos. Jugábamos nuestros partidos callejeros y nos imaginábamos a nosotros mismos como los campeones del mundo. De hecho, fue bastante sorprendente que, adondequiera que fuera, no pudiera encontrar una sola persona que considerara siquiera la posibilidad de que Brasil no ganaría la copa.

7

Una nueva energía se estaba consolidando en Brasil y todos podían sentirla. La gente parecía tener un resorte en su manera de caminar, un deseo de impresionar al mundo, y hasta en lugares remotos como Bauru la Copa era algo más tangible que un rumor. En ese sentido, nuestro pequeño grupo de jugadores en la calle Rubens Arruda se sintió inspirado para hacer algo más grande y mejor. Decidimos ir más allá de los juegos improvisados y conformar un equipo adecuado, al igual que la selección nacional de Brasil o el BAC de Dondinho. Queríamos tener los implementos adecuados: camisetas, shorts, zapatos y medias. Y obviamente, necesitaríamos algo más que un montón de medias rellenas a manera de balón.

Había un problema: entre todos no teníamos ni diez centavos.

Sugerí al grupo que tal vez podríamos recaudar fondos mediante una colección de láminas de fútbol. Estaban de moda en aquel entonces: eran similares a las tarjetas de béisbol, y cada una tenía la foto de un jugador y tal vez algunas estadísticas. Así que mi idea consistía en hacer que todos los niños reuniéramos nuestras láminas y las pusiéramos en un álbum, centrándonos en los equipos realmente populares de Río de

Janeiro y São Paulo, para que la colección tuviera más valor. Luego encontraríamos a alguien dispuesto a intercambiar el álbum por un balón de cuero de verdad.

Este plan fue aceptado rápidamente, pero todavía nos faltaba mucho camino por recorrer antes de nuestra ambiciosa meta de recaudación de fondos. Un niño apodado Zé Porto sugirió que podríamos reunir la diferencia vendiendo maní tostado en el circo y en el cine. ¡Era una gran idea! Pero, ¿de dónde íbamos a sacar el maní? Al final, resultó que Zé Porto también tenía una solución para este problema. Sonrió maliciosamente y sugirió que lo robáramos de uno de los depósitos que estaban al lado del ferrocarril.

Esta idea hizo que algunos de nosotros nos sintiéramos realmente incómodos. Recordé la terrible advertencia de mi madre: que el robo era uno de los pecados más graves. Podía sentir que otros chicos pensaban exactamente lo mismo que yo. Pero Zé Porto era muy persuasivo. Sostuvo que aunque no lográramos entrar al depósito, podríamos entrar a uno de los vagones del tren y, de todos modos, ¿quién se daría cuenta si desaparecían unas cuantas bolsas de maní?

—Además —añadió—, ¡cualquiera que no esté de acuerdo es una gran mierda!

Bueno, no podíamos discutir con eso.

Todos estábamos muy asustados cuando fuimos a la estación del tren. Yo era uno de los líderes oficiales del grupo y fui elegido para irrumpir con otro chico en los vagones del tren y sacar el maní. Tenía mis dudas, pero supongo que haría cualquier cosa por el fútbol.

Mientras entrábamos a los vagones del tren, no podía quitarme la imagen mental de mi mamá mirando por encima de nosotros, con los brazos cruzados, moviendo la cabeza en señal de desaprobación y de tristeza. Pero ya era demasiado tarde para echarme atrás. Cortamos los sacos y una avalancha de maní cubrió el piso de madera. Lo guardamos frenéticamente en los bolsillos y camisas, y en el balde oxidado que habíamos llevado para esto. Finalmente, después de lo que pareció una eternidad, corrimos con nuestro botín y nos encontramos con el resto del grupo. Todos nos apresuramos a casa, riendo y gritando de alegría y de alivio.

Tostamos el maní y luego lo vendimos como habíamos planeado, utilizando los fondos para adquirir nuestros shorts. Comprendimos que las camisas estaban más allá de nuestro presupuesto —y que probar nuestra suerte otra vez con los trenes era una *muy* idea mala— y entonces decidimos utilizar chalecos. Sin embargo, todavía nos faltaban las medias y los zapatos, pero estábamos demasiado emocionados como para prestarle importancia. Al principio nos llamamos los *Descalços* —los «descalzos»— pero no tardamos en saber que había otros equipos en Bauru que tenían exactamente el mismo nombre, por la misma razón de nosotros.

Entonces, fuimos conocidos como el equipo de *Sete de Setembro*, en honor al nombre de la calle que hacía intersección con la de mi casa, que a su vez tenía el mismo nombre del Día de la Independencia de Brasil: el siete de septiembre. Ahora que teníamos nuestros implementos, y un par de jugadores sensacionales, comenzamos a tomarnos muy en serio. Antes de nuestros partidos, salíamos uno a uno al campo de juego —bueno, en realidad a la calle— con gran solemnidad, así como habíamos visto hacer al equipo de papá. Programábamos juegos contra otros equipos del barrio y ganábamos la mayoría de ellos, a veces por más de diez goles. Empecé a hacer todo tipo de movimientos locos, rebotando la pelota en mi cabeza y en mis rodillas. A veces, me reía histéricamente de los pobres jugadores de otros barrios mientras pasaba como un rayo delante de ellos para anotar otro gol.

Una noche, Dondinho llegó muy molesto del trabajo. Cuando la cena terminó, me dijo que quería hablar a solas conmigo.

—Caminé por la calle en la que estabas jugando con tus amigos y vi lo que estabas haciendo —dijo.

Mis ojos se debieron iluminar. Seguramente me había visto hacer alguna jugada magistral.

—Estoy furioso contigo, Dico —dijo—. Vi cómo te burlabas de los otros chicos. Tienes que respetarlos. ¿Ese talento que tienes? No has hecho absolutamente nada para merecerlo. ¡Fue Dios quien te lo dio!

»Los otros chicos no fueron bendecidos de la misma manera, ¿y qué? Eso no te da derecho a actuar como si fueras mejor que ellos.

»No eres más que un niño —añadió con seriedad, señalándome

con el dedo—. No has hecho nada todavía. Ni una sola cosa. Cuando hayas logrado algo, entonces podrás celebrar. ¡Pero incluso entonces lo harás con humildad!

Me sentí conmocionado. Recuerdo que sólo tenía deseos de correr y esconderme en mi habitación, que compartía con Zoca. Pero, como de costumbre con Dondinho, fue un consejo excelente: esa conversación resonó muchísimos años en mi interior. Y tal como salieron las cosas, habría sido también una gran advertencia para todo Brasil.

8

Cuando la Copa del Mundo comenzó finalmente, interrumpimos todos nuestros juegos de barrio para prestar la debida atención al torneo. Y por un momento pareció como si todo nuestro entusiasmo estuviera justificado. Brasil ganó el partido inaugural en Río con una verdadera goleada —una masacre de 4–0 a México, con dos goles de Ademir— un gran jugador del Vasco da Gama, que también era conocido como Quijada, debido a —bueno, ¿a qué más?— a su barbilla prominente. El siguiente partido fue mucho más disputado, un empate 2–2 ante Suiza en el estadio de Pacaembú de São Paulo. Pero una victoria 2–0 sobre Yugoslavia tranquilizó rápidamente nuestros nervios, y así, Brasil pasó a la ronda final.

A partir de ese momento, fue como si hubiera despertado un monstruo. Brasil vapuleó a un destacado equipo sueco por un marcador de 7–1, en el que Quijada marcó cuatro goles. Cuatro días más tarde, nuestro equipo arrasó con España de forma similar, acumulando una victoria de 6–1 con goles de cinco jugadores. El equipo brasileño parecía ser muy hábil y bien equilibrado, con una buena defensa y una amplia gama de opciones para anotar en la línea de ataque. Jugaron para multitudes que los animaban con cánticos, confeti y con todo el amor que se espera del público local. Y aparentemente sin esfuerzo, y con un suspenso mucho menor, Brasil estaba ahora a un partido de ganar el campeonato mundial. Quizás Dondinho tenía razón: esta Copa sería nuestra, después de todo.

Jugaríamos contra el rival más codiciado por todos los brasileños: Uruguay, un país con granjas de ovejas y playas de arena en la frontera sur de Brasil, y una población de poco más de dos millones de habitantes —sólo en Río de Janeiro había muchas más personas—. Y, a diferencia de Brasil, ellos habían avanzado con dificultades en la última ronda, obteniendo apenas un empate 2–2 contra España y necesitando un gol a cinco minutos de que terminara el partido, para ganarle 3–2 a Suecia.

Teníamos incluso el mejor escenario para el partido: el flamante estadio Maracaná en Río de Janeiro, que había sido construido especialmente para la Copa del Mundo. Debido a sus grandes dimensiones y a su grandiosidad arquitectónica, parecía un palacio imperial antes que un estadio, generosamente construido con el propósito explícito de coronar al equipo local. El gobierno brasileño empleó a más de diez mil trabajadores para construirlo. A medida que la conclusión se acercaba, los trabajadores «probaban» la estructura subiendo a las tribunas y celebrando goles imaginarios. Por suerte, todos los pilares y vigas se sostuvieron. Cuando el estadio estuvo listo dos años más tarde, el Maracaná tenía una capacidad de poco menos de doscientas mil personas, convirtiéndolo en el estadio más grande del mundo, con cuarenta mil asientos más que el segundo estadio, el Hampden Park en Glasgow, Escocia.

Los medios brasileños y los políticos confiaron demasiado en el equipo, y al parecer competían para ver quién podía llenar el Maracaná —y por extensión, Brasil— con los mayores elogios. «Brasil ha construido el estadio más grande y perfecto del mundo, dignificando la competencia de su gente y de su evolución en todas las ramas de la actividad humana —escribió el periódico *A Noite*—. Ahora tenemos un escenario de proporciones fantásticas, en las que todo el mundo podrá admirar nuestro prestigio y grandeza en el deporte».

Si eso parece un poco exagerado, no era nada comparado con la emoción el día del partido. Desfiles semejantes a los del carnaval se realizaron por las calles de Río, cantando canciones escritas especialmente para celebrar la coronación de Brasil como el mejor equipo del mundo. Muchos trabajadores se tomaron el día libre y llenaron sus casas con cerveza y dulces en anticipación de la fiesta desenfrenada que seguramente vendría después. Un periódico publicó incluso una foto del equipo en su portada, con el titular: ¡ESTOS SON LOS CAMPEONES DEL MUNDO!

Mientras el equipo brasileño salía al campo de juego, los jugadores se sentían encantados de ver el Maracaná completamente lleno; un estimado de doscientas mil personas, que sigue siendo aún hoy, la mayor multitud jamás reunida para ver un partido de fútbol. Antes del comienzo del partido, los jugadores del equipo recibieron relojes de oro con la inscripción: PARA LOS CAMPEONES DEL MUNDO. Y luego, por si acaso alguien no entendía, el gobernador del estado de Río de Janeiro se dirigió al equipo, a la multitud y a la nación:

—Ustedes los brasileños, a quienes considero ganadores del torneo... Ustedes, los jugadores que en menos de un par de horas serán aclamados por millones de compatriotas... No tienen igual en el hemisferio terrestre... ustedes, que son tan superiores a todos los demás competidores... ¡Ustedes, a quienes ya saludo como vencedores!

En medio de toda esta exaltación sólo hubo una voz de cautela. Y se trataba de una fuente bastante preocupante.

—Esto no es una exhibición. Es un partido como cualquier otro, sólo que más difícil —dijo Flavio Costa, entrenador de Brasil, a la prensa un día antes del partido—. Tengo miedo de que mis jugadores salgan al campo de juego como si ya tuvieran el escudo del campeonato cosido en sus camisetas.

9

Todo esto nos lleva a la pregunta: ¿Qué era todo ese bombo?

¿Estábamos siendo ingenuos? ¿Estúpidos?

¿O estaba pasando algo más?

Una cosa que he aprendido con los años —a veces de un modo difícil— es que lo que sucede en el campo de juego casi nunca cuenta la historia completa. Esto es cierto no sólo en Brasil, sino en países de todo el mundo. Siempre hay que mirar más allá de las líneas blancas, hacia la vida de los jugadores, hacia los equipos mismos y, muy a menudo, hacia la situación política del país para averiguar lo que sucede realmente.

En la Copa del Mundo de 1950, se hizo particularmente obvio que el deporte era sólo una parte de la historia. Por primera vez, pero no la última, sin duda alguna, los políticos brasileños vieron el torneo como una oportunidad de oro para mejorar la reputación de nuestro país, así como la suya propia. Durante esa época, Brasil seguía siendo visto por mucha gente en Europa y Estados Unidos como un remanso tropical, una república bananera inundada de enfermedades como el cólera y la disentería, poblada en su mayoría por indios y antiguos esclavos analfabetos. Si esto suena duro o políticamente incorrecto… es porque lo era. Pero era una visión que fue repetida incluso por muchos funcionarios brasileños, entre ellos el alcalde de Río, que declaró que el Mundial de fútbol era una oportunidad para mostrar al mundo que no éramos «salvajes» y que Brasil podía competir con los países ricos del mundo y ganarles.

Esta era una forma extremadamente estrecha de ver a Brasil, un país que había encantado a los extranjeros durante varios siglos con sus muchos atributos positivos. De hecho, incluso la historia de nuestra independencia era seductora. A diferencia de la mayor parte de América Latina, Brasil no fue colonizada por los españoles, sino por los portugueses. En 1808, la familia real portuguesa, escapando de los ejércitos invasores de Napoleón, huyó de Lisboa y trasladó la corte a Río de Janeiro, y al hacer esto se convirtió en la primera realeza europea de la historia en poner un pie en una de sus colonias y, aún más, en trasladarse allí. Sin embargo, el hecho más revelador es que, incluso después de que Napoleón fuera derrotado y cuando su ejército ya no era una amenaza, algunos miembros de la familia real —entre ellos el hijo del príncipe regente, Pedro I— decidieron permanecer en Brasil.

¿Por qué? Bueno; he estado en Lisboa en muchas ocasiones y es una ciudad encantadora. Pero en Río tienes arena en las playas tan suave como el talco, bahías en forma de media luna, montañas verdes y exuberantes y personas hermosas, diversas y acogedoras. Pedro podía salir todos los días de su palacio a una pequeña calle con palmeras y bañarse en la bahía de Flamengo, mientras admiraba la vista de la montaña del Pan de Azúcar. Por eso, cuando el resto de la familia real le envió una carta en 1822 exigiéndole que volviera a Portugal, Pedro hizo lo lógico: les dijo que se fueran al infierno.

—Fico —señaló—. ¡Me quedo! —Y así, sin ningún derramamiento de sangre, Brasil nació como una nación independiente. Fue un 7 de septiembre, el día que usamos como nombre de mi primer equipo de fútbol, y que es conocido todavía como el día del «Fico».

Es una historia encantadora y que escasamente es una exageración, pues no había que ser un rey para disfrutar de Brasil. Muchos millones de inmigrantes de todo el mundo también vinieron aquí, se deslumbraron con la gente y con las posibilidades y decidieron quedarse. Pero la historia de Pedro I también arroja un poco de luz sobre por qué los funcionarios de nuestro gobierno se sentían tan nerviosos en 1950: había transcurrido más de un siglo desde nuestra independencia, pero nuestra política todavía era un desastre. Desde la época del «Fico», Brasil había pasado de una crisis a otra, acosado constantemente por revoluciones, golpes de Estado y levantamientos regionales. Apenas veinte años atrás, São Paulo se había levantado en una revuelta fallida contra el gobierno de Río. Durante la Segunda Guerra Mundial, los soldados brasileños lucharon valientemente al lado de los Aliados —en el bando de la democracia— sólo para encontrar una dictadura cuando regresaron a casa. Cuando comenzó la Copa del Mundo, Brasil estaba dando pequeños pasos hacia el progreso, pero su lugar en el mundo moderno aún parecía muy incierto. «Brasil es un país sin gloria, recién salido de una dictadura, en el estancamiento del gobierno de Dutra», escribió Pedro Perdigão en su libro sobre la Copa del Mundo de 1950. En otras palabras: nuestros políticos creían, sobre todo en 1950, que tenían que demostrar algo. Y contaban con el fútbol para ayudarles.

Por último, había otro gran problema cerniéndose sobre todas las cosas en 1950. Era otra historia, que fue particularmente significativa para la familia Nascimento.

Creemos, con base en la investigación que los periodistas han hecho a lo largo de los años, que nuestros antepasados vinieron originalmente de los actuales territorios de Nigeria o Angola. El apellido Nascimento probablemente fue adoptado de una familia ganadera en el nordeste de Brasil. De hecho, nuestros antepasados estaban entre los 5,8 millones de esclavos que fueron traídos a Brasil a lo largo de muchos años. Eso es casi veinte veces más de los que fueron llevados a Estados Unidos, según algunos cálculos. ¡En un momento dado, había más esclavos en Brasil que personas libres! Brasil también fue uno de los últimos países del mundo en abolir la esclavitud, en 1888, más de veinte años después del fin de la Guerra Civil estadounidense.

La esclavitud era, en otras palabras, una parte muy importante de la historia de nuestro país. Fernando Henrique Cardoso, un sociólogo de renombre que llegó a la presidencia de Brasil en los años noventa

(¡y que fue mi jefe durante unos años!), consideraba que esa era «la causa principal de la desigualdad brasileña». Ahora, es cierto que nunca sufrimos una segregación racial como la de Estados Unidos, en parte porque hubo una gran mezcla racial a lo largo de los años. En consecuencia, cualquier persona que intentara determinar quién era blanco o negro habría tenido en sus manos un problema prácticamente imposible de resolver. La violencia entre «negros» y «blancos » también era escasa. Se acostumbraba decir, especialmente cuando yo estaba creciendo en los años cincuenta, que Brasil era una «democracia racial». La revista *Sports Illustrated* escribió una vez que yo vivía «felizmente en uno de los pocos lugares en el mundo donde el color no tiene consecuencias en la vida de un hombre».

Pero eso era sólo una verdad a medias: los esclavos liberados y sus descendientes en Brasil tuvieron una vida más dura que la mayoría. Si bien no había discriminación oficial, los brasileños negros muchas veces no tenían acceso a las escuelas, hospitales ni a cualquiera de las otras cosas que pueden ayudarte a progresar en la vida. Pienso en la pobreza en que crecí y en la que tuvieron mis padres cuando eran niños, y creo que nuestra historia debe haber jugado un papel, aunque no siempre haya sido obvio en qué sentido. La esclavitud no era ciertamente una idea lejana y abstracta para nuestra familia: mi abuela Doña Ambrosina, que vivía con nosotros, era hija de esclavos. Nuestra familia estaba orgullosa del progreso que habíamos hecho, y siempre he estado muy orgulloso de ser negro. Pero también era evidente, en aquella época como ahora, que mientras más oscura fuera tu piel en Brasil, más pobre tendías a ser.

Así pues, Brasil seguía siendo un país mayoritariamente pobre incluso en 1950, y a veces las personas se sentían desesperadas, pues por lo general no tenían comida suficiente. Esta realidad ha incomodado siempre a los políticos brasileños. Y probablemente también contribuya a explicar por qué todo el bombo publicitario del Mundial estaba sincronizado en su máxima potencia. Al final, las autoridades de Río no intentaban convencer únicamente al resto del mundo de que el progreso estaba llegando a Brasil, ¡sino que estaban tratando desesperadamente de convencer a su propio pueblo!

Posteriormente nos sentiríamos como unos tontos por la forma en que actuamos en 1950. Pero creo que cuando Dondinho decía cosas como «¡Esa Copa es nuestra!», probablemente repetía cosas que oía en la radio que, a su vez, provenían de los políticos, quienes a veces daban órdenes directas a los medios de comunicación. Todo Brasil quedó atrapado en esta propaganda, misma que caería en las canchas de fútbol de la manera más desafortunada. Fue algo que yo vería a lo largo de mi vida, una y otra vez.

10

Al tiempo que nuestros amigos y familiares llegaban a nuestra casa, hice una pregunta muy importante.

—¿Papá?

—¿Sí, Dico?

—¿Puedo ir a celebrar contigo al centro?

Por el rabillo del ojo vi a mi mamá negar violentamente con la cabeza, pero mi papá fingió que no la veía.

—Está bien —dijo con una sonrisa—. No por mucho tiempo, sólo por un rato.

Delirante de felicidad, me acerqué al radio para escuchar todo lo que pudiera. El público masivo rugía de emoción en el Maracaná. Los locutores estaban presentando, uno a uno, a los jugadores de la selección brasileña, que era un equipo formidable, una mezcla de jugadores expertos y personalidades pintorescas. Uno de ellos era Zizinho, mi jugador favorito de la selección brasileña y al que muchos comparaban con Leonardo da Vinci por su talento artístico en el campo de juego. Barbosa, el gran portero, había permitido apenas cuatro goles en seis partidos. Ademir —¡Quijada!—. Y Bigote, un lateral izquierdo que jugaba en esa época en el Flamengo, uno de los grandes clubes de Río de Janeiro, y que recibió una gran ovación cuando salió a la cancha.

Por último, el locutor dijo el nombre del capitán del equipo de 1950, quien era un defensa temido y un líder inspirador que parecía inmune a la presión de los grandes partidos. Tal vez se debía a su pasado, pues antes de su carrera como jugador había sido agente de la policía federal brasileña. No era un gran goleador, aun para los estándares de los defensores: en los doscientos noventa y siete partidos que jugó con el equipo brasileño Vasco da Gama, no anotó un solo gol, pero era una roca inexpugnable en la defensa y una presencia tranquilizadora en el campo de juego, ideal para un partido por el campeonato mundial.

¿Cuál era el nombre del capitán? Augusto.

Era el mismísimo Augusto que, unos ocho años antes, había chocado con mi papá en aquella cancha de Minas Gerais.

Eso podría considerarse suerte: un hombre se recupera y llega a ser capitán de Brasil, mientras que el otro regresa a Bauru, con la rodilla hecha un desastre, para escuchar el partido en la radio.

Si mi papá se sintió celoso ese día, nunca lo dijo. Sospecho que sólo quería que ganara Brasil.

11

La primera mitad del partido se caracterizó por una acción trepidante, con Brasil atacando constantemente. Nuestra formidable ofensiva, conformada por cinco delanteros y liderada por el temible Quijada, lanzó un disparo tras otro a la meta uruguaya. Las personas que asistieron al partido dijeron que el resultado podría haber sido 2–0 o incluso 3–0 a favor de Brasil al final del primer tiempo. Sin embargo, el portero uruguayo Roque Máspoli logró detener todos los balones que llegaban a sus manos. Algunas de sus atajadas fueron cuestión de suerte, dijo la gente. De hecho, en los años siguientes, Roque se ganaría la reputación de ser un hombre muy afortunado, tras ganar la lotería nacional uruguaya en dos ocasiones. Así que supongo que el 16 de julio de 1950 no fue el único día en la vida de Roque que el balón rebotó en su camino.

Al comienzo del segundo tiempo, Friaça logró finalmente anotarle un gol. Mientras mi mamá y mi papá se abrazaban, mis amigos y yo salimos corriendo por el vecindario; los fuegos artificiales y los cohetes se veían por todas partes y mis oídos chasqueaban con un zumbido agradable. En el Maracaná la gente lanzaba confeti y fuegos artificiales. La euforia estalló finalmente, la fiesta nacional había comenzado.

Cuando mis amigos y yo regresamos a casa, la fiesta ya estaba en marcha. Mi padre y sus amigos estaban bebiendo cerveza, hablando de sus partidos con el BAC, sin prestar siquiera mucha atención a estas alturas a lo que se decía en la radio.

Y luego, casi como una ocurrencia tardía, escuchamos al locutor de Radio Nacional señalar:

—¡Gol de Uruguay!

¿Qué?

—¡Gol de Uruguay!

El locutor declaró posteriormente que repitió esta frase precisamente porque sabía que el público no le creería la primera vez.

La sala quedó en silencio al escuchar su narración de la jugada.

—Una buena combinación del ataque uruguayo termina con el gol del empate —dijo el locutor, pareciendo taciturno de repente—. Bigote perdió frente a Ghiggia, quien envió un centro raso… un pase precioso… ¡Schiaffino apareció por la izquierda y anotó!

Brasil 1, Uruguay 1.

Sin embargo, no había razón alguna para que alguien entrara en pánico. Esa Copa de 1950 tuvo un formato extraño, de todos contra todos, especialmente porque había muy pocos equipos. En consecuencia, lo único que tenía que hacer Brasil era empatar con Uruguay en ese partido final y sería coronado campeón. Mientras tanto, faltaban sólo veinte minutos de juego y el equipo había permitido un promedio de menos de un gol por partido durante todo el torneo. Sin duda, nuestra defensa no podía permitir un segundo gol.

Pero algo extraño sucedió en el momento en que Uruguay lanzó el balón contra la red. La multitud en el Maracaná lo sintió, al igual que nosotros, incluso en todo Bauru. Era como si toda la confianza y todo el bombo publicitario se hubieran invertido de repente, como aire saliendo de una habitación. Nos habíamos puesto en un lugar tan alto que en caso de caer, el derrumbe sería fatal. Y de repente, todo Brasil se sintió al borde del abismo.

Miré a Dondinho, que ahora estaba con los ojos abiertos, desparramado en una silla.

En el Maracaná, una multitud de doscientas mil personas estaba completamente callada.

El silencio «aterrorizó a nuestros jugadores», señalaría posteriormente el entrenador Costa.

Y el pequeño Uruguay, el desvalido inconforme, empezó a oler sangre.

12

El fútbol no tiene absolutamente nada que ver con el tamaño de un país ni con el tamaño de los jugadores. Lo único que importa es el corazón, la habilidad y el trabajo duro. Dios mío, yo debería haber sabido eso mejor que nadie.

De algún modo, habíamos olvidado que Uruguay era un país con una tradición futbolística al menos tan rica como la nuestra. Su equipo era conocido en todo el mundo por su «garra charrúa», un término local para el coraje y espíritu de lucha que tenían. También eran conocidos por incluir jugadores de ascendencia africana desde la década de 1910, mucho antes que otros países suramericanos, incluyendo a Brasil. Uruguay ya había ganado dos medallas de oro en fútbol en los Juegos Olímpicos y tenía también un campeonato de la Copa del Mundo en su haber: el de 1930, ¡la primera Copa que se había jugado en suelo uruguayo! Ese Mundial, al igual que el de 1950, se caracterizó por la ausencia de varios equipos clave. El mundo estaba en medio de la Gran Depresión y muchos equipos de Europa no podían permitirse el lujo de viajar. Por ello, algunas personas decían que la victoria de Uruguay en 1930 había sido un golpe de suerte. Pero deberían haber sido más cautelosos al juzgar.

Cuando los uruguayos llegaron a Río para la final y se dieron cuenta de que estaban siendo tratados como meros chivos expiatorios en la coronación de Brasil, hicieron exactamente lo que se espera de un equipo con un pedigrí de campeonato: se rebelaron. Los jugadores eran completamente aguerridos y jugaron con una intensidad inusual. Y en medio de la furia, los entrenadores y funcionarios que acompañaban al equipo vieron una oportunidad de oro.

En la mañana del partido, Manuel Caballero, el cónsul uruguayo en Río, tomó veinte ejemplares de un periódico que había anunciado que Brasil ya era el «campeón del mundo». Los llevó de vuelta al hotel Paysandú, donde se alojaba la delegación uruguaya. Cuando los jugadores se sentaron a comer antes del partido, Caballero dejó caer los periódicos en la mesa y declaró:

—Mis condolencias, todos ustedes han sido derrotados.

Los jugadores estallaron en gritos y gruñidos. Uno de ellos, Eusebio Tejera, que tenía reputación de ser un poco emotivo, se levantó y dio un puñetazo a la pared.

—¡No, no, no! ¡Ellos no son campeones! —gritó—. ¡Vamos a ver quién será el campeón!

Según otra versión, Obdulio Varela, el capitán del equipo uruguayo, llevó los periódicos al baño del hotel, los esparció y los jugadores procedieron a orinar en las fotos de sus rivales brasileños.

Los nervios que pudieron haber sentido los jugadores uruguayos cuando entraron a la cancha del Maracaná se habían disipado cuando el primer tiempo terminó sin goles. El sentido de invencibilidad de Brasil había sido alterado para siempre. Incluso cuando anotamos el primer gol al comienzo del segundo tiempo, eso sólo contribuyó a fomentar la mentalidad ofensiva de los uruguayos. Obdulio agarró el balón de la red y pasó un minuto completo gritando a todos: al árbitro y a la multitud. No quería soltar el balón. Cuando lo puso de nuevo en la grama, permitiendo que el partido se reanudara, gritó a sus compañeros:

—¡O ganamos aquí, o ellos nos matarán!

Esto era un poco exagerado, pero ciertamente no fue la primera persona en Brasil en exagerar aquel día. El resto del equipo respondió con la urgencia que esperaba Obdulio y el gol del empate no tardó en llegar. Y luego, todo quedó en manos de Andrés Ghiggia, un habilidoso delantero derecho, quien faltando diez minutos para el final del partido se encontró casi solo cerca de la portería brasileña.

13

El anuncio en la radio lo dijo todo:

—Ghiggia pasa el balón hacia atrás… Julio Pérez pega fuerte al extremo derecho… Ghiggia se dirige a la portería… y dispara. Gol. ¡Gol de Uruguay! ¡Ghiggia! ¡Segundo gol de Uruguay! Uruguay está a la delantera 2–1… a los treinta y tres minutos del segundo tiempo…

14

Quizás sintiendo nuestra derrota inminente, y tal vez asustado por el silencio en la sala de nuestra casa, o tal vez sólo porque yo era un niño, me fui a jugar con mis amigos antes de que Uruguay anotara el segundo gol. Tocamos la pelota a medias y celebramos los pocos goles que hicimos. Pero podíamos concluir que las cosas no estaban bien en nuestra casa.

Pocos minutos después, los amigos de mi padre comenzaron a salir lentamente de nuestra casa, arrastrando los pies, con miradas de angustia en las caras. Lo supe en ese momento, obviamente. Puse la pelota en el suelo, respiré hondo y volví a entrar.

Dondinho estaba de espaldas, mirando por la ventana.

—¿Papá?

Se dio vuelta, con lágrimas resbalando por sus mejillas.

Me quedé de piedra. Nunca había visto llorar a mi padre.

—Brasil perdió —dijo con voz ronca, como si apenas pudiera pronunciar las palabras—. Brasil perdió.

15

Jamás en mi vida he visto un pueblo tan triste como el brasileño después de aquella derrota —recordaría años más tarde Alcides Ghiggia, quien marcó el gol de la victoria. Y agregaría, demostrando un poco menos de empatía—: Tan sólo tres personas, con un único gesto, han hecho callar al Maracaná: Frank Sinatra, el Papa Juan Pablo II y yo.

Miles de personas comenzaron a llorar en las graderías cuando sonó el pitazo final. Sólo Dios sabe cuántas personas hicieron lo mismo en todo Brasil. El ambiente era tan sombrío que, incluso algunos uruguayos, mientras esperaban a que Jules Rimet, presidente y creador de la Copa Mundial de la FIFA, llegara al campo de juego y les diera su merecido trofeo, sólo querían salir corriendo al vestuario.

—Lloré más que los brasileños —diría Schiaffino, quien había marcado el primer gol—, porque pude ver la forma en que estaban sufriendo.

Afuera del Maracaná, las multitudes enfurecidas quemaron montones de periódicos, incluyendo, como es de suponer, las ediciones que habían proclamado prematuramente a Brasil como campeón. El estadio no fue incendiado, pero una estatua del alcalde que él mismo había mandado erigir afuera del estadio fue derribada y la cabeza decapitada fue arrojada al cercano río Maracaná. Los jugadores brasileños salieron aturdidos del estadio un par de horas después. Muchos se refugiaron en bares de la zona, donde algunos pasaron varios días. Friaça, quien anotó el único gol de Brasil, fue reconocido por un grupo de aficionados que empezaron a gritar los nombres de los jugadores uruguayos victoriosos: «¡Obdulio!, ¡Ghiggia!».

—Vi que esos gritos continuarían por el resto de mi vida —diría Friaça.

En efecto, en las semanas y meses siguientes, el dolor sólo se hizo más intenso. El bombo había sido exorbitado, pero el luto y la introspección lo fueron aún más. Era como el final de una guerra, con Brasil como perdedor y muchos muertos. La derrota no se atribuyó a las deficiencias de los once jugadores, sino a los fracasos de un país entero, una demostración de que Brasil estaba condenado al atraso y al subdesarrollo. Algunas personas empezaron a murmurar que Brasil nunca iba a ganar una Copa del Mundo y que nunca podría competir en nada con los grandes países del planeta.

Algunas personas muy serias también opinaban lo mismo. Roberto Da Matta, un famoso antropólogo, dijo que la derrota era quizás la mayor tragedia en la historia moderna de Brasil porque nos había convencido a todos de que éramos una nación de perdedores. Lo que era aún peor, esto sucedió precisamente en el momento en que el país se había atrevido a soñar con la grandeza, tanto en el deporte como en términos de prestigio mundial: habíamos tomado un riesgo, estirado el cuello y todo había salido terriblemente mal. Pasarían muchos años antes de que nuestra autoestima nacional se recuperara. «Cada país tiene su catástrofe nacional irremediable, algo así como un Hiroshima —escribió Nelson Rodrigues, un periodista deportivo brasileño—. Nuestra catástrofe, nuestro Hiroshima, fue la derrota ante Uruguay en 1950». Otro periodista, Roberto Muylaert, comparó la difusa grabación en blanco y negro del gol de la victoria de Ghiggia con las imágenes del asesinato del presidente John F. Kennedy, diciendo que ambas tenían «el mismo drama... el mismo movimiento y ritmo... la misma precisión de una trayectoria inexorable».

Algunos jugadores de ese equipo de 1950 lograrían grandes cosas con sus clubes de fútbol, pero, por desgracia, ninguno de ellos ganaría una Copa del Mundo. Algunos llegaron a su lecho de muerte pensando en esa victoria que se había escapado de sus manos. Zizinho, mi jugador favorito de ese equipo, decía que mantuvo la medalla de subcampeón de la Copa Mundial escondida en un rincón de una de sus vitrinas de trofeos, dejando que se volviera negra y opaca.

—No la limpio —diría años después—. En Brasil, ser finalista es una basura, es mejor ser eliminado antes de jugar la final.

Pero aunque él tratara de olvidarlo, la gente no se lo permitía: cada 16 de julio, y durante varias décadas, Zizinho tuvo que descolgar su teléfono.

—De lo contrario, el teléfono sonaba todo el día —se quejaba—, gente de todo Brasil me preguntaba por qué habíamos perdido la Copa del Mundo.

A pesar de lo negativo que suena, había un grupo de jugadores que sintió más dolor que cualquiera: los negros. En su famoso libro *El negro en el fútbol brasileño*, el reconocido periodista Mário Filho escribió que muchos brasileños culparon de la derrota a la «inferioridad racial» del país: un país negro con jugadores negros siempre iba a quedarse corto. Obviamente, esta era una teoría antigua y repugnante, pero se vio agravada por el hecho —una coincidencia— de que dos jugadores «negros» del equipo brasileño estuvieron involucrados en los dos goles uruguayos. Bigote, el defensa que marcaba a Schiaffino en el primer gol, sería ridiculizado durante varios años como un «cobarde». Se convirtió en un recluso, reacio a socializar con sus amigos del equipo de 1950 por temor a que alguien mencionara el partido. Y Barbosa, el portero… ese hombre llevó la peor parte.

Hablé con Barbosa muchas veces en años posteriores. Vivía en Río y continuó jugando en diferentes equipos hasta 1962, retirándose a la avanzada edad de cuarenta y un años, después de haber acumulado muchos triunfos en su carrera. Pero a pesar de sus esfuerzos, le fue imposible escapar a las acusaciones, a las burlas y a la ira dirigidas contra él, incluso varias décadas después. Barbosa intentó visitar a la selección brasileña en su campo de entrenamiento en Teresópolis en 1994, con la esperanza de llevarles un mensaje inspirador antes de la Copa Mundial de Estados Unidos, pero el equipo se negó a recibirlo, pues creían que les traería «mala suerte». Antes de su fallecimiento en abril de 2000, solía decirme a mí y a muchas otras personas:

—En este país, la máxima condena penal es de treinta años. Yo no soy un criminal y he pagado mucho más que eso.

La dura realidad es que la derrota de Brasil no fue culpa de Barbosa ni de ningún jugador. Zizinho decía que todos los discursos triunfalistas en los periódicos y en otros lugares fueron «el arma más letal que puedes darle a tu adversario». El entrenador Costa hizo la mejor definición, atribuyendo la derrota a la «atmósfera de "¡ya ganamos!" que prevalecía entre los aficionados, la prensa y los estamentos directivos». Fue la máquina publicitaria la que sepultó a Brasil. Todos los que trataron de utilizar el partido a su favor, sobre todo los políticos, merecen una parte de la culpa. Ellos crearon falsas expectativas, y en el instante en que fue evidente que no podrían ser alcanzadas, el equipo brasileño quedó condenado.

—No fue el segundo gol el que nos derrotó —diría Costa—, sino el primero.

Sin embargo, muchas personas nunca aceptarían estas excusas. Y, por desgracia, los fantasmas del Maracaná no nos han abandonado por completo, ni siquiera en la actualidad. Barbosa dijo que el peor día de su vida no fue el 16 de julio de 1950, sino una tarde perfectamente normal unos veinte años después, cuando una mujer y su hijo lo vieron en una tienda.

—Míralo —dijo la mujer, señalando a Barbosa y hablando lo suficientemente alto para que la oyera—: es el hombre que hizo que todo Brasil llorara.

16

Esperen: ¿no dije que la pérdida de la Copa del Mundo de 1950 fue algo *bueno* para Brasil?

Ténganme paciencia.

Sí, hubo muchas consecuencias terribles. Para Barbosa y para un gran número de personas nunca hubo el menor destello de esperanza. Pero para el resto de nosotros, ese día en Río fue una gran experiencia de aprendizaje, algo que nos ayudaría a crecer como pueblo y que repercutiría de forma positiva en las próximas décadas.

Reunirse alrededor de la radio y sufrir juntos dio a los brasileños una experiencia compartida. Por primera vez en nuestra historia, los brasileños ricos y pobres tenían algo en común y de lo que podían hablar con cualquiera en la esquina de una calle, en la panadería o en la oficina, bien fuera que estuvieran en Río, en Bauru, en São Paulo o en lo más profundo del Amazonas. Actualmente damos este tipo de cosas por sentado, pero en aquel entonces fue muy importante, en el sentido de que creó una historia común de lo que significa ser brasileño. Ya no éramos extraños. Y creo que realmente nunca lo volvimos a ser.

Igual de importante: los brasileños también perdieron un poco de esa inocencia asombrada, de esa juventud —se puede llamar incluso credulidad— que fue tan evidente en esa tarde de julio y en los meses anteriores. Y no es que haya desaparecido. Pero después de eso, todos fuimos un poco más maduros y un poco menos propensos a aceptar lo que intentaban decirnos los políticos o los medios de comunicación. Esto tendría grandes consecuencias en nuestra política y en nuestra cultura en los años siguientes.

Por último: para una generación de aspirantes a jugadores de fútbol como yo, el 16 de julio de 1950 fue motivador de una manera que no podría exagerar. Mientras veía llorar a mi papá y a mi mamá tratando de consolarlo, entré a la habitación de mis padres. Tenían una imagen de Jesús en la pared. Me eché a llorar mientras le hablaba.

—¿Por qué ocurrió esto? —lloraba—. ¿Por qué nos sucedió a nosotros? ¿Por qué, Jesús, ¿por qué estamos siendo castigados?

Obviamente, no hubo respuesta. Pero a medida que mi desesperación se esfumaba, fue reemplazada por otra cosa, por algo más suave y profundo. Me sequé las lágrimas, fui a la sala y puse la mano en el brazo de mi padre.

En cuanto a lo que dije a continuación, honestamente, no sé de dónde salió. Tal vez fue sólo una de esas cosas que dice un niño de nueve años para que sus padres se sientan mejor. Pero seguro que era interesante, teniendo en cuenta lo que sucedería después.

—Está bien, papá —le dije—. Te prometo que un día ganaré la Copa del Mundo para ti.

SUECIA, 1958

1

Nuestro autobús traqueteaba por una montaña, expulsando humo negro y avanzando con mucha dificultad. En un momento dado pareció que rodábamos hacia atrás y empecé a orar para que Dios nos permitiera sobrevivir a ese viaje. Apoyé mi cara en la ventana con la esperanza de ver un frondoso campo de hierba o alguna otra cosa mullida y benévola que pudiera amortiguar nuestra caída en caso de que volcáramos. Pero no había nada de eso: sólo un afloramiento rocoso cubierto con una espesa maraña de selva color esmeralda. Más allá, y apenas visibles, estaban los rascacielos distantes y las fábricas de São Paulo que estábamos dejando atrás en nuestro camino a la costa atlántica.

Respiré profundo. Este día ya era lo suficientemente aterrador, aún sin el riesgo de una muerte despiadada. Yo iba a hacer una prueba en el *Santos Futebol Clube*, un equipo relativamente pequeño, pero exitoso, situado en la ciudad portuaria del mismo nombre. Había jugado los últimos años en el equipo juvenil asociado al BAC, el club de Dondinho en Bauru. Waldemar de Brito, entrenador de juveniles, fue un jugador virtuoso y consumado que integró la selección de Brasil en la

Copa Mundial de 1934. Waldemar estaba seguro de que yo tenía un talento especial y había concertado mi período de prueba con unos funcionarios que conocía en el Santos. Dondinho y yo habíamos tomado el tren desde Bauru a São Paulo a primera hora de la mañana, y nos encontramos para almorzar con Waldemar. Y ahora, los tres íbamos en el autobús rumbo a Santos.

Marcharme de Bauru había sido desgarrador. En primer lugar, tuve que decir adiós a todos mis amigos del barrio, a los chicos con los que había jugado fútbol durante varios años. Toda mi familia se reunió por última vez para despedirme la noche anterior a mi partida. Mi abuela doña Ambrosina lloraba desconsoladamente. Pero todos los demás permanecieron calmados, incluyendo —sorprendentemente— a mi mamá. Ella aún tenía un gran recelo con respecto al fútbol, pero Waldemar había pasado muchas horas en nuestra casa, asegurándole que mis habilidades eran realmente extraordinarias; un regalo de Dios, tal como siempre había dicho Dondinho. Waldemar lloró mientras le rogaba, diciéndole que sería un pecado tener a un jugador como yo confinado en Bauru. Y en cualquier caso, si las cosas no funcionaban después de un mes de pruebas, le dijo que yo podía volver a casa.

Supongo que su argumento fue convincente. Antes de irme, mi mamá me regaló dos pantalones largos que me había confeccionado especialmente para el viaje. Fueron los primeros pantalones largos que tuve; hasta ese momento de mi vida, para correr alrededor de Bauru, sólo había necesitado pantalones cortos.

—Sé que nos harás sentir orgullosos, Dico —me dijo ella—. Si te acuerdas de todo lo que te hemos enseñado y evitas meterte en problemas, no tendrás que preocuparte por nada.

Yo tenía mis dudas. Y, además, estaba el asunto de la carretera.

Seguimos avanzando, tomando curvas escalofriantemente cerradas y cruzando puentes que parecían flotar sobre las nubes. El hecho de estar circulando a semejante altura me parecía cualquier cosa menos natural, algo casi contrario a la voluntad de Dios. Me preocupaba que Dios pudiera cambiar de opinión y nos enviara volando hacia atrás por la montaña, hasta regresar de nuevo a Bauru.

Todo el tiempo, y tal vez al ver lo nervioso que estaba yo, Waldemar me susurró consejos al oído mientras mi papá dormía en el asiento de atrás.

«No hables con la prensa, pues tratarán de hacerte quedar como un tonto».

«Ten cuidado con los cigarrillos, pues no podrás correr tan rápido».

«Las mujeres: ¡son problemas!».

Por desgracia, no escuché la mitad de lo que me decía, aunque era indudable que podría haber seguido sus consejos. Yo pensaba muchísimo en nuestro destino, y una cosa en particular me emocionaba más que nada.

Antes de darme cuenta, estábamos llegando a la estación de autobuses de Santos. Pasamos al lado de los patios del ferrocarril, de las mansiones de techos rojos en las colinas y del laberinto de calles estrechas de la ciudad. Finalmente, por una de las avenidas rectas y largas de la ciudad, vi lo que tenía más ansias de ver. Brillaba allá a lo lejos, azul e increíblemente grande, mucho más de lo que había imaginado. Estaba tan emocionado que creo que grité, despertando a los otros pasajeros del autobús.

—¡Cálmate, muchacho! —susurró Waldemar, riendo sorprendido—. ¡Muy pronto te llevaremos allá!

Yo tenía quince años y era sólo un chico de Bauru que veía por primera vez el mar.

Apenas dos años después, mis compañeros de equipo me llevarían en hombros alrededor de la cancha, luego de ayudar a Brasil a ganar nuestra primera Copa Mundial.

2

Me sorprende, incluso ahora, pensar en la forma tan rápida en que cambió todo.

Esos dos años fueron como estar en una nave espacial: emocionantes, pero un poco fuera de control, siempre subiendo más alto, pero con un destino que era totalmente incierto. En varios sentidos, era poco lo que yo podía hacer, salvo cerrar los ojos y disfrutar del paseo.

Pero para mí, no se trata de una historia sobre la fama o la gloria. Ni siquiera realmente sobre el deporte en sí mismo. Más bien, se trata del hecho de comprender que yo era realmente bueno en algo.

Creo que cada persona tiene un talento, un don. Algunas personas están incluso bendecidas con más de uno. Puede ser el arte o la música. Pueden ser las matemáticas o curar enfermedades. Lo importante es descubrir nuestro talento, trabajar duro para perfeccionarlo, y luego —con suerte— tener la fortuna de utilizarlo y ser debidamente reconocido por él. Poder hacer todo esto en un período relativamente corto, entre 1956 y 1958, fue la aventura más grande y gratificante de mi vida.

Sé que mi experiencia no fue típica en muchos sentidos. Sin embargo, tengo amigos que son médicos, empresarios, maestros y enfermeras, y hablan de su autodescubrimiento utilizando muchos de los mismos términos que yo. El placer de sobresalir, de ser realmente el mejor, es algo que todo el mundo debería ser capaz de sentir. No hay nada como esto, y no importa si hay sesenta mil personas atestiguándolo o ninguna en absoluto. Si puedes descubrir ese algo para lo que eres bueno y que te hace feliz, te llenará todo el tiempo que estés en esta tierra. Para mí, como para muchos millones de niños y niñas en todo el mundo, ese algo fue el fútbol.

3

Cuando entré al estadio del Santos aquel primer día, me pareció cualquier cosa menos el comienzo de algo grande. De hecho, me sentí como si tuviera casi un metro de estatura.

Llegamos un domingo y se estaba jugando un partido: Santos frente a Comercial, por el campeonato estatal de São Paulo, la liga en la que jugaba mi nuevo equipo. Waldemar consiguió asientos para nosotros tres, y observé todo con asombro. Nunca antes había visto un partido de este calibre, ni siquiera como espectador y, obviamente, en esa época no había televisión. La acción transcurría a una velocidad que parecía irreal. Yo había oído hablar de varios de los jugadores, incluyendo a Jair da Rosa Pinto, que había jugado en 1950 con aquella nefasta selección de Brasil en el Maracaná. Parpadeaba una y otra vez, incapaz de comprender que pronto podría estar jugando al lado de estos tipos.

El partido terminó y Waldemar nos llevó a Dondinho y a mí a los vestuarios, que estaban debajo de las gradas. Después de presentarme al entrenador —Luis Alonso, conocido como Lula—, el primer jugador que conocí fue Válter Vasconcelos, un gran centrocampista ofensivo que anotó más de cien goles con el Santos en el transcurso de su carrera.

Llevaba la camiseta número diez, usada tradicionalmente por el conductor del equipo, el jugador que distribuye el balón por la cancha, algo así como el mariscal de campo en el fútbol americano.

Vasconcelos pasó su brazo alrededor de mi cuello y lanzó una sonrisa a mi papá.

—No te preocupes —le dijo en voz baja—. ¡Nos encargaremos del muchacho!

Sonreí, sintiendo un gran alivio. Pero antes de comprender lo que sucedía, Dondinho me estaba dando un abrazo de despedida.

—Todo va a estar bien —me dijo en voz baja—. Serás todo un éxito.

Y luego, sin más, Dondinho salió del vestuario con Waldemar y regresó a Bauru, a la única vida que yo había conocido.

Me quedé allí, mirando la puerta un tiempo, casi como esperando que regresaran en cualquier momento. Era como si mi infancia hubiera terminado en un instante. Y en cierto modo, así fue.

Tengo que reconocer que me sentí desesperadamente solo esas primeras noches después de que Dondinho se marchara. Yo estaba durmiendo en un cuarto debajo de las gradas del estadio, donde el Santos había instalado literas para los jugadores solteros. Los otros chicos eran muy amables y hacían todo lo posible para hacerme sentir cómodo. Pero era un lugar muy distinto a casa: la habitación era terriblemente oscura y no había ni fotos ni parientes ni arroz con frijoles preparado en casa. Pasaba las noches pensando en mis padres, en mi hermano y mi hermana y en mis amigos del antiguo equipo Sete de Setembro.

Una mañana a primera hora, traté de huir a Bauru. Llegué hasta la puerta principal del estadio, pero uno de los oficiales del equipo, un tipo bondadoso llamado Sabuzinho, me detuvo. Dijo que yo era menor de edad y que necesitaba permiso por escrito para salir del estadio. Le respondí que no se preocupara, que más tarde le entregaría el permiso. Sólo Dios sabe en qué estaba yo pensando: no tenía dinero ni posibilidades de ir a ninguna parte. Por suerte, Sabuzinho descubrió mi artimaña; bueno, seamos honestos: no tenía que ser un genio para descubrir lo que estaba haciendo, y me envió a mi habitación, en donde permanecí.

No hubo un momento en que las cosas empezaran a cambiar para mí. No hubo ninguna epifanía o gran triunfo. Más bien, seguí entrenando y haciendo mis ejercicios, concentrado en el fútbol. Algunas mañanas me despertaba, sintiendo como si mi cabeza estuviera llena de niebla, y me costaba moverme en términos físicos. Pero me esforzaba para levantarme de la cama e ir al campo de entrenamiento. Y muy pronto, cuando empezábamos a disputar el balón, a hacer pases y tiros, la niebla desaparecía.

La gente del Santos decía que yo era todavía muy pequeño —literalmente demasiado, ya que sólo pesaba alrededor de cincuenta y cinco kilos— para jugar un partido con el equipo principal. Al comienzo, los jugadores de mayor edad me pedían que les llevara café, cigarrillos y bebidas gaseosas: yo era más el chico de los mandados que su compañero de equipo. Sin embargo, me hacían entrenar con los más grandes. Y no pasó mucho tiempo para que me diera cuenta de que, efectivamente, yo podía seguir el ritmo a los mejores jugadores.

En una práctica, el entrenador Lula asignó a un jugador llamado Formiga («Hormiga») para marcarme, un defensa muy habilidoso que había jugado algunos partidos con la selección brasileña. Logré driblarlo dos veces y lanzar un montón de balones a la portería.

—Te ves muy bien, chico —dijo Lula—. Sigue trabajando. ¡Y come! ¡Dios mío, tienes que crecer más!

No fue un consejo difícil de seguir, con buenas fuentes frecuentes de proteína, como pollo y carne y con el hecho de que por primera vez en mi vida comía todo lo que veía y de que no dejaba de hacer ejercicio. Santos tenía un gimnasio y empecé a tomar lecciones de karate, lo cual fue muy útil para aprender a saltar correctamente e, igual de importante en el fútbol, a caer bien. Mi cuerpo empezó a llenarse de músculos. Mis piernas se pusieron tan grandes que, en poco tiempo, mis muslos tuvieron el mismo diámetro de mi cintura. Mientras tanto, hacía todos los ejercicios básicos que había hecho desde niño, cuando estaba bajo las instrucciones de Dondinho. Pasaba largas horas en el campo de juego y pateaba el balón mucho tiempo después de que los otros jugadores se habían marchado.

Comprendí que, aunque me encontraba muy lejos de casa, estaba haciendo lo que me gustaba.

Me sentía feliz.

Y aunque no me había dado cuenta todavía, ya estaba camino hacia arriba.

4

ondinho me decía siempre que para tener éxito en el fútbol el talento era importante, pero que no era suficiente. Su historia ciertamente lo demostraba. De hecho, también decía que había que tener suerte. Esas palabras resonaban en mis oídos a mediados de 1956, mientras yo trataba de encontrar la manera de jugar con el Santos.

Mis primeros partidos fueron con el equipo juvenil del Santos. Marqué unos cuantos goles, los suficientes para convencer al club de que mi período de prueba había sido un éxito y firmar un contrato de verdad, aunque esto no era completamente legal porque yo era menor de edad. Después de algunos partidos adicionales en la categoría juvenil, mi gran oportunidad llegó finalmente. Bueno, más o menos. El equipo principal del Santos tuvo un partido de práctica —un «amistoso», como se les llama— en la cercana ciudad de Cubatão. Varios de los jugadores titulares no pudieron ir, así que me puse una camiseta del equipo principal por primera vez y salí a la cancha. Ganamos 6–1, siendo míos cuatro de esos goles.

Después de eso, los otros jugadores empezaron a tratarme de una forma diferente. Además, los medios de comunicación de Santos comenzaron a prestarme atención y escribieron historias sobre el niño del interior que podía hacer cosas increíbles con el balón. Se corrió la voz, y comenzamos a recibir multitudes de diez mil personas o más en las prácticas del Santos, duplicando la cifra habitual.

El 7 de septiembre de 1956 —fecha de la Independencia de Brasil, y el día que tenía por nombre el equipo de mi barrio— jugué en el primer partido oficial del Santos en el campeonato contra el Corinthians. No se trataba del conocido equipo que tiene este mismo nombre, sino de otro pequeño con sede en Santo André, uno de los suburbios industriales de São Paulo. Casi en el mismo instante en que entré a la cancha, Pepe, uno de los mejores jugadores del Santos, lanzó un tiro a la portería contraria. El portero tocó el balón, el cual rebotó, y anoté mi primer gol oficial como jugador profesional, el primero de los más de mil doscientos ochenta goles que habría de anotar en mi carrera. Yo estaba muy emocionado y corrí por el terreno de juego lanzando puñetazos al aire en señal de alegría. Cuando el partido terminó, los seguidores del Corinthians se pusieron de pie y nos aplaudieron. Los jugadores también fueron muy amables y me felicitaron.

Fue un buen debut. Los medios de comunicación de Santos comenzaron a pedir abiertamente al equipo que me pusiera a jugar con más regularidad. Los habitantes de la ciudad también empezaron a reconocerme y me preguntaban cuándo empezaría a jugar con mayor frecuencia.

Yo estaba dispuesto a esperar. Había empezado en el Santos como *armador*, es decir, como un mediocampista de apoyo. Pero ahora estaba jugando principalmente como centrocampista ofensivo: como número diez. El problema con esto era que Santos ya tenía dos centrocampistas ofensivos muy buenos: Del Vecchio y Vasconcelos, el hombre que pasó su brazo alrededor de mí y me dio aquella bienvenida tan cálida en mi primer día con el club.

Dada la historia de mi familia, detesté que las cosas sucedieran del modo en que lo hicieron. Una tarde, cuando Santos jugaba como local contra el São Paulo en un partido por el campeonato, Vasconcelos tuvo un choque fuertísimo con un jugador contrario. Mientras se retorcía en el campo de juego, todos comprendimos que se trataba de algo serio, y así fue. Vasconcelos se había fracturado una pierna.

Su lesión resultó ser la oportunidad que me permitió jugar definitivamente. Cuando la temporada comenzó de nuevo a principios de 1957, Vasconcelos no se había recuperado totalmente y lo sustituí. Nunca más dejé mi condición de titular.

Vasconcelos fue todo un caballero cuando, años más tarde, los reporteros le preguntaron cómo habían sucedido las cosas.

—La camiseta número diez del Santos era mía sin duda alguna —dijo—, hasta que llegó un niño negro y pequeño con piernas como palillos, que pasó a la historia como Pelé.

5

Ha habido un montón de teorías descabelladas a lo largo de los años sobre el origen del apodo «Pelé». Una de ellas es que se trataba de la palabra gaélica para el fútbol, una teoría ingeniosa que, sin embargo, no explicaba por qué le decían así a un chico de Bauru. Pelé también significa «maravilla» o «portento» en hebreo, pero esa hipótesis se queda corta por la misma razón. Una de las teorías más elaboradas es que un grupo de comerciantes turcos de Bauru nos vio jugar una vez a mis amigos y a mí, y accidentalmente toqué el balón con las manos. Ellos dijeron: «Pé» —la palabra en portugués para «pie»— y «le», que puede o no significar «estúpido» en turco. En realidad, esta teoría no tiene sentido en absoluto, pero lo crean o no, se ha mencionado en varios libros que se han escrito acerca de mí, ¡así que sólo la estoy repitiendo aquí para demostrar el grado de confusión que ha existido durante todos estos años!

Entonces, ¿cuál es la verdad?

La verdad es realmente un poco decepcionante: nadie sabe a ciencia cierta de dónde salió «Pelé». Eso se debe a que el nombre es un completo galimatías, pues no significa absolutamente nada en portugués.

Pero hay una teoría, propuesta por mi tío Jorge, que parece mucho más creíble que las otras, y tiene que ver con los partidos improvisados de fútbol que solíamos jugar en Bauru.

Como ya he dicho, yo solía jugar mucho como portero porque si lo hacía como atacante durante todo el partido, nuestro equipo comenzaba a ganar por varios goles de diferencia y los chicos del equipo contrario perderían el interés. Pues bien, durante los primeros años, el portero del equipo semiprofesional de Dondinho fue un tipo apodado «Bilé», y cuando yo jugaba en la portería, los niños del barrio decían: «¡Oigan, piensa que es Bilé… ¡Miren, Bilé atrapó otro balón!». Desde que estábamos muy pequeños, el nombre empezó a cambiar y las vocales y consonantes se distorsionaron ligeramente. «Bilé» se convirtió en «Pelé». Y en poco tiempo, ese fue el apodo que me siguió a todas partes en las canchas de fútbol.

Detestaba ese apodo maldito al comienzo. Después de todo, era una palabra de pacotilla que no significaba nada. Además, estaba muy orgulloso de mi nombre Edson, creyendo que era un honor llamarme igual que un inventor tan importante. Las cosas llegaron a tal punto que yo empecé a pelear con los niños que me decían «Pelé». Si ellos insistían en un apodo, yo podía sin duda tolerar «Dico», y hubo un tiempo en el que mi apodo en el campo de juego fue «Gasolina» porque yo era rápido, supongo. Pero no importa lo que hiciera, no podía librarme de «Pelé».

Sin embargo, algo cambió cuando llegué a Santos. Y empecé a pensar en el apodo de Pelé de una forma totalmente nueva.

Este es un asunto difícil de explicar. Pero aquí va: a medida que mi carrera comenzó a despegar realmente, me puse a pensar en «Pelé» como si fuera casi una identidad separada. Edson era el pobre chico de Bauru, el hijo de Dondinho y Doña Celeste, el chico que extrañaba completamente a su familia. Y Pelé era la estrella en ascenso que, siendo todavía un adolescente, se convertiría en un ícono deportivo y tal vez en el deportista más famoso del mundo. Edson podía ser reservado y tímido, pero Pelé podía jugar frente a la multitud y sonreír ante las cámaras. Eran una misma persona, pero representaban dos realidades diferentes: una familiar para mí, y otra que era nueva, que cambiaba constantemente, y que a veces era un poco aterradora.

¿Parece una locura? Tal vez lo sea. Pero recuerden que yo tenía apenas dieciséis años cuando llegué a la formación titular del Santos. Fui una sensación de inmediato, y el máximo goleador de la liga del estado de São Paulo ese primer año. Esto ocurrió en una época, a finales de los años cincuenta, cuando la radio y otros medios de comunicación estaban empezando a despegar en Brasil. Por primera vez apareció una especie de cultura popular y fui empujado bruscamente hacia el centro de ella. De la noche a la mañana me vi rodeado de periodistas, de aficionados y de personas que decían querer ser amigas mías. La sociedad actual está acostumbrada a la celebridad y es incluso cínica al respecto, pero en esa época nadie había pasado realmente por todo esto. Para un chico como yo, fue bastante abrumador. No en el campo de juego —pues siempre tenía el control allí— sino por fuera de él. Por lo tanto, el personaje que adopté fue una especie de mecanismo de defensa, una pequeña barrera entre el mundo y yo, lo que me permitía mantener los pies en la tierra como persona. Tener a Pelé alrededor ayudó a Edson a mantener la cordura.

Con los años, he llamado la atención al referirme en ciertas ocasiones a Pelé en tercera persona: «Pelé anotó dos goles hoy, pero se sentía…» o «Pelé se siente muy feliz de estar aquí en Berlín». Muchas veces hacía esto por necesidad. Había aspectos de ser Pelé que eran casi imposibles de entender, incluso —o especialmente— para mí. El hecho de ser objeto de tanto amor ha sido un verdadero honor: me siento honrado con los buenos deseos que he recibido en todo el mundo. El autor Norman Cutler escribió al respecto: «En el transcurso de media hora recibe una avalancha de culto al héroe, mucho más grande de lo que un jugador normal recibe en toda su carrera». No me lo tomo a la ligera, Dios me ha bendecido con un talento extraordinario y siempre he sentido que mi obligación solemne hacia Él es utilizar ese talento para hacer feliz a tanta gente como sea posible. Esa es una razón por la cual, hasta el día de hoy, nunca rechazo a nadie que quiera tomarse una foto conmigo o que le firme un autógrafo.

He visto cosas increíbles a lo largo de los años y que van más allá de la interacción normal entre un atleta y un seguidor. He visto a hombres hechos y derechos llorar al verme; los aficionados me han arrancado literalmente toda la ropa para llevarse un recuerdo mío después de los partidos importantes, he sido asediado por mujeres que gritan y lloran; supuestamente, una vez llegaron a declarar una tregua en una guerra civil africana para que yo pudiera jugar allá.

Cuando viví en Nueva York en los años setenta, visitaba con frecuencia a niños que estaban en el hospital. Niños que no se habían levantado de sus camas en varios meses se ponían de pie, aparentemente curados, cuando entraba a su habitación. Sus ojos se iluminaban y me decían:

—¡Voy a ser un famoso jugador de fútbol! Voy a marcar muchos goles, ¡al igual que tú, Pelé!

Algunos de estos niños tenían cáncer terminal. Dios mío, a veces les habían amputado una pierna. Pero miraba a sus padres y tenían una luz en sus ojos, como si también creyeran en eso. Entonces, miraba de nuevo al niño, asentía y decía con tanta convicción como podía:

—Así es, hijo, saldrás de aquí y serás un gran jugador de fútbol, como yo.

Ser parte de esto fue un gran privilegio, una de las experiencias más ricas y gratificantes que he tenido. Señor, lloro ahora sólo de pensar en ello. Pero estos niños no estaban entusiasmados por conocer a un chico brasileño llamado Edson, estaban reuniendo la poca fuerza que les quedaba para ver a Pelé, la leyenda del fútbol, el ícono. Era demasiado para que una sola persona pudiera manejarlo. Cumplir con esas expectativas descomunales —ser Pelé— sería, a lo largo de los años, tan difícil como cualquier otra cosa que haya hecho en el campo de juego.

6

Una tarde, bajé a la oficina del director en el estadio del Santos para hacer mi llamada telefónica semanal a mi casa en Bauru.

Dondinho parecía estar sin aliento al otro lado del teléfono.

—Dico —me dijo—, ¡creo que te convocaron a la selección nacional!

Comencé a gritar de emoción y bailé incluso un poco en señal de celebración, allí mismo en la oficina. Esto significaba que iba a estar en el equipo que competiría por la Copa Mundial de 1958, ¡cuando yo tenía apenas diecisiete años!

—Espera, espera un momento, hijo, cálmate —dijo Dondinho—. Dije que creo que te convocaron.

—Tú... Yo... *¿Qué?*

Sentí que se me iba a salir el corazón mientras Dondinho me explicaba lo que había sucedido. Estaba sentado en la casa, escuchando la radio, cuando el locutor comenzó a leer los nombres de los jugadores que habían sido convocados a la selección nacional. Pero Dondinho dijo que no sabía si el locutor había dicho «Pelé» o «Telê», que era un jugador del Fluminense, un club de Río.

—Tal vez deberías preguntar a los dirigentes —me sugirió Dondinho—. Y luego me llamas.

Colgué el teléfono y salí corriendo a las oficinas del club debajo del estadio, tratando de encontrar a alguien —a cualquiera— que pudiera aclararme las cosas. Las dos primeras personas que vi se encogieron de hombros y dijeron que no habían oído nada. Finalmente localicé a Modesto Roma, que era el presidente del Santos en ese momento.

Le hablé de la confusión y se rio muchísimo.

—Ah, definitivamente dijo «Pelé» —señaló Roma—. Recibí una llamada hace unas horas. Felicitaciones, muchacho, llegaste al equipo nacional.

Como dije: ¡ese apodo maldito!

7

Me sentí honrado y emocionado de haber sido llamado, pero también sabía muy bien lo que nos esperaba: un gran lío.

Habían pasado ocho años desde el desastre en el Maracaná, y Brasil aún no había progresado en lo mínimo. Nuestro equipo clasificó para la Copa Mundial de 1954 que se disputó en Suiza, un país que no había participado en la Segunda Guerra Mundial, y estaba por lo tanto en condiciones de realizar el evento. La Copa de 1954 fue notable por varias razones: fue la primera en ser transmitida por televisión y los alemanes recibieron permiso para competir de nuevo. Sin embargo, Brasil fue eliminado después de llegar sólo a cuartos de final, cuando nuestro equipo fue goleado 4–2 por la hábil selección de Hungría, los «magiares mágicos», como les decían. Los húngaros, por su parte, perdieron la final ante Alemania Occidental.

No hubo histeria esta vez; de hecho, hubo muy poca reacción, sólo una especie de gran encogimiento de hombros a nivel nacional. La diferencia horaria con Europa hizo que muchos de los partidos se llevaran a cabo a altas horas de la noche en Brasil. Sólo una pequeña élite brasileña tenía televisión y la calidad de las emisiones de radio procedentes de Suiza tampoco era muy buena, según dijeron algunos. Pero el motivo principal de la apatía era, claramente, que los brasileños se sentían trastornados todavía por lo sucedido en 1950. El trauma aún estaba tan fresco que la gente tenía dificultades para sentir un apego emocional con el equipo de 1954. Y tal vez era mejor así.

Después del Mundial de 1954, mientras jugaba los partidos de las eliminatorias mundialistas contra otros equipos suramericanos, Brasil no había hecho nada para deshacerse de su creciente reputación como un equipo que jugaba de manera libre y brillante contra rivales inferiores, pero que se atrancaba con los grandes. En 1957, el equipo brasileño venció 7–1 a Ecuador y 9–0 a Colombia, pero fue goleado 3–0 por los argentinos y —lo más angustioso de todo— cayó 3–2 frente a Uruguay, nuestro viejo enemigo. Necesitábamos una última victoria ante Perú para clasificar a la Copa Mundial de 1958 y la conseguimos por estrecho margen, en un triunfo 2–1. Mientras tanto, el equipo estaba sumido en la desorganización, convocando a una lista larguísima y siempre cambiante de jugadores, y cambiando constantemente de entrenador, con siete en un lapso de tres años. Cuatro meses antes de que la Copa Mundial comenzara en Suecia, la selección brasileña no tenía dónde entrenar.

Las autoridades del conjunto nacional nos pidieron que nos reportáramos en Río el 7 de abril. Aparte de eso, realmente no sabíamos qué esperar, ¡pero nos tenían una sorpresa! Cuando llegamos, en lugar de conducirnos a un campo de entrenamiento para que empezáramos a patear un balón, nos enviaron directamente a la Santa Casa da Misericórdia, un hospital de la ciudad.

Allí, los treinta y tres jugadores fuimos sometidos a una impresionante serie de exámenes con neurólogos, radiólogos, cardiólogos, dentistas, etc. Nos pincharon, inspeccionaron, sacaron radiografías y entrevistaron. ¿Cuál era el objetivo? Comenzar con el proceso de descartar a once jugadores. Sólo veintidós de nosotros iríamos a Suecia.

Nadie dijo con claridad qué había detrás, pero los exámenes eran el resultado directo de las lecciones aprendidas desde 1950. Es decir, si la pobreza y el subdesarrollo crónico de Brasil habían hecho de alguna manera que perdiéramos ante Uruguay, ahora nuestro equipo iba a utilizar todas las herramientas científicas disponibles para deshacerse de los jugadores que mostraran síntomas de estos males. Esto era más fácil de decir que de hacer. En este sentido, vale la pena explorar brevemente una vez más el país tan enfermo que era Brasil a mediados de los años cincuenta: en algunas zonas rurales, la mitad de los bebés brasileños moría antes de su primer cumpleaños. Uno de cada tres brasileños tenía anquilostomas. La esperanza de vida en promedio era de apenas cuarenta y seis años, frente a casi setenta en Estados Unidos. Y mientras que los treinta y dos jugadores que estábamos en Río parecíamos ser atletas saludables y en el apogeo de nuestras vidas, los médicos estaban decididos a descubrir si alguna de estas pestes y enfermedades acechaba debajo de la superficie.

A varios jugadores les sacaron dientes en ese hospital, para que coincidieran con la visión del atleta ideal que tenían los médicos. A otros les sacaron las amígdalas. Y otros fueron enviados a casa debido a que su constitución física no estaba del todo bien.

Dos jugadores recibieron un escrutinio especial.

Uno de ellos fue Manuel Francisco dos Santos, quien jugaba en el costado derecho con el club Botafogo y era más conocido por su apodo: «Garrincha» o «pajarito». Garrincha era, a primera vista, el «niño del cartel» de todos los tipos de defectos y enfermedades que buscaban los médicos brasileños: su columna vertebral estaba deforme y la pierna izquierda era más de seis centímetros más corta que la derecha, que estaba a su vez grotescamente curvada hacia adentro. Garrincha probablemente ni siquiera habría sido llamado al equipo si el otro defensa, Julinho, quien jugaba en un club en Italia, no hubiera rechazado la convocatoria, diciendo que sólo debían llamar a quienes jugaban en Brasil. Todos los médicos del hospital se asombraron con las piernas de Garrincha, cubiertas también con cicatrices de golpes y patadas que había recibido de sus contrincantes. A Garrincha le fue mal en la prueba de aptitud mental: en la línea donde se suponía que debía señalar su profesión, escribió «atreta» en lugar de «atleta». Sin embargo, la verdad sea dicha, si la ortografía hubiera sido el criterio principal, Brasil no podría haber enviado a un solo jugador a Suecia en 1958. Y los médicos, después de un escrutinio considerable, concluyeron que sus piernas, aunque tenían un aspecto absolutamente horrible, parecían funcionar más o menos bien. Garrincha fue autorizado a unirse al equipo.

¿Cuál fue el segundo jugador en ser puesto bajo el microscopio? Como ya habrán adivinado, fui yo. Me fue muy bien en el examen físico y en las habilidades motrices, pero me quedé corto en las pruebas de comportamiento que medían supuestamente nuestra fortaleza mental. Estas pruebas eran consideradas particularmente cruciales, dada la supuesta falta de coraje que hizo que Brasil perdiera en 1950. Y nadie estaba de humor para reconocer que, a los diecisiete años, yo era la persona más joven de la historia en participar en una Copa del Mundo.

El veredicto de João Carvalhães, un sociólogo que estaba haciendo las pruebas, no dejó lugar a dudas: «Pelé es obviamente infantil —escribió—. Le falta el espíritu de lucha necesario. Es demasiado joven para sentir la agresión y reaccionar con la fortaleza adecuada. Aún más, no tiene el sentido de responsabilidad necesario para el espíritu de equipo».

«No aconsejo que lo llevemos» a Suecia, concluyó Carvalhães.

Afortunadamente, Vicente Feola, elegido en última instancia como entrenador del equipo de 1958, era un hombre de instintos. Después de leer el informe de Carvalhães, replicó:

—Puede que tengas razón. ¡Lo que pasa es que no sabes nada de fútbol! Si Pelé está bien de salud, entonces jugará.

8

Nuestros entrenamientos eran rigurosos y enérgicos. Nuestro equipo cuajó bien y no parecía estar acechado por los fantasmas de las Copas Mundiales anteriores. Tres días antes de viajar a Europa sólo había un obstáculo más por superar: un último partido de preparación contra el Corinthians, uno de los equipos más grandes y populares de Brasil, en el estadio Pacaembú de São Paulo.

No deberíamos haber jugado nunca ese partido.

Hasta el día de hoy, no sé por qué el equipo lo programó. Ya habíamos jugado partidos de preparación contra otras selecciones nacionales, incluyendo Bulgaria y Paraguay, así que estábamos listos para el Mundial. Jugar contra un equipo local con tantos aficionados como el Corinthians tuvo un efecto extraño, predecible y totalmente indeseable: seríamos abucheados en territorio brasileño por una multitud que estaba casi totalmente en contra de nosotros. Para empeorar las cosas, el equipo de Corinthians y sus aficionados estaban enojados por lo que les pareció un insulto: Luizinho, su jugador más querido, había quedado por fuera de la selección nacional.

Los abucheos llovieron sobre el equipo brasileño mientras saltábamos a la cancha en Pacaembú, y aumentaron en volumen a medida que empezamos a marcar goles. Cuando íbamos 3–1 y muchos jugadores ya estaban pensando en la ropa que necesitarían llevar a Suecia, recibí un pase en el mediocampo de nuestro rival y comencé a acercarme al área del penal. No vi a Ari Clemente, un defensa del Corinthians que venía hacia mí.

Sentí como si alguien me hubiera clavado una aguja ardiente en lo más profundo de la rodilla. Rodé por el suelo, gritando mientras los entrenadores del equipo corrían hacia mí.

—¿Puedes levantarte, hijo?

Me sentí abrumado por el dolor y por el horror. Pensé de inmediato en mi padre. Era la misma rodilla que se había arruinado en su primer partido importante. ¿Sería ese mi destino también?

—Estoy bien, estoy bien —dije, procurando tranquilizarme.

Pero mientras trataba de pararme y ponía un poco de presión, mi rodilla se dobló de inmediato. Los entrenadores intercambiaron miradas de complicidad y me sacaron del campo de juego, de vuelta a los vestuarios. Yo estaba llorando como un niño.

En todos los años que siguieron y en todos los partidos importantes que he jugado, no puedo recordar unos momentos más inquietantes que aquellos primeros minutos cuando permanecí en la oscura sala de entrenamiento del Pacaembú, secándome las lágrimas, con la rodilla sobre una mesa metálica. El personal médico —el doctor Hilton Gosling, médico del equipo, y Mário Américo, nuestro amado fisioterapeuta— me puso un poco de hielo en la rodilla y habló en voz baja entre sí.

—No te preocupes en absoluto —me dijo Mário—. Voy a asegurarme de que estés bien.

Eran palabras amables, pero en realidad nadie sabía lo que iba a suceder. Después de todo, aún estábamos en Brasil y había once jugadores sanos —incluyendo a Luizinho— que estaban más que dispuestos a tomar mi lugar. Habría sido una decisión simple y lógica descartarme, y más tarde me enteré de lo cerca que estuvieron de hacerlo. Las autoridades del equipo brasileño sondearon a Almir, un jugador del Vasco da Gama, con el fin de reemplazarme.

Al final, el doctor Gosling dijo a los entrenadores que mi rodilla estaba en muy mal estado. Dijo que yo estaría un mes inactivo, refiriéndose a los partidos de calentamiento programados en Europa que yo me perdería, y era probable que no jugara los primeros partidos de la Copa del Mundo. Pero el doctor Gosling también les dijo que yo era joven y tenía muy buena salud, y que tal vez podría recuperarme con mayor rapidez de lo previsto.

Los entrenadores tuvieron una discusión larga y minuciosa, y decidieron que el riesgo de llevarme a Europa valía la pena el beneficio potencial. Si yo hubiera estado a cargo, no sé si habría tomado la misma decisión. Pero por la gracia de Dios y la fe de los médicos y de los entrenadores, mi vida habría de ser muy diferente.

9

Algunos años atrás yo había soñado con ser piloto. Había una pequeña pista de aterrizaje en Bauru y yo pasaba muchas tardes sentado allí, al lado de la pista, viendo los aviones y planeadores despegar y aterrizar; a veces dejaba de ir a la escuela para ver a los pilotos con sus chaquetas de cuero y gafas de aviador. Todo aquello me parecía increíblemente glamoroso, un pasaporte a una vida nueva y más emocionante.

Un día, escuchamos a alguien gritar que el piloto se había estrellado en su planeador. Esto parecía ser la cosa más espectacular que había ocurrido jamás en Bauru. Mis amigos y yo corrimos primero a la escena del accidente, donde examinamos de cerca la aeronave humeante. Luego fuimos al hospital y nos asomamos por una ventana sucia. Efectivamente, allá estaba el piloto muerto, tendido en la mesa de autopsias. Me sentí fascinado pues nunca antes había visto un cadáver. El médico trataba de mover el brazo del pobre hombre, lo que requería un poco de esfuerzo ya que el cadáver debía estar rígido, y, mientras lo jalaba, un chorro de sangre se derramó por el suelo. Mis amigos y yo gritamos aterrorizados y corrimos a casa tan rápido como pudimos. Tuve pesadillas durante varios meses e incluso años.

Bueno, como pueden imaginar, esa experiencia puso fin por un tiempo a mis deseos de volar. La primera vez que viajé en avión fue el 24 de mayo de 1958, cuando abordé un Panair DC-7 con destino a Europa. Subí lentamente las escaleras, mi rodilla derecha envuelta en una venda gigante, nervioso por el viaje y —sobre todo— por la posibilidad de no poder jugar debido a mi lesión. ¿Me enviarán de vuelta a Brasil apenas lleguemos a Europa? Sentía el estómago revuelto.

Sin embargo, las cosas se alivianaron con rapidez cuando el avión despegó. El dentista del equipo, el doctor Mário Trigo, era un bromista que nos mantuvo animados durante el viaje tras organizar una especie de juego en el que nos hacía preguntas y nosotros dábamos todo tipo de respuestas tontas. Cuando hicimos escala en Recife, una ciudad en la costa del nordeste de Brasil, había miles de personas en el aeropuerto, cantando, animándonos y deseándonos buena suerte. Esto ayudó a eliminar una parte del sabor amargo del partido contra Corinthians y nos recordó que teníamos a todo un país de nuestro lado.

También empezamos a forjar los lazos personales y las amistades que hacen que cualquier equipo —especialmente un equipo nacional— sea una experiencia tan gratificante. Nada une tanto a las personas como el honor de representar a su país. Y, como estábamos representando a Brasil, una forma importante de unirnos era poner apodos estúpidos a todo el mundo, aunque ya tuvieran dos o tres. Gylmar era «Jirafa» debido a su cuello largo. De Sordi era «Cabeza» por su tamaño. Dino Sani era «Rodilla» porque era calvo y su cabeza sin pelos parecía una rodilla. Algunos apodos eran tan vulgares que son completamente impublicables. Didi era «Garza negra» y Mazzola, «Cara de piedra». Por obvias razones de ironía física, todo el mundo pensaba que sería divertido decirme «El alemán».

Nuestra primera escala en Europa fue Lisboa, para abastecernos de combustible. Luego llegamos a Italia, donde el equipo había programado dos encuentros de preparación ante equipos italianos: el Fiorentina de Florencia y el Internazionale de Milán, los cuales me perdí debido a la lesión en la rodilla. Antes de los partidos, hicimos un recorrido turístico por Roma en un autobús. Éramos todo un espectáculo: un grupo de chicos provincianos de Brasil, gritando y riendo como locos mientras recorríamos la cuna de la civilización occidental. Vimos el Coliseo, la Fontana de Trevi, la Via Veneto y todos los otros lugares habituales. En realidad, nos perdimos un poco de todo esto, pues empezamos a cantar «¡Almuerzo! ¡Almuerzo! ¡Almuerzo!» antes de que terminara el recorrido turístico. Finalmente, nuestros entrenadores se dieron por vencidos y nos llevaron a un restaurante italiano, donde comimos platos gigantes de pasta. Esto sí lo entendíamos.

No sabíamos mucho sobre el mundo, pero, de nuevo, el mundo tampoco sabía mucho de nosotros. Cuando finalmente llegamos a nuestro hotel en Suecia unos días más tarde, vimos que los anfitriones habían colgado banderas en los postes de cada uno de los países que competirían en la Copa del Mundo. La Unión Soviética, Inglaterra, Gales... todas estaban allí, como eran en realidad. Pero la bandera de Brasil era muy distinta. Era azul, verde y amarilla, o algo así. Pero en lugar de un globo en el centro tenía un cuadrado, y estaba completamente fuera de lugar.

Yo me encontraba afuera del hotel con algunos de los jugadores más viejos del equipo: Nilton Santos, Zagallo, Gylmar y otros. Uno de ellos señaló la bandera y por un momento todos permanecimos atónitos y en silencio. Entonces alguien se empezó a reír y pronto todos nos estábamos riendo. Finalmente Gylmar, el portero, dijo:

—Bueno, maldita sea, supongo que será mejor que les pidamos que cambien la bandera.

Gylmar se encargó de hacerlo. Poco después, nuestros anfitriones suecos pusieron gentilmente una nueva bandera que estaba bien en todos los sentidos. Fue un error inocente, pero la lección no pasó desapercibida para ninguno de nosotros: no éramos los únicos que todavía tenían algo qué aprender.

10

Es bastante sorprendente, en el mundo actual de Facebook, Google, YouTube y de CNN, recordar lo poco que sabían las personas acerca de otros países en aquel entonces. Incluso en 1958, un televisor seguía siendo un artículo de lujo que estaba sólo al alcance de unos pocos en Europa y muchos menos en Brasil. Así que en Suecia, como en todos los innumerables viajes al extranjero que haríamos en los próximos años, éramos más que jugadores de fútbol: éramos embajadores. Para la mayoría de las personas, ya sea que nos estuvieran viendo desde las gradas o reunidos con nosotros en la calle, éramos el primer contacto con Brasil que tenían. Millones y millones de personas de todo el mundo se familiarizaron con nuestro país gracias al fútbol. Esta era una gran responsabilidad. También fue muy divertido.

Me concentré sobre todo en que mi rodilla sanara. Pero no podía pasar mucho tiempo con una bolsa de hielo en la pierna y teníamos seis días enteros en Suecia antes de que comenzaran los partidos del campeonato mundial. Así que fui con los jugadores mayores a pasear por la ciudad. Nos enamoramos de este mundo nuevo y extraño con mucha rapidez.

Obviamente, los directivos de nuestro equipo tenían ideas radical-mente diferentes acerca de lo que se suponía que debíamos hacer con nuestro tiempo. Estaban decididos a mantenernos tan concentrados como fuera posible. Es posible también que hubieran querido reprimir un poco de la «brasileñidad» que supuestamente nos costó tan cara en 1950. Entre la larga lista de reglas y regulaciones que nos impusie-ron, nos habían prohibido explícitamente traer panderetas, matracas o tambores. «Era la selección brasileña la que viajaba a Suecia y no una escuela de samba», escribió el periodista Ruy Castro en su libro *Estrela Solitária*. También se nos prohibió hablar con la prensa fuera de los horarios establecidos y llevar periódicos o revistas a la zona de entre-namiento. Antes de entregárnoslas, abrían todas las cartas de nuestras familias buscando cualquier noticia que nos pudiera molestar. Una vez por semana nos dejaban hablar por teléfono con nuestras familias, du-rante tres minutos cuando más.

Todo era muy restrictivo. Pero había *otros* elementos de la escena sueca sobre los que el equipo, pese a todos sus esfuerzos, no pudo ha-cer mucho, ¡y vaya que lo intentaron! Por ejemplo, el doctor Gosling pidió al hotel donde nos alojábamos, cerca de la ciudad de Hindas, que cambiara temporalmente a las veintiocho empleadas femeninas por hombres, y el hotel cumplió con la petición. Sin embargo, los jugadores descubrieron rápidamente una distracción mucho más peligrosa: una colonia nudista en la isla de un lago cercano, que era (casi) visible desde las ventanas de nuestro hotel. El doctor Gosling pidió a las autoridades suecas que la gente de la colonia se cubriera mientras el equipo bra-sileño estaba en la ciudad. Esta solicitud fue denegada cortésmente. Algunos de los jugadores del equipo se las arreglaron para conseguir binoculares; ese fue apenas el comienzo.

Cuando establecimos el primer contacto, no hubo manera de man-tener alejadas a las chicas suecas. Era apenas 1958, pero en retrospec-tiva, está claro que los años sesenta llegaron a Suecia unos años antes. Las suecas eran hermosas y tremendamente directas, de una manera que no habíamos visto en Brasil. Para nuestra sorpresa total, los juga-dores más populares de nuestro equipo no eran los altos y guapos sino los tres jugadores negros: Didi, Moacir y yo. Las chicas venían corriendo hacia nosotros en busca de fotos, de autógrafos o simplemente para charlar. No hablábamos una palabra de sueco, ellas no hablaban portugués y sólo sabíamos unas seis palabras de inglés entre los tres. Pero a las chicas no les importó eso en lo más mínimo. Me imagino que muchas de ellas nunca habían visto a un negro. Algunas sólo querían tocarnos los brazos y la cara. Esto, por supuesto, provocó carcajadas y burlas en el resto del equipo.

—¡Diles que no te destiñes, Pelé! ¡Puedes caminar bajo la lluvia sin tener que preocuparte!

Sé que esos comentarios pueden parecer ofensivos en el mundo actual, pero en aquel entonces se hacían con el espíritu inocente y de descubrimiento propio de la época. Las chicas parecían genuinamente sorprendidas cuando no se nos quitaba el color negro. Terminé teniendo una pequeña aventura con una despampanante chica sueca llamada Ilena, que también tenía diecisiete años. Una vez más, no podíamos comunicarnos mucho, pero tenía una risa maravillosa y caminábamos de la mano por la ciudad, señalando las cosas y sonriendo hasta que me dolía la cara. Quedamos encantados de habernos conocido y de participar en este gran evento de importancia mundial. Recuerdo que Ilena lloró cuando me fui de la ciudad, lo que me hizo sentir triste, pero también emocionado en un sentido adulto porque tenía a una persona en el mundo que me extrañaba de esa forma.

Al final, los jugadores descubrieron una manera de burlar la prohibición en las comunicaciones. Algunos de nosotros salimos un día de compras. Las tiendas de Brasil no tenían muchos artículos importados en aquella época porque Brasil era una economía cerrada y cualquier producto extranjero era muy caro. Vimos muchas cosas que fueron una verdadera revelación para nosotros, incluyendo una invención relativamente nueva: los radios de pilas. Esa tarde yo estaba con Garrincha, el jugador de las piernas torcidas, y con Nilton Santos, compañero de equipo de Garrincha en Botafogo. Estuvimos probando los radios, encendiéndolos para ver si los parlantes funcionaban, cuando una expresión horrible asomó a la cara de Garrincha, como si acabara de oler un cadáver.

—¡No voy a comprar ese radio de ninguna manera!

Nilton se dio vuelta, sorprendido.

—¿Por qué no, Garrincha?

—¡Porque no entiendo un carajo de lo que dice!

Tardamos un minuto en entender. La voz que salía a través del pequeño radio estaba hablando obviamente en sueco.

—Ah, vamos, Garrincha —rugió Nilton, respirando con dificultad, pues se estaba riendo muy duro—. ¡Hablará en portugués cuando regreses a Brasil!

Garrincha negó con la cabeza, todavía con aspecto confundido.

—De ninguna manera, hombre.

Yo también me estaba riendo, pero era el tipo de error que también podría haber cometido fácilmente. Como ya he dicho, era una época diferente, aunque me es difícil creer que se trate incluso de esta misma vida mía.

11

Cuando comenzaron los partidos oficiales de la Copa Mundial de 1958, Garrincha y yo nos encontramos atrapados en el mismo lugar: en el banquillo. Algunos directivos del equipo creían que Garrincha era muy indisciplinado mentalmente para jugar contra nuestro primer rival, Austria, cuya estrategia se basaba en una impresionante precisión táctica en el ataque. En cuanto a mí, el problema seguía siendo mi rodilla. El doctor Gosling me dijo que para tener alguna esperanza de jugar, debía hacerme una serie de tratamientos muy dolorosos. Consistían básicamente en ponerme toallas muy calientes en la rodilla. Hay que recordar que él era probablemente uno de los mejores médicos en medicina deportiva del mundo, lo que equivale a decir que el mundo estaba todavía en la Edad Media. Pero yo obedecí sin quejarme. Quería entrar al campo de juego sin importar lo demás.

Brasil jugó maravillosamente el primer partido, superando 3–0 a los austriacos con dos goles de Mazzola y uno de Nilton Santos, cuya actuación no pareció verse afectada por lo que había comprado a escondidas. Pero en nuestro segundo encuentro, ante Inglaterra, el equipo jugó un partido soso, obteniendo el más temido de los resultados en el fútbol: un empate 0–0. En el formato de «juego en grupo» utilizado en Suecia, y en todas las futuras Copas del Mundo, los partidos iniciales tenían lugar entre cuatro equipos, donde los dos mejores equipos pasaban a la siguiente ronda eliminatoria. Después de lograr apenas un empate contra Inglaterra, necesitábamos ganarle a nuestro tercer y último rival para estar seguros de pasar a la siguiente ronda.

Cuando supe que podíamos estar a sólo un partido de quedar eliminados y de regresar a casa, pensé que iba a perder la cabeza. ¿Por qué no mejoraba mi rodilla? Afortunadamente, los jugadores veteranos me ayudaron a tranquilizarme, especialmente Waldyr Pereira, conocido como «Didi», quien siempre tuvo una fe inquebrantable y misteriosa en mis capacidades, incluso en aquel entonces. Tenía treinta años y era uno de los jugadores más veteranos del equipo, tanto así que para los extraños cálculos del deporte profesional, los directivos del equipo por poco lo dejan en Brasil, pensando que sus mejores épocas ya habían pasado. Pero la experiencia y la conducta de Didi fueron precisamente lo que necesitaba nuestro grupo de novatos excitables; era tan tranquilo, sereno y equilibrado que mucha gente lo comparaba con un músico de jazz. Otro de sus apodos era «El príncipe etíope», que era casi un millón de veces más agradable que «Pelé». Siempre estaré agradecido con Didi, no sólo por sus muchísimas hazañas en la Copa Mundial de 1958, sino también por haberme ayudado a mantener los pies en la tierra mientras estuve lesionado.

—Tu momento llegará, chico —me decía, dándome una palmada en la espalda, como si no tuviera que preocuparme por nada en la vida—. ¡Relájate y trata de no poner peso a tu rodilla!

Fue un buen consejo. Vi de nuevo al doctor Gosling e hice una serie de ejercicios mientras él me observaba. No dijo mucho, pero comprendí que estaba bien. Un día antes del partido, Zito, mi compañero de equipo en el Santos, se acercó y me dijo:

—Creo que ha llegado nuestra oportunidad.

No le creí en lo absoluto, pero un instante después, uno de los jefes de la delegación se acercó a mí, puso su mano en mi hombro, y me dijo:

—¿Estás listo, Pelé?

La sonrisa que le di tenía mil kilómetros de ancho. Pronto, me enteré de que los directivos del equipo, creyendo que necesitábamos una chispa, habían descartado todas las reservas que tenían con Garrincha. Él iba a jugar también en el próximo partido. Entonces, sólo nos faltaba prepararnos para nuestro próximo rival. Fue algo extraordinario.

12

En 1958 había un país que cultivaba un aura de misterio sobre todos los demás: la Unión Soviética. Esto era *especialmente* cierto en el fútbol. Estábamos en el apogeo de la Guerra Fría y los soviéticos estaban decididos a convencer al mundo de que su sistema —el comunismo— era superior a los demás en todos los aspectos de la vida. Justo un año antes, en un alarde de poderío científico y militar, los soviéticos habían puesto en el espacio al Sputnik, el primer satélite que existió. Y ahora, con una victoria en la Copa del Mundo, nos demostrarían que también eran los mejores en el deporte.

Una cosa que siempre me ha fascinado del fútbol, incluso hoy en día, es la forma en que los equipos nacionales reflejan con frecuencia las características de sus respectivos países. Puedes saber mucho acerca de un país por su forma de jugar fútbol. Por ejemplo, los alemanes siempre fueron conocidos por tener equipos «eficientes» que no perdían un solo pase o posesión del balón. Brian Glanville, un escritor inglés, dijo de la selección de su país: «Inglaterra, de conformidad con el carácter inglés, siempre ha combinado la solidez disciplinada con el ocasional genio excéntrico». Obviamente, cuando se habla de este tipo de cosas, es importante no dejarse llevar por los estereotipos. Pero también se ha dicho mucho, y creo que con razón, sobre la forma en que el estilo de juego brasileño refleja también nuestro carácter nacional: está lleno de alegría y de improvisación, y dispuesto, para bien o para mal, a ignorar las convenciones y reglas establecidas. Algunos observadores vieron incluso rasgos de nuestra composición étnica: el famoso sociólogo brasileño Gilberto Freyre escribió en 1938 que las cualidades de «sorpresa, astucia, sagacidad, ligereza y... brillantez individual y espontaneidad» que mostraban los equipos brasileños en el terreno de juego eran un reflejo de nuestro «espíritu mulato».

En ese orden de ideas, los soviéticos llamaban a su estilo de juego «fútbol científico», lo que reflejaba su creencia de que las mismas cualidades que habían llevado al Sputnik al espacio podrían conseguirles también el campeonato de la Copa del Mundo. Habían llevado la información, el entrenamiento y el énfasis en la agudeza mental a un nivel con el que nuestros funcionarios brasileños, con su extracción de dientes y pruebas de comportamiento, sólo podían fantasear. A diferencia de nosotros, el enfoque soviético ya había obtenido resultados reales, incluyendo la medalla de oro en fútbol en los recientes Juegos Olímpicos de Melbourne, Australia, en 1956. Las historias sobre los meticulosos preparativos soviéticos reverberaban a través de los campamentos de los otros equipos. Habíamos oído que sus jugadores eran capaces de correr a toda velocidad durante tres horas seguidas sin parar. Alguien nos dijo que todas las mañanas hacían cuatro horas de gimnasia antes de sus partidos.

Obviamente, una parte de esto era sólo propaganda de la Guerra Fría, pero yo no lo sabía en aquel entonces. Era una época antes de que los equipos pudieran estudiar a sus rivales viendo películas o videos, y en lo único que podíamos confiar era en el boca a boca. Y así, nos convencimos de que estábamos a punto de enfrentar a una verdadera raza de superhombres, superiores y tal vez más inteligentes que nosotros en todos los sentidos.

La cara intimidante del equipo soviético era su portero, Lev Yashin, y, en su caso, casi toda la publicidad se basaba en gran medida en hechos reales. Con casi un metro noventa de estatura, Yashin era mucho más alto que casi todos los jugadores y pasaba partidos enteros gritando órdenes a todos, a amigos y a enemigos por igual. Era un hombre duro de una manera particularmente soviética: había comenzado su carrera futbolística durante la Segunda Guerra Mundial mientras era todavía un adolescente, cuando fue enviado a trabajar en una fábrica militar en Moscú y comenzó a jugar con el equipo interno. También era un excelente portero de hockey sobre hielo. Yashin era conocido como la «Araña negra» debido en parte a su costumbre de vestirse completamente de negro, y también porque hacía muchas atrapadas imposibles, de manera que, con mucha frecuencia, parecía tener ocho brazos. No era sólo un producto de la propaganda; fue realmente uno de los grandes de todos los tiempos. En 2013, un panel de expertos de la revista *World Soccer* votó abrumadoramente por Yashin como el mejor portero de todos los tiempos.

Si esto era realmente un duelo de personalidades nacionales, entonces, ¿cómo podrían la alegría y capacidad de improvisación de un país pobre como Brasil triunfar sobre la formación, la planificación y la riqueza de una superpotencia como la Unión Soviética?

Bueno, nuestros entrenadores tenían una respuesta: golpeándolos. No literalmente, por supuesto. Pero ellos creían que, desde el momento en que comenzara el partido, el equipo brasileño tenía que hacer algo dramático para desorientar a los soviéticos y sacarlos de su zona de confort. Si pudiéramos sacar el partido lejos de la esfera de la ciencia y adentrarlo en el ámbito de la conducta humana, entonces podríamos tener la oportunidad de ganar.

13

Mientras corría a la cancha en Gotemburgo y me quitaba la ropa de calentamiento, juro que escuché gritos de asombro de las cincuenta y cinco mil personas que asistieron al partido. Yo estaba todavía muy pequeño y tenía cara de niño, y muchos aficionados probablemente creyeron que era la mascota del equipo. Me acerqué al banquillo y Mário Américo, el entrenador, me dio un último masaje en la rodilla.

—Se ve bien —dijo—. Entrarás ahora, muchacho.

No recuerdo haber estado nunca tan nervioso; sentía una descarga de adrenalina, pero antes que nada, estaba realmente emocionado de estar de nuevo en el campo de juego. Como siempre, el fútbol era la parte fácil.

Mientras Garrincha y yo tomábamos nuestras posiciones, vi algunas miradas confusas en las caras de los soviéticos. Nuestro equipo había hecho un gran esfuerzo para ocultar el hecho de que los dos íbamos a jugar. Habíamos oído que un espía soviético seguía nuestros movimientos, por lo que el equipo había cambiado bruscamente el horario de nuestra última práctica, cuando Garrincha y yo jugamos como titulares por primera vez. ¡Brasil también podía jugar a la Guerra Fría! Al parecer, nuestra estrategia había funcionado. Antes de que los soviéticos pudieran darse cuenta de lo que estaba sucediendo, sonó el silbato y el partido comenzó.

Lo que siguió fue una ráfaga de acción diferente a todo aquello de lo que he sido parte desde entonces. Garrincha se llevó el balón con rapidez y comenzó a abrirse camino por la derecha, amagando y deteniéndose casi en cada paso. Sus maravillosas piernas torcidas confundieron por completo a los soviéticos y lo hicieron absolutamente imposible de marcar, pues debido a sus ángulos extraños, los defensas soviéticos no podían saber para qué lado iba a girar. Además, como era un bromista natural, Garrincha se deleitaba especialmente al engañarlos y a veces se burlaba incluso de sus rivales con sus movimientos extraños, como salidos de un circo. Prácticamente desde el primer momento en que Garrincha tocó el balón ese día, pude oír a la multitud reírse. Casi todos los asistentes eran suecos, pero gracias sobre todo a las travesuras de Garrincha, animaron a Brasil desde un comienzo. Los soviéticos, por su parte, estaban totalmente desconcertados: ¡nada en sus manuales científicos los había preparado para esto!

Garrincha superó al último defensa y lanzó un tiro demoledor a la portería. Por desgracia, rebotó en el travesaño. Pero unos momentos después, la pelota entró rodando hacia mí. Reuní todas mis fuerzas, apunté a la red y:

¡Paf!

¡Otro balón en el palo horizontal! Debí parecer con el corazón destrozado porque Didi, con el aplomo suficiente para calmarnos a todos, me gritó desde el otro lado de la cancha:

—¡Tranquilo, chico, el gol vendrá!

Tenía razón. Casi de inmediato, el propio Didi encontró un espacio e hizo un pase hermoso para Vavá, uno de nuestros delanteros, que hundió el balón en la red.

Brasil 1, Unión Soviética 0.

Es difícil de creer, pero a pesar de tanta acción y emoción, apenas se habían jugado tres minutos del partido. Gabriel Hannot, un periodista francés que había cubierto el fútbol desde hacía décadas, los describió posteriormente como «los mejores tres minutos en la historia del fútbol».

Inevitablemente, disminuimos un poco el ritmo después de eso. Pero el ritmo del partido ya se había establecido y los soviéticos nunca recuperaron la compostura. Hice un pase para Vavá para otro gol en el segundo tiempo, lo que nos proporcionó el resultado final: Brasil 2, Unión Soviética 0. La ventaja podría haber sido aún más grande si no hubiera sido por Yashin, la Araña negra, que hizo un montón de atajadas excelentes ese día.

Obviamente, la verdadera revelación fue el jugador que a partir de entonces sería conocido en Brasil como *O Anjo de Pernas Tortas* (el ángel de piernas torcidas). Gracias a él en gran parte, pasamos a los cuartos de final y nos enfrentamos contra Gales en un partido que tendría lugar esa misma semana y exactamente en el mismo estadio.

«Felicitaciones, Gotemburgo —proclamó un periódico sueco—. ¡El jueves tendrán la oportunidad de ver otra vez a Garrincha!».

14

Nuestra victoria sobre los poderosos soviéticos tuvo otro efecto: ese partido convenció a la gente en Brasil de que, tal vez, no estaba mal empezar a creer de nuevo en su equipo nacional. Toda la desesperación de 1950 y la apatía de 1954 comenzaron a esfumarse finalmente, como si las nubes se hubieran separado después de un largo invierno y el sol brillara de nuevo en el fútbol brasileño. Los aparatos de radio fueron encendidos otra vez; los periódicos comenzaron a venderse de nuevo. Nuestros seguidores comenzaron a atreverse a soñar una vez más con la primera y escurridiza Copa Mundial.

Nuestra actuación fue importante, pero los brasileños también se estaban sintiendo mejor consigo mismos en general. El fútbol no fue lo único bueno que sucedió en nuestro país en 1958. También fue el año en que João Gilberto grabó su disco *Chega de Saudade*, que ayudó a lanzar un nuevo género musical: la bossa nova. El tema más popular del disco, «La chica de Ipanema», se convertiría en una de las canciones más famosas de todos los tiempos. La bossa nova se unió al fútbol como la imagen de Brasil ante el mundo y fue una fuente aún mayor de orgullo en ciertos sentidos, porque se trataba de algo total y exclusivamente brasileño que nosotros mismos habíamos creado.

En los próximos años tuve la oportunidad de pasar un tiempo con João y, a pesar de su reputación de tener una personalidad un poco difícil, siempre fue condescendiente y amable con mi pasión un tanto aficionada por la música. Nos encontramos en varios eventos en Brasil y en la ciudad de Nueva York y siempre me pareció refrescante y directo. Sin embargo, tengo una queja: nunca llegué a tocar música con él. Es posible que yo no sea el mejor músico del mundo, pero he tocado la guitarra a lo largo de los años y me fascinaba cantar. Lo que me faltaba en materia de talento lo compensé con pasión y tuve la oportunidad de tocar con otros gigantes de la música brasileña como Tom Jobim, Sérgio Mendes y Roberto Carlos. ¡Tuve incluso la oportunidad de cantar una vez con Frank Sinatra! Pero nunca llegué a hacerlo con João, aunque respetaba mucho lo que hacía y sentía cierta afinidad con él. Éramos dos generaciones triunfantes que promoverían a Brasil en las próximas décadas.

A finales de los años cincuenta incluso nuestra política parecía estar muy bien: el presidente era Juscelino Kubitschek, un hombre afable y competente a quien algunos llamaron «el presidente bossa nova». Juscelino, que al igual que muchos mandatarios de Brasil era conocido por su nombre de pila, estaba decidido a convertir a Brasil en un país moderno y próspero tan rápido como pudiera. Llamó a su plan de desarrollo «cincuenta años en cinco», con un énfasis en el desarrollo de las industrias brasileñas. De repente, estábamos produciendo electrodomésticos, maquinaria y otros bienes que otros países daban por sentado, pero que nunca antes habían estado disponibles en los trópicos. Las fábricas de automóviles comenzaron a aparecer en el área metropolitana de São Paulo y, muy pronto, Brasil comenzaría su apasionada historia de amor con los autos.

El proyecto más grande y ambicioso de Juscelino era construir una nueva capital: Brasilia. La ciudad estaría localizada en una franja de llanuras áridas y altas en la frontera con Minas Gerais, el estado donde yo nací. La idea era que al obligar a los políticos a marcharse de Río y a vivir en el interior, tal vez empezarían a prestar un poco más de atención a lugares como Bauru y Tres Corações y a dar también un poco de dinero a la gente humilde. Hasta ese momento, las ciudades más grandes de Brasil se concentraban casi en su totalidad a lo largo del océano: «como cangrejos aferrándose a la costa», para utilizar una frase famosa. Juscelino, que era impaciente, quería que la ciudad estuviera terminada en 1960. Nunca había habido una empresa de este tipo en la historia moderna y, en el momento exacto en que estábamos jugando en Suecia, miles de trabajadores de la construcción estaban muy ocupados construyendo los ministerios y palacios que pronto conformarían una de las ciudades más singulares del mundo. Fue otro logro que parecía indicar que Brasil había dejado atrás su pasado pobre, atrasado y oscuro.

Brasil era, en resumen, un país totalmente preparado para un salto gigantesco: para una transformación. Lo único que teníamos que hacer era mantener el balón rodando.

15

Los galeses, que eran astutos, llegaron a su partido contra nosotros con un solo objetivo primordial: no dejar que Garrincha los superara.

Era una estrategia muy acertada, teniendo en cuenta su extraordinario despliegue contra los soviéticos. Durante todo el encuentro, Garrincha tuvo al menos a dos, y a veces a tres defensas pegados a él en todo momento. Y a pesar de su talento descomunal, no pudo desplegar su magia, pues fue sofocado por completo.

La desventaja obvia de que tres jugadores marcaran a un contrario era que esto daba oportunidades a otros. Pero ese equipo galés era muy bueno, con una defensa sólida y un entrenador muy respetado y querido: Jimmy Murphy. Propinaron una derrota contundente a Hungría en el juego por grupos; es decir, al mismo equipo que nos había eliminado en el Mundial de 1954 y que terminó siendo el subcampeón de ese torneo. ¿Los galeses eran una nación relativamente pequeña? Sí, pero, por amor de Dios, ¡el último equipo en la tierra que subestimaría a un país pequeño en 1958 era Brasil!

El primer tiempo terminó sin goles. No tuve muchas posibilidades con el balón, pero Didi dijo más tarde que me había «reservado» durante los primeros cuarenta y cinco minutos del partido. Creía que nadie me prestaría atención debido a mi edad y que podrían incluso olvidarse de mí por completo. Yo era un chico al que nadie tenía que temer y, por supuesto, la atención de los defensores parecía desvanecerse a medida que avanzaba el partido. Didi era como un gran director de orquesta, y yo era el joven solista cuyo momento aún estaba por llegar.

Cuando faltaban veinte minutos de juego, mi momento llegó finalmente. Garrincha, quizá por primera vez en todo el partido, sólo tenía a un defensa encima. Aprovechó esto e hizo un pase a Didi, quien me pasó el balón. Yo estaba de espaldas a la portería y Didi seguía corriendo, esperando que yo le devolviera la pelota. Sin embargo, reaccioné de manera instintiva, como me había enseñado Dondinho. «Detuve» el balón con el pecho y, luego, sin dejar que tocara el suelo, lo pasé por encima de la pierna extendida de un defensa de Gales —«descaradamente», como dijo un locutor—. El balón rebotó una vez, me desmarqué con agilidad del defensa y le di un riflazo al balón, enviándolo a la esquina inferior izquierda de la portería.

Brasil 1, Gales 0.

Grité; fue un rugido largo y gutural. Corrí a la portería y salté de alegría, una vez, dos veces, y luego me arrodillé para recoger el balón del fondo de la red.

Cuatro compañeros de mi equipo llegaron corriendo a la portería y me rodearon, tirándome al césped y sosteniéndome contra el suelo. A continuación llegó una docena de fotógrafos de prensa; corrieron al campo de juego, algo que no debían hacer, ¡pero bueno! Comenzaron a tomarnos fotos mientras rodábamos por el suelo. Por último, uno de los jugadores galeses llegó un poco malhumorado y trató de separarnos, como diciendo: muy bien, chicos, ya basta.

Yo no estaba intentando presumir ni demostrar nada. La pura verdad es que estaba paralizado de alegría. No podía dejar de gritar y de reír. Me sentí como si algo hubiera despertado en mi interior para nunca más dormir de nuevo.

16

Ese gol nos dio la ventaja final contra Gales: el más apretado de los triunfos, 1–0. Después del partido, recuerdo que recibí abrazos de mis compañeros de equipo y algunas felicitaciones de los miembros de la prensa. Pero después, todo se hizo más bien difuso. Quedé atrapado en algo mucho más grande que yo, y en lugar de luchar contra esto, dejé que me arrastrara.

Siempre he soñado con el fútbol —¿con qué más?— y durante esos días y noches después del triunfo frente a Gales me sumergí como nunca antes en ciertas fantasías. Cada drible, cada pase, cada tiro daban paso ahora a muchas posibilidades diferentes. Soñaba con pasar el balón a la izquierda y no a la derecha, superando a un defensa en lugar de hacer un tiro a mucha distancia de la portería. Ahora que sabía con certeza que podía marcar un gol en cualquier escenario mundial, parecían abrirse más posibilidades: en vez de tres variaciones alrededor de una misma jugada, ahora podía ver diez. Y la portería en sí parecía tener un centenar de metros de ancho.

Me levantaba sobresaltado, despierto y completamente feliz, listo para salir a la cancha y para hacer esos sueños realidad.

17

Antes de darme cuenta, estaba en el campo de juego una vez más, en esta ocasión contra Francia, disputando la semifinal de la Copa Mundial.

Mantuve de nuevo un perfil bajo en el primer tiempo, que terminó 2–1, una ventaja estrecha a nuestro favor. Repitiendo la táctica del partido anterior, Didi me ignoró prácticamente en los primeros cuarenta y cinco minutos, pero no me desesperé porque ya sabía cuál era la estrategia. Y, en efecto, las cosas empezaron a aclararse en el segundo tiempo.

El balón salió rodando frente a la portería a los siete minutos del tiempo complementario. Claude Abbes, el portero francés, no pudo agarrarlo y, mientras el balón se deslizaba entre sus dedos, lo envié a la portería para mi primer gol del partido. No podía fallar. Fue uno de los goles más fáciles que he anotado.

Brasil 3, Francia 1.

Diez minutos después, en el minuto sesenta y cuatro del partido, Garrincha salió casi de la cancha tras eludir a un rival antes de pasarme de nuevo el balón. Bajé el esférico, superé a un defensa francés que se acercaba a mí y luego lo pasé. El balón rebotó un poco antes de retroceder hacia mí a unos ocho metros de la portería. Lancé un fuerte disparo y anoté mi segundo gol.

Brasil 4, Francia 1.

Diez minutos después, cuando ya habían trascurrido setenta y cinco minutos de los noventa del partido (más el tiempo de descuento), recibí otro pase magnífico de —¿quién más?— Garrincha. Me pasó el balón desde el borde del área del penal, al lado derecho de la cancha. Yo estaba a unos doce metros de la portería y muy bien cubierto, pero logré crear un poco de espacio y enviar la pelota a la esquina inferior izquierda de la red para mi tercer gol del partido: todo eso en el segundo tiempo.

Brasil 5, Francia 1.

Al final del encuentro, la multitud estaba completamente enloquecida. Incluso después de que los franceses anotaron un gol en el último minuto para que el marcador final quedara 5–2, la gente en el estadio seguía aplaudiendo, riendo y gritando mi nombre: «¡Pelé! ¡Pelé!». El ambiente era de alegría y de descubrimiento, como si algo nuevo e inesperado hubiera llegado al mundo.

El público sueco fue tan efusivo que me sentí como si estuviera en Brasil. Esto fue muy generoso por parte de ellos, sobre todo porque en ese momento algunas personas en el estadio debían saber la verdad: que estaríamos jugando la final contra el equipo anfitrión.

18

Era apenas conveniente que, antes de poder levantar la Copa, tuviéramos que confrontar al fantasma de 1950 por última vez.

Nuestro rival en la final era Suecia, el país anfitrión. Esto suponía un problema inesperado. Tanto Brasil como Suecia habían utilizado camisetas amarillas hasta ese momento del campeonato de 1958 y uno de los dos equipos tendría que renunciar a este color para el encuentro final. La delegación de Brasil creía que los suecos deberían ser los mejores anfitriones y permitir que el equipo visitante — nosotros— usara su camiseta preferida. Pero no fue así. Los suecos decidieron resolver el problema lanzando una moneda al aire y ganaron.

No hay problema, pensaron los líderes de nuestro equipo. Después de todo, la bandera brasileña tenía otros colores, ofreciendo varias opciones: blanco, verde o azul. Entonces, los directivos anunciaron en una reunión que habían escogido el color blanco.

Un color seguro y muy neutral, ¿verdad?

Falso.

El blanco era el color que había usado el equipo brasileño durante la final contra Uruguay en el Maracaná en 1950.

Todos los jugadores se miraron entre sí con los ojos muy abiertos. ¡Era una locura! Se hizo un gran silencio. Por último, los directivos del equipo se dieron cuenta de su error y el doctor Paulo Machado declaró abruptamente que utilizaríamos camisetas azules. Esto no logró levantar nuestro ánimo de un modo perceptible y, entonces, el doctor Machado señaló que el azul era también el color de la patrona de Brasil: Nuestra Señora de Aparecida. Esta revelación fue recibida con algunas exclamaciones de los jugadores y, así, el asunto se dio por cerrado.

Actualmente, los equipos cuentan con presupuestos multimillonarios, con numerosos patrocinadores corporativos y con suficientes uniformes y zapatos para vestir cómodamente a un pequeño ejército. Pero en 1958 aún había poco dinero en el fútbol profesional. En consecuencia, el cambio repentino en los uniformes supuso otro dilema: ¡se nos habían acabado las camisetas! Habíamos traído algunas azules, pero las habíamos usado mucho durante las prácticas. Estaban desteñidas y hechas jirones y no eran exactamente dignas de la pompa de una final del Mundial. Así que dos oficiales del equipo, Adolfo Marques y el dentista Mário Trigo, se encargaron de ir al centro de Estocolmo y comprar camisetas completamente nuevas y relucientes en una tienda por departamentos. Mário Américo —el mismo terapeuta amable que me había cuidado la rodilla— pasó toda la mañana del sábado antes del partido quitando cuidadosamente nuestros números y logotipos de las camisetas amarillas, uno por uno, y cosiéndolos de nuevo en las azules.

Con esa emergencia resuelta, todo lo demás parecía pan comido.

19

Cuando desperté la mañana del partido final —el 28 de junio de 1958— se podría pensar que estaba sintiendo una presión insoportable. Pero Didi y todos los veteranos habían hecho un gran trabajo al darnos mucha libertad, y en ese momento sabíamos que nuestro equipo estaba bendecido con una gran combinación de experiencia y talento. El enfoque metódico de las directivas del equipo para protegernos del mundo exterior también había funcionado bastante bien, pues tuvimos poco contacto con el histrionismo de la prensa brasileña. De hecho, estábamos tan resguardados que Garrincha fingió sorprenderse tras saber que sería nuestro último partido. En el torneo estatal de Río de Janeiro, en el que Garrincha jugaba con su club, había que jugar dos veces con cada oponente. Y, obviamente, en la Copa del Mundo sólo había un partido para llevarse el trofeo.

—¿En serio? —dijo Garrincha con incredulidad—. ¡Qué torneo tan aburrido!

Estoy bastante seguro de que estaba bromeando. Pero cuando llegamos al estadio en Solna, un suburbio de Estocolmo, todos seguíamos riendo a carcajadas.

Sí, teníamos *un poco de* nervios, los cuales fueron evidenciados por una serie de pases torpes y pérdidas del balón por parte de nuestro equipo poco después del silbato inicial. Suecia aprovechó rápidamente nuestros errores y anotó el primer gol, abriendo el marcador 1–0 apenas en el cuarto minuto del partido. Supongo que esto podría habernos hecho perder la calma. En realidad, era la primera vez que nuestro equipo iba perdiendo en todo el torneo. Y la afición sueca estaba literalmente enloqueciendo, lanzando sus gorras al aire.

Pero, como he dicho, habíamos adquirido una confianza nueva y casi misteriosa, y el liderazgo fantástico que nos había llevado hasta esa instancia no iba a desaparecer ahora. Después de aquel primer gol sueco, fue Didi —por supuesto— quien recogió el balón y se dirigió muy despacio con él de nuevo al centro del campo, hablando con mucha calma a cada jugador brasileño que se encontraba en el camino.

—Muy bien, se acabó —decía Didi alegremente—. ¡Ahora nos toca a nosotros!

Y apenas cinco minutos después, Garrincha quedó solo en la parte derecha de la cancha, dejando al portero sueco fuera de posición. Pasó el balón a Vavá, quien marcó el gol del empate. En el minuto treinta y dos del primer tiempo, quedé libre y pasé el balón a Garrincha, quien encontró de nuevo a Vavá. Fue el 2–1 a favor de nosotros y así terminó el primer tiempo.

En los primeros minutos del segundo tiempo anoté uno de los goles más famosos de mi carrera. Pedí a Nilton Santos que hiciera un pase largo desde el otro lado, detuve el balón con el pecho y lo dejé caer mientras un jugador sueco corría hacia mí y pasé el balón sobre la cabeza del defensor con un movimiento del pie. Fue una jugada completamente callejera, el tipo de jugada que habíamos practicado un millón de veces en el «estadio Rubens Arruda» en Bauru. Tal vez sólo un joven de diecisiete años habría tenido la audacia para intentar una jugada así en una final de la Copa Mundial. Superé al defensa y disparé con fuerza a unos diez metros de la portería, poniendo el marcador 3–1 a favor de Brasil.

Después de ese gol sucedió algo extraño: nos ganamos a la multitud sueca. A pesar de que ellos estaban decepcionados sin duda de ver perder a su equipo, algunos comenzaron a cantar «¡Samba! ¡Samba!». Aplaudían nuestros movimientos, exclamaban cuando pasábamos el balón, y celebraron frenéticamente cuando marcamos nuestro cuarto gol. El espíritu deportivo y el amor por el buen fútbol que mostraron ese día fueron realmente extraordinarios. Tengo que decir que nunca he visto a un público más noble y amable.

Mientras transcurrían los últimos minutos del partido y manteníamos nuestra ventaja insuperable, por fin empecé a comprender lo que estaba sucediendo. ¡Brasil iba a ser el campeón del mundo! Después de casi treinta años de decepciones, de cuasiaccidentes y de traumas nacionales, ahora conseguiríamos por fin ese primer título esquivo. Esto era increíble, un verdadero honor, pero lo que realmente me emocionó, mientras seguía corriendo alrededor de la cancha y trataba de mantener controlado a mi rival sueco, era pensar en mi mamá y en mi papá en nuestra casa de Bauru. Toda nuestra familia y amigos estarían en nuestra casa, riéndose y animando alrededor del radio, al igual que lo habían hecho en 1950. ¡Sólo que esta vez podrían celebrar! ¡En lugar de lágrimas, habría risas! ¡Y estarían coreando mi nombre!

Estos pensamientos, que yo había logrado suprimir hasta ese momento, eran demasiado para mí. Con cada paso sentía que mis pies se hacían más y más ligeros. Y en la última jugada del partido creo que me precipité un poco. Un balón llegó desde el otro lado de la cancha. Me elevé en el aire sincronizando mi salto perfectamente. Mantuve los ojos bien abiertos, así como mi papá me había enseñado tantas horas en Bauru, durante todos esos ejercicios tontos. Y a medida que el balón entraba, en un gol digno de Dondinho, luego de un cabezazo, su especialidad, todo se volvió negro.

Me desmayé. Allí mismo en la cancha, directamente frente a la portería.

Afortunadamente, el árbitro sonó el silbato, señalando el fin del partido y a Brasil como campeón mundial. Mi gol de cabeza había dejado el marcador 5–2 a favor de Brasil.

Permanecí allí sin moverme, durante un buen rato. Garrincha, con la dulzura que tenía, fue el primer jugador en venir a ayudarme. Me levantó las piernas, creyendo poder bombear sangre a mi cabeza.

Cuando recobré el conocimiento, se había desatado un verdadero caos. Vi a mis compañeros riendo, abrazándose y saltando arriba y abajo. Cientos de personas se habían quedado en el campo de juego para celebrar con nosotros. Me levanté, vi a Didi y a Garrincha, y las lágrimas comenzaron a rodar por mis mejillas. Siempre he sido un llorón —seguramente ya se han dado cuenta de esto—, pero nunca en mi vida derramé lágrimas con tanta libertad como lo hice en esa ocasión. Me sentí abrumado al pensar en mi familia, en mi país y en la gran liberación que sentí al dar rienda suelta a mis emociones. Seguí llorando, completamente inconsolable, sobre los hombros de mis compañeros mientras la gente abandonaba las tribunas del estadio. Los reporteros, los aficionados y los policías me agarraban, dándome palmaditas en la espalda y en la cabeza, sonriendo de oreja a oreja y gritando cosas en unos idiomas que yo no entendía.

Mis rodillas colapsaron de nuevo y empecé a caer al suelo. Entonces me di cuenta de que estaba siendo levantado por una especie de fuerza invisible. Eran mis compañeros de equipo, levantándome en sus hombros y paseándome alrededor del terreno de juego mientras yo lloraba y lloraba.

Gylmar me apretó la pierna y sonrió.

—¡Sigue llorando, chico! ¡Es bueno para ti!

Alguien agarró una bandera sueca y luego desfilamos alrededor del campo en honor a nuestros increíbles anfitriones. Cuando mis compañeros me bajaron de sus hombros corrí alrededor de la hierba, chillando, riendo y llorando, gritando a todo el que quisiera escucharme:

—¡Tengo que contarle a mi papá! ¡Tengo que contarle a mi papá!

20

Obviamente, no había Skype en 1958 y tampoco teléfonos celulares. Así que tendría que esperar tres días enteros para contar todo a mi papá sobre nuestra aventura en Suecia.

La euforia del partido se fundió a la perfección en una celebración interminable que duró varios días. Mientras estábamos todavía en la cancha, el monarca sueco, el rey Gustavo, vino a estrecharnos la mano y a felicitarnos. Fue muy digno y amable, al igual que todos los suecos. Incluso los jugadores suecos fueron generosos en sus elogios después del partido. Sigge Parling, el defensa encargado de cubrirme, dijo a la prensa:

—Después del quinto gol, incluso yo quería aclamar a Pelé.

Esa noche disfrutamos de una cena abundante en el hotel; comimos mucho y algunos bebieron champán en el trofeo Jules Rimet, llamado así en honor del presidente de la FIFA que organizó el primer Mundial en 1930. Cuando llegó el momento de regresar a casa, nuestra primera escala en suelo brasileño fue Recife, donde miles de personas habían venido a recibirnos semanas atrás. Esta vez, por supuesto, la multitud era mucho más grande, a pesar de que caía un fuerte aguacero tropical. Apenas se abrieron las puertas del avión, la multitud estalló en aplausos. Bajamos y nos levantaron en hombros.

Cuando aterrizamos en Río ese mismo día, la gente se volvió loca de alegría. Ya estábamos agotados —ninguno de nosotros había dormido desde la noche anterior al partido—, pero no había manera de detenernos ahora. Las calles estaban llenas de gente. Nos pasearon en camiones de bomberos. La multitud lanzaba por las ventanas de las oficinas petardos, periódicos desmenuzados y casi cualquier cosa que pudieran encontrar. Luego, los directivos del equipo nos llevaron a la sede de una revista local donde, para sorpresa nuestra, nos esperaban nuestras familias.

Dondinho y Doña Celeste estaban allí, sonriendo con orgullo. Ambos trataban de mantener la compostura y de controlar sus emociones en medio de tanta gente que miraba. ¿Lo lograron? Bueno, ¡digamos que mis genes vienen de algún lugar!

—Todo el mundo está muy orgulloso de ti, Dico —dijo mi mamá con voz entrecortada y lágrimas rodando por sus mejillas—. Incluso tus profesores; todos fueron a verme y me dijeron que siempre habían sabido que tendrías mucho éxito.

¡Eso era lo más ridículo que había oído! Pero fue un gran momento para mi familia: me di cuenta de que mi madre entendía ahora todo lo bueno que podía darnos el fútbol.

Hubo una fiesta en el palacio presidencial, donde el propio Juscelino bebió champán de la copa mundial. Luego fuimos a São Paulo para otro desfile y otra celebración. Después de una parada rápida en Santos, finalmente me permitieron volver a Bauru.

En ese momento, yo esperaba simplemente poder volver a casa y descansar. ¡Pero, qué va! El ambiente en mi ciudad natal era tan desenfrenado como lo había sido en São Paulo o Río de Janeiro, con una diferencia importante: aquí, la celebración se centró por completo en mí. Mientras nuestro avión aterrizaba en la pista de Bauru —la misma que habría de visitar muchas veces a lo largo de los años y donde había visto aquel planeador accidentado— comprendí que, literalmente, todo el pueblo había venido a vernos. Hordas de personas estaban apretujadas contra las vallas a un lado de la pista, saludando y aclamando.

Salí del avión, sonreí y saludé. Era difícil creer que yo era el mismo chico que, apenas dos años antes, me había puesto unos pantalones largos y subido a un autobús con dirección a Santos, mientras entrechocaba las rodillas del miedo. Mi pasado y mi presente me parecían como un sueño, igualmente irreales. Sin embargo, todos los sospechosos habituales estaban allí: mis amigos de la calle, mi hermano y mi hermana y también mis padres. Incluso el alcalde había venido para darme un gran abrazo.

—Bauru te ha estado esperando, Pelé —señaló.

Yo no podía creer lo que veía. El alcalde me pidió que subiera a un camión para otro desfile triunfal que terminó en una tarima en la plaza principal. Me dieron trofeos, medallas y regalos, mientras la multitud reía y aplaudía. Se suponía que mi mamá me iba a entregar una de las medallas, pero estaba demasiado abrumada por las emociones, así que subió al escenario y me dio un beso tierno en la mejilla.

Dos de los regalos que recibí fueron particularmente memorables. El primero era un auto nuevo, un Romi-Isetta. Era un vehículo pequeño, con sólo tres ruedas, pero tener cualquier tipo de automóvil era un acontecimiento en el Brasil de aquella época. El precio total de un coche estadounidense era de unos veinte mil dólares, en un país donde el salario mínimo promedio era de unos treinta dólares al mes. Tuve ese honor. Pero había un pequeño inconveniente: yo era menor de edad, ¡y no podía conducir el auto! También había dudas acerca de que el vehículo tuviera la potencia suficiente para llegar hasta Santos. Y entonces se lo di a Dondinho.

El regalo más divertido de todos fue un televisor, un monstruo grande, verde y amarillo, pintado con los colores de Brasil, que me dieron cuando estábamos en Suecia. El dilema con este aparato era similar al del vehículo: en Bauru, como en la mayor parte de Brasil, aún no había señal de transmisión. Por lo tanto, se convirtió en una especie de trofeo que todavía conservo en mi casa cerca de Santos.

Todos estos regalos y toda la celebración tuvieron otro efecto: comenzaron a crear la impresión de que yo era rico. Cuando la fiesta terminó y regresé para descansar unos días en casa al lado de mi familia, nuestro timbre no paraba de sonar. Viejos amigos y otras personas aparecían de repente, pidiéndome dinero o favores; preguntándome si yo tenía recursos para sus proyectos de negocios y así sucesivamente. En realidad, no tenía prácticamente ningún dinero, pues seguí jugando con el Santos por el mismo salario que antes.

Sin embargo, nadie me creía cuando decía que no tenía dinero en efectivo. Después de todo, yo aparecía en las primeras páginas de periódicos y revistas de todo el mundo. *Paris Match*, una de las revistas más famosas del planeta, había publicado un reportaje sobre mí, declarando que había un nuevo rey del fútbol. Después de eso, la gente en Brasil comenzó a llamarme *o Rei*: el Rey. Y muchas personas creyeron también que yo estaba viviendo como tal.

Me sentí abrumado. El mundo había cambiado, pero yo sentía que era el mismo de siempre. Era sólo un chico al que le encantaba jugar fútbol. Había descubierto mi verdadero talento y había ido adonde este me había conducido. Había tenido un poco de éxito. Yo había tenido el honor de ganar un campeonato para mi país. Pero no entendía por qué ahora todo el mundo parecía *querer* algo de mí: no sólo dinero en efectivo, sino también palabras de aliento o incluso un favor para un sobrino. ¡Algunas personas querían darme cosas! Era una locura. Intentaba sonreír tanto como podía y hacer feliz a la gente con mis respuestas a sus preguntas. Sin embargo, durante esos primeros días en Bauru, empecé a comprender que la gente me estaba observando constantemente, y que mi vida ya no era mía. Esa sensación me ha acompañado desde entonces.

21

Después de tantos años, todavía sonrío cuando pienso en ese equipo de 1958. Teníamos algo muy especial: una colección de increíbles talentos individuales que se entregaron completamente en el juego. Éramos casi demasiado jóvenes y demasiado inocentes para comprender lo que hacíamos. Ese primer partido contra los soviéticos marcó el comienzo de una de las rachas más notables en el fútbol profesional: en los ocho años que siguieron, cada vez que Garrincha y yo jugamos con Brasil, nuestro equipo nunca perdió un solo encuentro.

Once miembros del equipo de 1958, incluidos Garrincha y yo, jugaríamos en la próxima Copa del Mundo, que tuvo lugar en Chile en 1962. Una vez más, me lesioné apenas en el segundo partido y me perdí el resto del Mundial. Pero la historia también se repetiría de maneras mucho más agradables: Brasil ganó la Copa Mundial de 1962, dándonos dos títulos consecutivos. Ese torneo es recordado en Brasil, con razón, como el campeonato de Garrincha.

La vida se complicaría en los años siguientes: las cosas nunca serían tan simples o tan puras como lo fueron en 1958.

Pero siempre había algo que hacía desaparecer mis preocupaciones.

Pocos días después de regresar a Bauru luego de la Copa del Mundo en Suecia, caminaba por uno de los lugares donde el equipo Sete de Setembro solía jugar. Había un montón de niños de entre ocho y diez años, pateando el balón, riéndose y divirtiéndose tal como acostumbrábamos hacer mis amigos y yo. Les pregunté si podía unirme a ellos y me dijeron que sí.

Así que fui a casa, me quité los pantalones largos y me puse unos pantalones cortos. Cuando volví al campo, me quité los zapatos y jugué descalzo, al igual que ellos. Jugamos varias horas, hasta que anocheció y nuestras madres nos llamaron a casa. Éramos simplemente unos chicos de Bauru.

MÉXICO, 1970

1

———

llamé a los periodistas al vestuario y les dije que haría un anuncio.

—Nunca jugaré otro Mundial —declaré—. Si el fútbol significa guerra, entonces colgaré mis zapatos en la pared y olvidaré que alguna vez jugué.

La fecha era el 19 de julio de 1966, ocho años después de ganar nuestro primer campeonato en Suecia. El lugar era Liverpool, Inglaterra. Yo tenía apenas veinticinco años, que no es exactamente la edad de jubilarse. Pero ese día sentí como si tuviera casi cincuenta años a causa del dolor en mi cuerpo y de las profundas cicatrices y moretones en las piernas. De hecho, sentía como si hubiera estado en una guerra y la hubiera perdido. Aunque seguiría jugando con el Santos, anuncié que había terminado para siempre con la selección brasileña.

—Eso es todo —dije mientras los periodistas me miraban boquiabiertos y tomaban notas a toda velocidad—. Esta es la última vez que me ven con el uniforme de Brasil.

Tomar una decisión tan importante como esa en el calor del momento nunca es una buena idea. De hecho, fue algo realmente tonto.

Pero nunca me había sentido tan furioso, tan decepcionado y tan harto del fútbol como ese día.

Si yo pudiera retroceder en el tiempo y hablar con ese chico de veinticinco años, ¡le diría que se relajara un poco y dejara de ser tan dramático! Le diría que las cosas nunca son tan malas como parecen ser después de una gran derrota. Le diría que un poco de adversidad puede darle sentido a tu vida y hacer que tu triunfo sea aún más dulce.

Por encima de todo, le diría que aún había algunas cosas que ni siquiera Pelé, el llamado «rey» del fútbol, había aprendido todavía, incluyendo tal vez la más importante de todas las lecciones que el fútbol puede enseñar.

2

En los meses anteriores a ese día en Liverpool, había tenido un sueño recurrente, fantástico y muy agradable. Estaba de pie en la cancha del estadio de Wembley, el gran palacio del fútbol en Inglaterra y uno de los pocos y grandiosos escenarios globales en los que no había jugado. Todos los jugadores del equipo nacional de Brasil estaban conmigo: agotados y sudorosos, pero felices. Y estábamos a punto de recibir la Copa Jules Rimet de manos de la mismísima reina Isabel II para celebrar otro campeonato del mundo: el tercero, una hazaña sin precedentes.

Me despertaba sobresaltado mientras la reina se disponía a entregarnos el trofeo. Permanecía acostado y feliz por un momento, seguro de que el sueño se haría realidad. Y entonces me levantaba de la cama y entrenaba varias horas, sólo para asegurarme de que así sería.

Por desgracia, no era el único que tenía esos delirios. En todo Brasil, muchas personas consideraban la Copa del Mundo de 1966 como la vuelta de la victoria y no como el tipo de premio que tenías que esforzarte mucho para conseguir. Después de nuestros títulos consecutivos de 1958 y 1962, muchos de nuestros técnicos y jugadores brasileños parecían pensar que simplemente iríamos a Inglaterra, tomaríamos un poco de té, patearíamos un poco el balón, recogeríamos el trofeo y daríamos las gracias. Los periódicos estaban llenos de historias sobre nuestro triunfo inminente y sobre la forma en que nuestra destreza en el fútbol demostraba que los brasileños eran superiores en todos los sentidos. Y si ustedes están pensando que esto se parece mucho a la actitud que nos metió en problemas en el Maracaná en 1950, tienen toda la razón. Supongo que dos campeonatos habían permitido que Brasil cayera de nuevo en algunos de sus hábitos viejos y perjudiciales.

De hecho, algunas de las coincidencias eran espeluznantes. La inseguridad de nuestros políticos estaba contribuyendo a impulsar una vez más todo el bombo publicitario. Todo el optimismo de finales de los años cincuenta, del mandato del presidente Juscelino Kubitschek y de nuestro gran triunfo en Suecia, se había venido abajo de repente. Era sólo el último ciclo de grandes esperanzas, seguido de una gran decepción que, por desgracia, siempre me ha parecido que define a la política en Brasil.

El plan de los «cincuenta años en cinco» de Juscelino logró construir muchas carreteras y fábricas, tal como lo había prometido. Brasilia, nuestra gloriosa y nueva capital, fue inaugurada en 1960, como estaba previsto. Pero no hay milagros en este mundo, y el exceso de construcciones parecía crear tantos problemas nuevos para Brasil como los que resolvía. El gobierno emitió una gran cantidad de dinero para financiar estos proyectos y los brasileños empezaron a bromear con sarcasmo que ahora teníamos «cincuenta años de inflación en cinco». Cada vez que ibas al supermercado o salías a comer, la cuenta parecía aumentar. En 1964, los precios se duplicaron en solo un año y la gente se puso furiosa.

Mientras tanto, había otro asunto que complicaba las cosas: ¡los años sesenta! Al parecer, fue una época turbulenta de protestas, huelgas, revoluciones y de amor libre en todo el mundo. Esto fue igualmente cierto en Brasil, y no sólo la parte del amor libre. Los brasileños pobres estaban abandonando las granjas y los pueblos pequeños como Tres Corações para mudarse a las grandes ciudades, con la esperanza de encontrar una vida mejor para ellos y sus hijos, pero tenían que conformarse por lo general con las *favelas* en las colinas y riberas precarias de ciudades como Río y São Paulo. Mientras tanto, los jóvenes estaban exigiendo mayores libertades y una tajada más grande del pastel.

Todas estas demandas habrían sido difíciles para cualquier político. Pero los sucesores de Juscelino no parecían estar preparados para el reto. Uno de ellos renunció, se emborrachó y partió para Europa después de sólo ocho meses en el cargo. Entonces, el vicepresidente, un tipo llamado João «Jango» Goulart, que parecía bastante agradable cuando nos reunimos con él en Brasilia para celebrar el título de la Copa Mundial de 1962, subió al poder. Pero a medida que pasaba el tiempo, Jango nombró a algunos consejeros comunistas y comenzó a hablar de redistribuir la tierra a los pobres de las ciudades, lo que no fue bien recibido por la élite. Así, los militares organizaron un golpe de estado en 1964 y Brasil se convirtió en una dictadura conservadora una vez más.

Como he dicho, el fútbol no es inmune a este tipo de cosas, especialmente en Brasil. Cuando comenzamos a prepararnos para la Copa Mundial de 1966, estábamos bajo una presión tremenda de un nuevo gobierno militar que quería a toda costa que ayudáramos a ocultar las fuertes divisiones de nuestra sociedad. Los militares sabían muy bien que no hay nada que tenga un mayor poder de unión que el fútbol. Creían que un tercer campeonato consecutivo era la clave para que la vida en Brasil volviera a la «normalidad» una vez más e hiciera retroceder quizá el tiempo a los años cincuenta, una época más simple y menos exigente.

¿Me estoy dejando llevar? ¿Parece que estoy culpando a nuestros políticos por todo? Bien, tienen razón; después de todo, son los jugadores quienes salen a la cancha y ganan o pierden los partidos en última instancia. Pero hay que tener en cuenta las decisiones que tomaron ese año los directivos de la selección brasileña de fútbol, algunas de las cuales eran tan extrañas que sólo podían explicarse por la política alocada de mediados de los años sesenta. Por ejemplo, en lugar de llamar a los veintidós o veintiocho jugadores habituales para que hicieran pruebas con el seleccionado brasileño como era costumbre, ¡ese año los directivos llamaron a cuarenta y cuatro jugadores! Esto era increíble. ¿Por qué demonios harían una cosa así? Bueno, nos dividieron en cuatro grupos de once jugadores cada uno. Luego, enviaron a cada grupo a ciudades y pueblos de todo el país para «practicar» en las grandes metrópolis como São Paulo y Belo Horizonte, así como en municipios regionales más pequeños como Três Rios, Caxambu y Teresópolis. Practicar por separado y rotar las ciudades cada pocos días no hicieron absolutamente nada para prepararnos para la Copa del Mundo. Pero no se trataba de eso. Estábamos allí principalmente para entretener, unir, repartir favores a los políticos locales y para hacer que la gente se olvidara de los problemas del país. Éramos el clásico «pan y circo».

Después de ese espectáculo, los directivos del equipo —de nuevo, más preocupados por proyectar una cara feliz ante el mundo que por prepararnos realmente para jugar— programaron una extenuante serie de partidos de preparación en España, Escocia, Suecia y otros países. Los partidos se llevaron a cabo en climas diferentes y tuvimos que viajar muchos días. Cuando llegó el momento de partir hacia Europa, todavía no teníamos un equipo: sólo una cantidad enorme y desordenada de individuos. Algunos nombres eran los mismos: Garrincha, Gylmar y Djalma Santos fueron convocados. Pero habían transcurrido ocho años desde el Mundial de Suecia, una eternidad en el deporte. Ya éramos mayores y no siempre podríamos seguir jugando al mejor de los niveles.

Y cuando todos los jugadores estuvieron finalmente juntos, los entrenadores no podían decidirse por una alineación titular. Un mismo grupo nunca jugó dos veces junto y a veces hacían cinco, seis o siete cambios en la formación titular de un partido a otro, un pecado imperdonable, sobre todo en una Copa Mundial. Creo que el pánico comenzó a echar raíces cuando sólo pudimos lograr un empate 1-1 contra Escocia. Ninguno de nuestros sueños con respecto a Wembley o a la reina se haría realidad si jugábamos así. Los jugadores se acusaron mutuamente después de ese partido y hubo mucha rabia. Los integrantes más veteranos del equipo —Nilton Santos, Zito y Bellini, el capitán— pidieron a los directivos del equipo que nos reuniéramos para hablar de la situación.

Ellos estuvieron de acuerdo, pero cuando la reunión se llevó a cabo, se trató de un asunto unilateral. En el clima político y social de esos años, en Brasil, como en muchos otros países, cualquier persona en una posición de autoridad actuaba como si su voz fuera la única que importara. La palabra de nuestros jefes y gerentes simplemente no podía cuestionarse y, aunque se trataba de una reunión de equipo, los directivos fueron los únicos en hablar. Nos dijeron, un poco irritados, que todo iba a estar bien: lo único que teníamos que hacer era ganar unos cuantos partidos más en Inglaterra y que luego volveríamos a casa y seríamos homenajeados como campeones una vez más, y que por favor dejáramos de quejarnos.

Recuerdo que salí de la reunión y miré a Garrincha. Él negó con la cabeza en señal de tristeza, yo me encogí de hombros. Ninguno de los dos dijo una palabra. Esto era una señal de lo que vendría y de las lecciones que aún tenía que aprender, pero no lo supimos en aquel entonces y simplemente empacamos nuestras maletas en silencio. Fuimos a Inglaterra así como los corderos van al matadero.

3

Desde el primer segundo de nuestro primer partido, comprendimos que tendríamos que lidiar con algo más que con nuestros problemas internos.

En los dos Mundiales anteriores, Brasil había deslumbrado al mundo con nuestro estilo de juego extravagante, abierto y completamente ofensivo. Ahora, en Inglaterra, nos enteramos de que los árbitros iban a hacer ciertas concesiones. Iban a ser más tolerantes con los contactos físicos en la defensa y a sancionar un número mucho menor de faltas. Este cambio favorecía a los jugadores europeos, que generalmente eran más grandes y fuertes que los suramericanos, y que habían elaborado técnicas para neutralizar nuestro ataque en los últimos ocho años. Para que esto no suene como una nueva teoría conspiratoria, o como envidia de mi parte, no soy el único en pensar que los equipos suramericanos recibieron un trato injusto en 1966. Antonio Rattin, el número diez de la selección argentina de ese año, seguía diciendo varias décadas después que fue «la Copa Mundial más violenta de todos los tiempos». Brian Viner, un periodista inglés, escribió en el diario londinense *The Independent* en 2009 que «varios jugadores (de Brasil), pero Pelé en particular, sufrieron una de las marcas más notoriamente vengativas que se hayan visto».

Ahora, nunca he rehuido el juego físico. ¡Solíamos jugar con mucha rudeza en las calles de Bauru! Cuando mi carrera profesional comenzó, yo era por lo general el máximo anotador y, seamos honestos, todos los jugadores contrarios querían decir que habían neutralizado a Pelé. Los defensas me declaraban como un objetivo y me asignaban a uno —y a veces dos y hasta tres defensas— que no se despegaban de mí durante todo el partido. Hay grabaciones en las que los jugadores contrarios me agarran del cuello, me tiran al suelo, levantan los tacos de sus zapatos directamente frente a mis rodillas mientras vienen a toda velocidad. Dios mío, jugué partidos con el Santos en los que, si se aplicaran los actuales estándares de arbitraje, el equipo contrario habría quedado apenas con cinco o seis jugadores en la cancha, ¡y todos los demás habrían recibido tarjetas rojas!

En aquella época, el fútbol era muy sencillo. Era un deporte distinto, más físico, en parte porque no había televisión. Hoy en día, las cámaras de alta definición enfocan constantemente todos los rincones del terreno de juego. Si los árbitros pasan por alto una falta, tanto ellos como los jugadores saben que serán criticados. Serán sancionados o descalificados en términos retroactivos, y pueden sufrir incluso un daño permanente en su reputación. Pero en aquel entonces, sólo nosotros y Dios podíamos ver la mayoría de los pecados en las canchas. ¡Algunos defensas tenían que confesar muchas cosas los domingos!

Casi nunca tomé esto como algo personal. Después de todo, y en términos generales, los defensas rivales seguían órdenes de sus entrenadores y simplemente estaban haciendo su trabajo. Dondinho me había dicho siempre que respetara a mis oponentes, pero obviamente, esto no me impidió dar un codazo de vez en cuando para defenderme. Sin embargo, me quejé lo menos posible y casi siempre jugué limpio: en veinte años de fútbol profesional, nunca fui expulsado de un partido por juego sucio o por una falta dura. Pero todo en el deporte es una cuestión de niveles: ni siquiera el jugador más fuerte puede sobrevivir sin una cierta protección por parte de los funcionarios, especialmente si su labor consiste en marcar goles. Y en 1966, fue como si los árbitros se hubieran tragado sus silbatos.

En el primer partido contra Bulgaria, parecía como si estuviéramos jugando con cuchillos y palos en un callejón oscuro de Bauru y sin un árbitro (o un padre preocupado) a la vista. Los búlgaros se prepararon para ser violentos. El defensa que me asignaron me pateó con fuerza en los pies y en los tobillos durante todo el partido y me hizo una zancadilla frente al árbitro.

—¡Oye! ¡Zoquete! —gritaba yo al defensa—. ¡Esto es ridículo!

Pero obviamente, él no entendía ni una palabra de portugués y, por desgracia, yo no había aprendido palabras soeces en búlgaro. Así que él se limitaba a fruncir el ceño sin decirme nada, y el árbitro siempre parecía estar mirando hacia otro lado.

Al final, algunas de las faltas eran tan evidentes que el árbitro no tenía más remedio que sancionarlas. Anoté un gol de tiro libre tras una falta en el primer tiempo y Garrincha hizo lo mismo en el segundo. Terminamos con una victoria muy reñida 2–0.

Pero no pareció un triunfo. El titular del día siguiente en la prensa de Brasil no fue el marcador final, sino: Un Pelé perseguido sale cojeando del campo. Todos nuestros rivales ya sabían exactamente que podían salirse con la suya. Se había establecido un patrón. Y fue, por desgracia, el último partido que Garrincha y yo jugamos juntos.

4

Quedé fuertemente golpeado y adolorido después del partido contra Bulgaria. Mi rodilla me estaba matando. Sin embargo, me preparé intensamente para el próximo encuentro, decidido a no alejarme de las canchas como me había sucedido en 1958 y en 1962. Así que me sorprendí mucho cuando uno de los directivos del equipo me informó que yo no jugaría frente a Hungría.

—Queremos que descanses, Pelé —me dijo—. Preferimos que no juegues ahora, protegerte de todo este juego brusco y que estés en buenas condiciones para un partido importante.

¿Un partido importante? ¿Qué pasaría entonces con los «magiares mágicos», el equipo que había eliminado a Brasil en 1954 y llegado a los cuartos de final en 1962? Si no ganábamos ese encuentro, ¡no habría ningún partido importante!

Estaba indignado. Pero una vez más, los dictámenes de los directivos del equipo fueron consideradas como la última palabra. Y yo no quería dar la impresión de que creía ser diferente a nadie, no quería parecer una estrella. Así que me tragué la lengua.

Hungría nos vapuleó 3–1. El resultado sorprendió al mundo: era el primer partido de la Copa Mundial que había perdido Brasil desde 1954 en Suiza, también contra los húngaros. Yo observaba desde el banquillo, impotente y triste.

Nuestra derrota alteró a los oficiales de la selección brasileña. Una vez más, al igual que en 1950, nuestro orgullo desmesurado se nos subió a la cabeza y se transformó en un pánico que lo consumió todo. Para avanzar a la siguiente ronda, tendríamos que derrotar a Portugal —nuestro último rival— por varios goles de diferencia. Los entrenadores del equipo me enviaron de nuevo a la cancha, pero Garrincha, Gylmar y Djalma Santos fueron relegados al banquillo. Orlando, un integrante del conjunto nacional de 1958, y quien no había jugado un solo partido en la Copa Mundial desde entonces, también fue titular. En total, hubo siete cambios con respecto al partido anterior. Era una locura, pero —¿aún no ven un patrón?— todos permanecimos callados una vez más.

Apenas empezó el partido contra Portugal, fui pateado sin tregua por los defensas contrarios, quienes me golpearon abiertamente en la rodilla derecha, que tenía lesionada. Un defensa me hizo zancadilla. Mientras yo caía al suelo, se acercó otra vez y me derribó por completo. Todos los asistentes al estadio se pusieron de pie y pidieron que se sancionara la falta. El doctor Gosling y Mário Américo, los mismos que me habían curado la rodilla con toallas calientes en el Mundial de Suecia en 1958, entraron corriendo a la cancha, pero esta vez no hubo milagros: me habían roto un ligamento en la rodilla.

El doctor Gosling y Mário Américo me sacaron del terreno de juego, con mis brazos extendidos sobre sus hombros y mis piernas suspendidas en el aire. No podía poner ningún peso en absoluto en mi pierna derecha. Sin embargo, las reglas de la Copa del Mundo prohibían las sustituciones o reemplazos en aquel entonces, aunque un jugador se lesionara. Yo no quería que Brasil quedara con un hombre menos en un partido tan importante. Así que después de unos minutos, entré a jugar de nuevo. Me limité a cojear sin poder hacer nada, prácticamente saltando en una pierna durante el resto del encuentro.

Brasil perdió una vez más por un marcador de 3–1 y fuimos eliminados del Mundial.

Al final, no seríamos nosotros quienes recibiríamos el trofeo de manos de la reina Isabel, sino el equipo inglés, dirigido por el heroísmo de Bobby Moore y de Sir Alf Ramsey, su entrenador. Pensé que el triunfo de Inglaterra era merecido y acorde con el lugar de nacimiento del fútbol moderno. Por desgracia, yo nunca tendría la oportunidad de jugar en Wembley, ni siquiera en un partido amistoso. Es uno de los pocos y verdaderos pesares de mi carrera.

Mientras me tambaleaba y cojeaba como un animal herido por la cancha en el partido contra Portugal, cada vez me sentía más furioso. Estaba enojado con la arrogancia de nuestros entrenadores y oficiales, estaba molesto con la forma en que la política brasileña se había entrometido en nuestra preparación y estaba furioso con los árbitros por no protegernos. Pero, por encima de todo, me sentía decepcionado de mí. Casi siempre estaba en buenas condiciones cuando jugaba con Santos, pero había quedado gravemente lesionado en las tres Copas del Mundo que había jugado. No podía tratarse de una coincidencia, pensé. Y después de ese partido, llamé a los periodistas y anuncié mi decisión de no participar en otro Mundial.

Durante el regreso a Brasil desde Londres, nuestro vuelo se retrasó varias horas. Al igual que todo lo demás en ese Mundial de 1966, los directivos del equipo no nos dieron ninguna explicación sobre el retraso; esperaban que simplemente permaneciéramos dóciles y sumisos. Llegamos a Río mucho después de la medianoche. Los que vivíamos en São Paulo o cerca de allí fuimos trasladados directamente a un avión que nos estaba esperando. Posteriormente supimos la causa del retraso: los directivos del equipo tenían miedo de que fuéramos linchados por turbas enfurecidas a nuestro regreso. Sin embargo, sus temores eran infundados: no había casi nadie. Pero todo ese episodio confirmó mi decisión. Definitivamente, parecía que yo podría vivir sin la Copa del Mundo.

5

Gracias a Dios que estás bien, Dico —me dijo mi mamá a punto de llorar cuando llegué a mi casa en Santos—. ¡Me duelen las rodillas de orar tanto por ti!

El Mundial de 1966 se transmitió por televisión en algunas partes del mundo, pero la familia Nascimento no quería saber de este evento. En absoluto. En los diez años que yo había jugado fútbol profesional, doña Celeste nunca había ido a ninguno de mis partidos y mucho menos había visto uno en la TV. La mayoría de las veces, mi papá tampoco soportaba los partidos; creo que se trataba de algo demasiado emotivo para ambos. Casi todos los días que había partidos, mamá iba a la iglesia con la dedicación de la peregrina más devota y pasaba todo el partido rezando para que no me lesionara como Dondinho. A lo largo de los años, ¡creo que sufrió más lesiones en las rodillas que yo!

Mi mamá y mi papá no fueron los únicos en sufrir por mí. Casi todos mis familiares parecían apoyar mi decisión de retirarme de las competencias internacionales, incluyendo el nuevo miembro de nuestra familia: mi novia Rosemeri Cholbi.

Había conocido a Rose muchos años atrás, poco después de la

Copa de 1958. Santos estaba jugando contra Corinthians, uno de nuestros mayores rivales. Los equipos brasileños suelen poner a sus jugadores en una especie de cuarentena la noche previa a los partidos —lo que se llama una *concentração* en portugués, literalmente una «concentración»— y el objetivo es aislar a los jugadores de cualquier distracción, como... los miembros del sexo opuesto. Pero eso es más fácil decirlo que hacerlo, especialmente cuando se trata de jugadores brasileños, y esa noche protagonizamos una fuga digna de una cárcel. Nos colamos al gimnasio del Santos para ver un partido de baloncesto femenino. Algunas jugadoras se acercaron para hablar con nosotros y me sorprendió cuando una de ellas se sentó a mi lado.

—Hola —me dijo—. Eres Pelé, ¿verdad?

—Así es —respondí encantado de que me hubiera reconocido.

—No le ganen por muchos goles al Corinthians mañana.

Y se alejó con una sonrisa amable, volviendo a la banca de su equipo.

Fue una conversación muy breve, pero sentí una atracción inmediata. Ella tenía un lindo cabello castaño, largo y suelto, y —lo más intrigante de todo— parecía tener una confianza y aplomo que yo no había visto en Santos. A la tarde siguiente, luego del inicio del partido, me encontré observando las tribunas en busca de aquella chica, cuando realmente debería haber prestado atención a la acción en el campo de juego. No recuerdo si ganamos o no, pero el día terminó con una decepción: Rose no estaba allí.

Unos días más tarde, iba caminando por una calle de Santos y vi a las jugadoras de baloncesto. Mi corazón latió sobresaltado. Rose no estaba con ellas, pero las chicas —riendo todo el tiempo, por supuesto— me dijeron su nombre, cuál era la tienda de discos donde trabajaba y su edad: catorce años. Era muy joven, pero yo tenía diecisiete años en ese momento, así que la edad no era un obstáculo insalvable. Después de ponerme mi única camisa prensada decentemente y unos pantalones largos, fui a la tienda de discos tan despreocupadamente como puede hacerlo un adolescente.

—Hola de nuevo —le dije.

—Hola.

—¿Te acuerdas de mí?

Ella asintió con la cabeza, sonriendo y pareciendo un poco más tímida que la primera vez.

—Dime —le pregunté—, ¿por qué querías que ganara Corinthians si eres de Santos?

—Porque soy fanática de Corinthians —respondió ella—. Sólo que no me gusta mucho el fútbol.

Sólo que no me gusta mucho el fútbol. ¡Se podría pensar que estas palabras me habrían sacado de la tienda! Pero sucedió precisamente lo contrario. Sentí algo aún más fuerte por ella. En ese momento, y después de mis aventuras suecas, Rose parecía ser la única persona en el planeta que no estaba impresionada por lo que yo había hecho en el campo de juego. Estaba claramente interesada en Edson y no en Pelé.

Pasaron los años y me enamoré de Rose. No importaba cuántos miles de kilómetros viajara yo, o si ganábamos o perdíamos, volvía y ella estaba en casa con sus padres en Santos, como una roca, sin cambiar nunca. Nuestro noviazgo fue muy largo y tradicional. Rose insistió en que yo conociera a sus padres de inmediato y expresó sus deseos de mantener las cosas lo más privadas posible, lo que era difícil: Santos era una ciudad pequeña y yo era conocido. Pero Rose nunca asistió a mis partidos, lo que no era ningún sacrificio para ella. Cuando íbamos a ver una película, su tía iba con nosotros. Ellas entraban juntas a la sala de cine y, cuando apagaban las luces, yo me deslizaba en silencio y me sentaba a su lado. Nuestra estrategia funcionó: nadie supo nunca que Pelé estaba en aquel teatro.

Rose se negó durante mucho tiempo a casarse conmigo; decía que aún estaba demasiado joven. Pero en los meses previos al Mundial de 1966, finalmente aceptó. Llevábamos más de siete años de noviazgo. Yo había sido campeón del mundo dos veces con Brasil, obtenido varios títulos con Santos y empezaba a ganar algo de dinero… pero a ella no le importaba. Aún no le gustaba el fútbol y tampoco quería recibir la atención del público. Obviamente, nuestro compromiso se hizo público con el tiempo y hubo todo tipo de rumores acerca de que el «rey del fútbol» se casaría. ¡Algunas personas dijeron que la boda se llevaría a cabo en el estadio Maracaná en Río! De acuerdo con un informe, el propio Papa oficiaría la ceremonia. Pero fiel al estilo y a los deseos de Rose, celebramos nuestra boda en una casa en Santos que yo había comprado para mis padres. La ceremonia fue sencilla, oficiada por un ministro local y sólo asistieron nuestras familias y unos pocos amigos.

Y aunque tratamos de simplificar las cosas, esto no funcionó. Había hordas de medios de comunicación afuera tomando fotos. Aun así, salí a la calle, sonreí y saludé. Tal como siempre dije a Rose, así era nuestra vida. Y nos trajo mucho más bien que cualquier otra cosa.

6

La primera oferta provino de Tetra Pak, una empresa sueca de envases. En los años posteriores a la Copa Mundial de 1958, Suecia tuvo un lugar especial en mi corazón y siempre me sentí bienvenido cuando Santos o la selección brasileña jugaban partidos amistosos en ciudades suecas. Pero yo estaba todavía un poco sorprendido en 1961 cuando los directivos del Santos me dijeron que Tetra Pak quería que yo «respaldara» sus productos.

Inmediatamente llamé a Dondinho.

—¿Qué crees, papá?

—No entiendo —dijo él en tono muy preocupado—. Ya tienes un sueldo.

—Sí, pero esto sería adicional a eso —le expliqué.

—¿Qué es lo que quieren que hagas?

—Ellos me pagarán por decir que me gustan sus productos.

Eso sorprendió a Dondinho.

—No sé —dijo—. Eres un deportista, no un actor. ¿Realmente te van a pagar por *eso*?

Tampoco tenía mucho sentido para mí. Al menos no al principio.

Los deportistas estadounidenses habían respaldado productos por lo menos desde los tiempos de Babe Ruth, pero en Brasil —como en gran parte del resto del mundo— el concepto era todavía bastante nuevo. El solo resplandor de ese primer campeonato de la Copa Mundial hizo que esto fuera posible. Supongo que las personas querían compartir la sensación de ser campeones, y una manera de hacerlo era comprando productos que me gustaran a mí. Fui bendecido también con la sonrisa de mi madre. Seguramente esto era igual de importante.

Sin embargo, yo tenía algunas dudas. Me preocupaba que si un producto que yo respaldaba resultaba no ser muy bueno, la gente se molestaría personalmente conmigo. Y sucedió en realidad en un par de ocasiones en los primeros días: la gente se me acercaba en las calles de Santos y se quejaba de que el producto no les había funcionado bien. Yo siempre me disculpaba profusamente y trataba de hablar con la empresa.

A pesar de estas dudas, aceptamos la oferta de Tetra Pak. Sería una de las relaciones más duraderas y mejores que he tenido. Eso me abrió las puertas: de la noche a la mañana, recibí tantas ofertas de empresas, tanto brasileñas como extranjeras, que no sabía qué hacer con ellas. Terminé contratando a algunas personas para que se encargaran de mis campañas y de otras ofertas comerciales. Una de ellas fue mi hermano Zoca, que había jugado un par de años en el equipo de reserva del Santos antes de decidir que el fútbol no era lo suyo. Siempre había sido mejor que yo en lo académico, se graduó como abogado y se convirtió en uno de mis asesores de mayor confianza.

A lo largo de los años, mi nombre y mi cara aparecerían en farmacias, gasolineras, anuncios de refrescos y de nuevos edificios de apartamentos. Promocioné barras de chocolate, ropa e incluso —aunque no lo crean— ganado. Algunas de las promociones más enérgicas que hice fueron para la asociación brasileña de productores de café. Brasil fue —y es— el mayor productor mundial de café, pero nunca había sido comercializado en el extranjero como un producto de alta calidad. En los años sesenta, los países vecinos comenzaron a hacer campañas eficaces y Brasil sintió presión para estar a la altura. Por eso, cuando Santos jugaba en Europa o en Estados Unidos, yo salía corriendo a la cancha con un saco grande de café brasileño en la espalda. El peso estándar era de sesenta kilogramos aproximadamente. ¡Era una época en la que yo pesaba probablemente sesenta y tres kilogramos, y eso si estaba mojado! Pero supongo que haría cualquier cosa por mi país. Colombia tenía a Juan Valdez y Brasil tenía a Pelé.

Una de las razones por las que tuvimos tantas oportunidades era que las empresas estaban comenzando a mirar hacia el mundo para hacer negocios de una manera distinta a cualquiera del pasado. Consideremos el ejemplo de Tetra Pak: aquí estaba una empresa sueca, esperando sacar provecho de las ventas en Brasil y en otros mercados «emergentes». Esto habría sido impensable unos años atrás, pero el progreso en las comunicaciones y el derrumbamiento de todo tipo de barreras estaban haciendo que los negocios fueran realmente globales por primera vez. En los años sesenta, hicimos incluso promoción de refrescos en Checoslovaquia, un país que pertenecía supuestamente a la «cortina de hierro» y que estaba protegido por lo tanto del capitalismo «malvado». Debido a que mi cara y mi nombre eran muy reconocidos y a que había alcanzado la mayoría de edad mientras este fenómeno se estaba afianzando, fui utilizado con frecuencia como punta de lanza en los esfuerzos de las empresas para abrir nuevos mercados. Algunas personas han dicho que yo fui el primer ícono mundial moderno en algunos aspectos. Eso suena un poco presumido para mi gusto; prefiero creer que me beneficié de muchas tendencias y coincidencias globales. De haber nacido veinte, o incluso diez años antes, habría sido un buen jugador, pero mi historia habría sido muy diferente. Supongo que estuve realmente en el lugar correcto en el momento adecuado.

Es muy divertido ver algunos de los anuncios que hice. Creamos un «Café Pelé» que todavía se vende y sigue siendo muy popular en algunos países. Un anuncio de televisión muestra a una mujer muy elegante en un avión —créanlo o no, esto era la cumbre del glamour a finales de los años 60— preguntando a una azafata:

—¿Qué café es este?

—Es Café Pelé —respondía la azafata.

—¡Está delicioso!

A continuación, la cámara me enfoca muy de cerca. Estoy mirando por encima del hombro con mi mejor sonrisa afable y una taza de café humeante en la mano.

—*Já viu, né?* —digo, casi gruñendo. Traducido libremente, quiere decir: «¿Viste?».

¡Ah, es imposible no reírse ahora de todo esto! Pero los anuncios también muestran todo el tiempo que he estado presente y cuánto ha cambiado el mundo. Este tipo de anuncios no tenía mucho sentido en 1960 y, desde luego, tampoco lo tienen en 2014. Sin embargo, lo hicieron en una época intermedia. Hoy en día, en nuestros tiempos más cínicos, muchas campañas publicitarias se basan en el humor o en la ironía para promover sus marcas. A decir verdad, esto siempre ha sido un reto para mí. Digan lo que quieran de mí, pero siempre he sido un hombre sincero.

Fueron muchas las propuestas que rechacé. Durante varios años, las empresas brasileñas me propusieron respaldar un producto llamado «Pelé Pinga», una palabra del argot para referirse a la cachaça, la bebida alcohólica brasileña elaborada con caña de azúcar y utilizada para hacer caipiriñas y otras bebidas. También querían hacer cigarrillos Pelé. Decliné esas ofertas, especialmente porque como deportista yo no consumía alcohol ni tabaco. Creía que debía cuidar los talentos que me había dado Dios.

Siempre valoré a la gente maravillosa que conocí por medio de mis patrocinadores, y me sentí agradecido con las empresas por haber depositado su fe en mí. Yo era consciente de que cada oferta me ponía cada vez más bajo la luz pública, lo que a su vez, erosionaba la privacidad de mi familia. Los patrocinios y acuerdos de negocios también significaban menos tiempo para concentrarme en el fútbol, mi verdadero amor. Pero me era difícil rechazar algunas ofertas, especialmente si tenía en cuenta mi origen. La historia de mi familia había demostrado que la carrera de un jugador de fútbol puede terminar tras romperse un ligamento, y pensé que era importante ganar el dinero que pudiera mientras fuera posible y hacer cosas como comprar para mis padres una casa nueva y bonita en Santos, algo que no habría sido posible sin el dinero de los patrocinios. Ni siquiera en los años sesenta fui el jugador mejor pagado del Santos.

Además, pensé en ese momento, lo único que tenía que hacer era delegar mis negocios a mis amigos y compañeros y ellos se encargarían de ese aspecto de ser Pelé. De este modo, yo podría concentrarme básicamente en el fútbol, sin tener que preocuparme por el dinero.

Esta fue una lección dolorosa que tendría que aprender por las malas.

7

Poco a poco, las heridas de 1966 comenzaron a sanar. Dos años después de Liverpool, logré olvidarme finalmente de uno de mis mayores pesares cuando tuve el gran honor de conocer a la reina Isabel. Siempre había admirado su gracia tranquila, la dignidad que poseía y su cálida sonrisa. La reina estaba de gira por Suramérica y el mundo, y me comunicó con mucha amabilidad su deseo de reunirse conmigo después de asistir a un partido en el Maracaná entre dos grandes equipos de São Paulo y Río de Janeiro.

Antes de nuestro encuentro, recibí la visita de un par de altos funcionarios de protocolo de Itamaraty, la cancillería brasileña. Al parecer, estaban preocupados de que su famoso jugador de fútbol estuviera en presencia de la alta realeza y cometiera una horrible metedura de pata. Me dieron instrucciones específicas para hacer una venia, escuchar con respeto, no interrumpir, ponerme de pie con la espalda recta, la forma adecuada de mostrar respeto... básicamente, cómo destilar hasta la última gota de humanidad en nuestro encuentro.

Mientras salía al campo de juego para el partido, una enorme banda de música entró al Maracaná y tocó «Dios Salve a la Reina». Comencé a preguntarme si tal vez toda esa formalidad no era más que un producto de la imaginación de mis manejadores. Pero cuando el partido terminó y fui conducido a un área más privada para ver a la reina, todas mis preocupaciones se desvanecieron. La reina Elizabeth entró a la habitación con una gran sonrisa y un aire muy informal.

—Señor Pelé —me dijo con entusiasmo—. ¡Es un placer conocerlo!

Mi inglés seguía siendo muy malo en esa época, pero yo había practicado unas pocas frases claves con esmero.

—Muchas gracias, Majestad —respondí.

Todos los que nos rodeaban se rieron de mi esfuerzo y parecieron bastante satisfechos, incluyendo al tipo del Ministerio de Relaciones Exteriores. A partir de ahí, recurrimos a los intérpretes, pero nuestra conversación fue muy relajada y agradable. Le dije lo mucho que había disfrutado mi estadía en Gran Bretaña, y ella me comentó que su esposo, el príncipe Felipe, era un gran admirador mío. En realidad, la reina era mucho más aficionada al fútbol de lo que yo esperaba, y se lamentó de que a Brasil no le hubiera ido mejor en la Copa de 1966, aunque obviamente, dijo estar muy orgullosa del equipo inglés. Cuando terminamos de hablar, yo estaba totalmente encantado y sentía como si la conociera desde mucho tiempo atrás.

Creo que esa fue la última vez que permití que me dieran instrucciones sobre cómo hablar con alguien. Fue una lección valiosa: la gente es igual en todas partes y hay que tratar de no crear barreras donde no las hay.

El único rompimiento posible del protocolo ese día en Río fue cuando un miembro de la delegación británica, tal vez un diplomático, se acercó y me preguntó, en un portugués pobre, casi inaudible, por la comisura de la boca:

—Entonces, Pelé… ¿es realmente cierto que no va a jugar en 1970?

8

En el mundo, y más allá del ámbito de los oficiales de protocolo, las cosas eran mucho más locas. Durante gran parte de los años sesenta, Santos fue considerado por muchos como el mejor equipo del planeta. El mundo, por su parte, estaba ansioso por vernos jugar nuestro fútbol despreocupado, atrevido e improvisado. Hicimos tantas giras y nos divertimos tanto jugando, que un periódico de Estados Unidos nos llamó «los Harlem Globetrotters del soccer». La energía y la pasión generadas por el fútbol bastaron para que las cosas fueran interesantes por sí mismas. Pero se trataba de un mundo joven, de un mundo rebelde y anárquico, y el frenesí que nos envolvía constantemente —emocionante, halagador y, ocasionalmente, un poco aterrador— me parece casi inconcebible en la actualidad.

Una mañana en Caracas, Venezuela, la pista de aterrizaje estaba tan atestada de aficionados del Santos que tuvimos que esperar cuatro horas en el avión antes de que la policía pudiera despejar nuestra salida. En un viaje a Egipto, hicimos una escala en Beirut, donde una multitud enorme irrumpió en el aeropuerto y amenazó con secuestrarme si no aceptábamos jugar un partido contra un equipo libanés. Declinamos la propuesta educadamente con el apoyo de la policía libanesa y volamos a El Cairo como estaba previsto. En Milán, Italia, miles de aficionados supieron que yo estaba de compras e intentaron perseguirme en busca de autógrafos. Me escondí detrás de una columna de piedra, esperando que me recogiera un vehículo del equipo. Cuando llegó, ¡corrí hacia él más rápido de lo que lo hago en una cancha de fútbol!

El terreno de juego tampoco me ofrecía mucha protección. En 1962 jugamos la final de la Copa Libertadores, el campeonato latino-americano que Santos no había ganado aún. Nuestro rival fue Peñarol, un gran equipo de Uruguay que nos hizo latir más rápido el corazón. Después de que la serie de partidos como locales y visitantes termi-nara empatada, jugamos un partido final en el estadio Monumental de Buenos Aires, Argentina. Lo ganamos de manera contundente con un marcador de 3–0, con dos goles míos, y la multitud irrumpió en la cancha. Los aficionados me quitaron literalmente toda la ropa ¡en busca de un recuerdo! Al día siguiente, un periódico brasileño publicó el siguiente titular: EL REY NEGRO DEL FÚTBOL HACE UN STRIPTEASE.

Puede parecer extraño, pero este tipo de incidentes rara vez im-presionaba a alguien, sobre todo en América Latina, ya que un cierto desorden era parte del paisaje durante esos años, al igual que la lluvia, el sol o el esmog. Cada demostración de exuberancia hacía crecer la leyenda del Santos. Nuestro equipo contaba con muchos jugadores ex-celentes, incluyendo a Zito, Pepe, Coutinho y a varios más. Entre 1958 y 1973, el Santos ganó dos Copas Libertadores, seis campeonatos en la primera división de la Liga brasileña y diez ediciones del campeonato estatal de São Paulo. Debido a nuestro éxito y talento, la demanda para ver jugar al Santos era insaciable. Durante el primer semestre del año, recorríamos otros países de América Latina, lugares como Argentina, que en aquella época era un país mucho más rico que Brasil y que podía darse el lujo de pagar altas sumas de dinero. La época dorada del Santos tenía lugar entre junio y agosto, cuando viajábamos a Europa durante el verano en el hemisferio norte y jugábamos veinte, veinticinco o treinta partidos en una sola gira.

Jugamos en todas partes: en capitales del mundo como París y Nueva York y en ciudades menos visitadas como Kansas City, Missouri; Alejandría, Egipto y Turín, Italia. En África, quince mil personas estaban alineadas en las calles desde el aeropuerto hasta el centro de la ciudad cuando fui a jugar un partido en Abiyán, la entonces capital de Costa de Marfil. En una ocasión me llevaron a bordo de un vehículo descubierto por los Campos Elíseos de París, para jugar un partido contra Francia. Brigitte Bardot, la estrella del cine francés, asistió al estadio vistiendo la bandera tricolor de Francia, con botas rojas, mini pantalones blancos y un suéter azul ajustado. Todos en el estadio se olvidaron rápidamente de mí y del partido y pasaron la mayor parte del tiempo observándola. El equipo francés ganó. Después del partido, Bardot dio la Copa al capitán francés y lo besó; ¡quedó tan aturdido que los periódicos informaron que había olvidado la Copa en el estadio! Brigitte también me ofreció un beso, pero yo lo rechacé, pensando que a Rose no le gustaría ver esas fotos publicadas en todos los medios deportivos de Brasil.

La atención de los aficionados era halagadora e implacable. Me recosté para dormir en un vuelo de la Ciudad de México a Nueva York. Siempre he podido hacer esto: cerrar los ojos y hacer una siesta, aunque el mundo se derrumbe a mi alrededor. Mientras dormía, los pasajeros se amontonaron en la parte delantera del avión en busca de un autógrafo. Eran los años sesenta, cuando aún te podías levantar del asiento y caminar por el avión sin causar pánico. Afortunadamente, nadie me despertó. Cuando el avión comenzó su descenso a Nueva York, estalló un canto. Los pasajeros empezaron una serenata en español: «¡Despierta, Pelé, despiertaaaaaa!». Esto me sacó muy lentamente de mi sueño, abrí los ojos y vi a una persona en el asiento de al lado: era Orlando Duarte. Tardé unos minutos en darme cuenta de lo que ocurría.

—Dios mío —dije finalmente a Orlando—. ¡Creí que había muerto!

Los dos nos reímos. Cuando aterrizamos, firmé autógrafos para todos.

Siempre he tratado de dar un buen espectáculo porque sé que es una de las razones por las que la gente iba a ver nuestros partidos. Santos recibía a veces cien mil dólares por los partidos en los que yo jugaba, y treinta mil en caso contrario. Yo valoraba que la gente gastara su dinero duramente ganado para verme jugar. En total, marqué ciento veintisiete goles en 1959 y ciento diez en 1961, cifras que no parecían muy reales en esa época, y que parecen totalmente imposibles en la actualidad. Además de anotar goles, también trataba de cumplir con las peticiones especiales del equipo y de nuestros anfitriones, algunas de las cuales podían ser muy extrañas. En un par de ocasiones, sobre todo en los países donde los negros eran menos comunes, los organizadores me pedían a mí o a Coutinho que uno de los dos se pusiera un brazalete blanco porque de lo contrario los aficionados tendrían problemas para distinguirnos. Supongo que esas peticiones parecen un poco desagradables en el contexto actual, pero yo me divertía tanto que realmente no me importaba.

Incluso las pequeñas «crisis» que experimentábamos de vez en cuando, casi siempre tenían un final feliz. En julio de 1968 estábamos jugando un partido en Colombia cuando mis compañeros y yo empezamos a discutir con el árbitro, Guillermo «Chato» Velásquez, porque creíamos que debía haber anulado un gol que nos habían anotado. Uno de mis compañeros de equipo, Lima, fue a protestar su decisión. El árbitro era un tipo grande —había sido boxeador—, se acercó a Lima y lo expulsó. Me sentí indignado, discutí con él y el Chato también me expulsó del partido.

Probablemente me lo merecía. Pero cuando salí de la cancha, el público colombiano se volvió absolutamente loco. Los asistentes comenzaron a lanzar cojines, papeles y basura al campo de juego, al árbitro y entre sí. «¡Pelé! ¡Pelé!», gritaban. La policía salió de las tribunas para proteger al Chato.

Corrí al vestuario debajo de las gradas, pero el ruido de la multitud seguía siendo ensordecedor. Escuchaba pisotones, petardos y un rugido agudo. Parecía casi como la Tercera Guerra Mundial. Yo había empezado a quitarme los zapatos cuando el director del Santos llegó corriendo sin aliento.

—Entrarás de nuevo —me dijo.

— ¿Qué? —exclamé incrédulo—. ¿Estás loco? Me expulsaron.

—No, no —dijo, negando con la cabeza—. Reemplazaron al árbitro y tú jugarás de nuevo.

Yo no podía creerlo, ¡pero el director realmente estaba diciendo la verdad! Luego de que el público protestara, las autoridades concluyeron que mi reingreso a la cancha era la única forma de evitar que se desatara un verdadero motín. Así que me puse mis zapatos de nuevo y regresé corriendo. Continuamos el partido y el Chato no apareció por ningún lado.

El incidente fue muy divertido, pero no me pareció lo más correcto: Chato era el árbitro y tomó la decisión de expulsarme, su decisión debería haber sido respetada. Durante varios años me sentía mal cuando me acordaba de lo que pasó ese día. Por suerte, posteriormente tuve la oportunidad de hacer algunas reparaciones. El proceso de curación comenzó cuando vi al Chato en un hotel en Brasil; nos abrazamos e intercambiamos información de contacto. Cuando yo jugaba en Nueva York, le envié boletos para que fuera con su familia a un partido nuestro. Finalmente, durante uno de mis partidos de despedida en Miami, algunos periodistas decidieron que deberíamos hacer una «recreación» de la expulsión. El Chato sacó una tarjeta roja para expulsarme una vez más. Le arrebaté la tarjeta y seguí jugando, ¡tal como lo había hecho en Colombia!

Todos nos reímos, especialmente el Chato. Lo que podría haber sido un rencor permanente terminó en una amistad. Esa es otra cosa maravillosa del fútbol: que la mayoría de las veces, todo el mundo se va feliz.

9

Aunque todo esto era muy divertido, había desaparecido algo en mi vida. Y la gente seguía recordándomelo una y otra vez.

—¿No extrañas el hecho de jugar para tu país? —me preguntaban—. ¿Quieres que 1966 sea el último recuerdo que tenga la gente de ti con el uniforme de Brasil?

Los aficionados, los funcionarios del Santos, los brasileños en las calles, los periodistas, los otros jugadores me hacían siempre las mismas preguntas y yo nunca tenía una respuesta convincente. Ah, claro, decía algo acerca de haber participado en tres Copas del Mundo y que había sido lesionado en todas ellas, que los árbitros no me habían protegido y así sucesivamente. Pero siempre que decía esto, parecía fuera de lugar, como si yo estuviera interpretando otro papel. No se parecía a las cosas que diría Pelé.

Unos años antes, en 1964, Santos contrató a un nuevo director técnico: al profesor Julio Mazzei. Rápidamente se convirtió en una de las personas más importantes de mi vida. Un hombre tremendamente educado que había estudiado en Estados Unidos, el profesor Mazzei básicamente se hizo cargo de todos los aspectos de la preparación física del equipo. Además de ser nuestro entrenador, también era una especie de consejero y nos enseñaba a todos los jugadores a comportarnos correctamente en hoteles, aeropuertos y otros lugares cuando estábamos de viaje. Fue una especie de puente que nos llevó del mundo del fútbol aficionado a las crecientes presiones de los deportes profesionales en los años sesenta y setenta, y que nos ayudó a todos los chicos a empezar a ser hombres. A lo largo de los años, el profesor Mazzei sería una fuente constante de estabilidad y de perspectiva; era con frecuencia el único ser que podía ver a las personas y a los acontecimientos de mi vida loca con cierta distancia, y yo confiaba enormemente en él. Era como el hermano mayor que nunca tuve.

Una cosa que me encantaba del profesor Mazzei era que me hablaba como nadie más podía hacerlo. Nunca me habló en malos términos y siempre estaba de buen humor. Siempre fue muy honesto y trató de llevarme en la dirección correcta. Así que en esa época, cuando yo entrenaba o hacía ejercicios en la cancha, él decía:

—Ahhhh, Pelé, te ves bien. ¡Estás listo para ganar tu tercera Copa con Brasil!

Yo me limitaba a sonreír y a murmurar algo en voz baja.

—¿Qué vas a decir cuando llegue 1970 y estés sentado en casa? —continuaba hablando y riéndose—. ¿Qué le vas a decir a tu familia?

—¡Son ellos los que querían que yo dejara de jugar! —protestaba—. ¡La respuesta sigue siendo no, profesor!

El profesor Mazzei levantaba las manos fingiendo desesperación y se alejaba.

¿Qué estaba pasando en realidad?

Pues bien, cuando me faltaba poco para cumplir treinta años, creo que me había convertido en un tipo muy testarudo en ciertas situaciones. Llevaba casi una década siendo el centro de atención y había fallado más de una vez en el fútbol, en los negocios y en la vida. Había aprendido de un modo difícil que, cuando se trataba de mi carrera en particular, era más importante decir «no» con más frecuencia que «sí».

Cuando decía «no», rara vez cambiaba de opinión. ¿Era esa la mejor forma de vivir mi vida? No, pero me ayudó a protegerme. Y me dio un poco de paz.

En verdad, yo extrañaba profundamente jugar con la selección nacional de Brasil, pero también creía que algo tenía que cambiar para que yo regresara a ella.

Ese algo era yo.

Era indudable que el primer campeonato mundial que ganamos en Suecia había sido un viaje mágico. Mi imagen de fenómeno adolescente llevado por el talento puro a cimas a las que pocos habían llegado antes en el fútbol, había perdurado. En los años posteriores, mi imagen de hombre al que le encantaba jugar fútbol y marcar goles continuó siendo popular. Sin embargo, últimamente han surgido rumores de que, a pesar de mi capacidad en el campo de juego, yo era una figura solitaria, incluso al margen de la cancha. Por ejemplo, después de ser eliminados del Mundial de 1966 en Inglaterra, el *Sunday Times* de Londres señaló que la imagen mía lesionado en la cancha reforzaba la imagen de Pelé como «el millonario triste… un personaje introvertido, distante y recluido en la concha que lo protege del aplastante peso de su fama».

Algunas de estas descripciones de mí como una super estrella solitaria eran una tontería absoluta, inventadas por periodistas y otras personas para crear polémica y vender periódicos. Por ejemplo, hubo especulaciones en la prensa que se remontaban a comienzos de los años sesenta, en las que se sostenía que Garrincha y yo no nos llevábamos bien. La mayoría de ellas se basaban en la teoría de que él y yo nos habíamos enamorado de la misma mujer: Elza Soares, una famosa cantante brasileña de samba.

La verdad era bastante divertida: después de lesionarme la ingle en la Copa Mundial de 1962 hice todo tipo de terapias de rehabilitación en un esfuerzo desesperado para volver a jugar. Una tarde en Chile, yo estaba semidesnudo en una mesa cuando apareció Elza. Se veía preciosa, como siempre: sensual, serena y llena de vida. Sin embargo, no sé cómo se las arregló para entrar al vestuario. Sorprendido, agarré una toalla, me cubrí y empecé a charlar con ella. Mientras hablábamos, Garrincha entró y conversó con nosotros. Comprendí de inmediato que Garrincha estaba hechizado, e incluso cuando Elsa se fue, todavía parecía estar perdido en un sueño.

—Hombre, Pelé —me dijo en voz baja—. Esa chica es realmente genial.

—Sí —coincidí con él.

—Hombre, es simplemente maravillosa. Guau. Qué chica.

Permanecí en silencio, con una sonrisa en la cara.

—Hombre, si… —y luego Garrincha se detuvo—. Bueno —dijo—, ¡es una lástima que esté casado!

Pero eso no lo detuvo. Garrincha y Elza empezaron a salir durante ese Mundial que, obviamente, también vio a Garrincha realizar una de las mejores actuaciones individuales en la historia del fútbol, lo que nos llevó a conseguir al campeonato de 1962, aunque yo no pudiera jugar debido al proceso de rehabilitación. Garrincha dejó a su esposa para estar con Elza y se casaron. Esto dio lugar a rumores de que él me la había «robado» y que yo lo odiaba por ello. ¡Obviamente, eso no era cierto!

En realidad, yo apreciaba mucho a Garrincha. Me encantaba su espíritu juguetón y que, aún después de ganar dos veces el campeonato mundial, siguiera siendo el chico que corría por el autobús del equipo brasileño arrojándonos agua helada en la cara para despertarnos. Siempre me he sentido agradecido con él por haberme ayudado cuando me desmayé en Suecia. Compartimos el vínculo de haber sido subestimados por nuestras raíces humildes: los dos chicos provincianos a quienes más examinaron los médicos en 1958. Poco después de mi lesión en 1962, Garrincha siempre me aseguró que yo volvería a jugar en cualquier momento.

—No vas a abandonarme, ¿verdad? —me decía con buen humor. También me decía que, si todo lo demás fallaba, él sugeriría a los médicos del equipo que me enviaran a su ciudad natal, Pau Grande, para ver a una curandera, pues estaba seguro de que ella me sanaría.

Me llevaba bien con Garrincha y prácticamente con todo el mundo. Pero a medida que me fui haciendo mayor, empecé a ver que «llevarse bien» no siempre era suficiente. Yo era afable y trabajaba duro. Siempre lo di todo en la cancha, pero el primer capítulo de mi vida, cuando simplemente me bastaba con anotar tantos goles como pudiera sin cumplir ningún tipo de función más importante, obviamente había llegado a su fin.

En lo más profundo de mi corazón, sentía que tenía que crecer. Después de todo, ya no era el niño que había jugado en Suecia ni el joven de veintiún años que participó en el Mundial de Chile de 1962. Era un hombre y tendría veintinueve años cuando se realizara el Mundial de 1970, sólo un año menos de los que tenía Didi cuando condujo a nuestro equipo joven con su madurez y presencia estabilizadora en Suecia. Creo que llega un momento en nuestras vidas cuando nos damos cuenta de que necesitamos vivir para los demás y no sólo para nosotros mismos. Para mí, este cambio no se dio de la noche a la mañana y no fue principalmente el resultado de todo lo que pasaba en el mundo del fútbol. Más bien, se trató de otro evento de mi vida: el nacimiento de mi primera hija, Kely Cristina, en 1967. Cuando empezó a crecer y actuar más como una personita, ella cambió mi forma de ver el mundo, incluyendo a mis compañeros de equipo. Descubrí que disfrutaba profundamente la sensación de cuidar a los demás y de ayudar a la gente. Comprendí que si Edson podía hacer esto, entonces Pelé también.

Mientras tanto, yo sabía que, una vez más, el mundo estaba cambiando rápidamente. Cuando viajamos a Suecia en 1958, Brasil sorprendió a todo el mundo. La gente no sabía prácticamente nada de nuestro país ni de nuestro equipo. La televisión era una rareza y había pocas grabaciones de nuestros partidos que pudieran utilizar nuestros rivales para conocer nuestras fortalezas y debilidades. Esto seguiría siendo así hasta bien entrados los años sesenta. De hecho, varios de los goles más memorables de mi carrera nunca fueron grabados en una película o en la televisión. Un ejemplo de esto fue el llamado *gol de placa* que anoté con el Santos en el Maracaná en 1961: como no había grabaciones, los directivos del equipo querían conmemorarlo de alguna manera y pusieron una placa afuera del estadio, explicando cómo eludí a los defensas para anotar el gol. Sin embargo, sólo los aficionados que asistieron ese día al estadio tuvieron un recuerdo real de lo sucedido.

Esto parece simple, pero en realidad tuvo muchas consecuencias en la forma en que nuestro equipo se preparaba y funcionaba, y definió incluso nuestro estilo de juego. Sin un registro real de nuestras actuaciones, éramos libres de jugar como un grupo de personas con talento, antes que como un verdadero equipo. No necesitábamos una estrategia sofisticada: podíamos confiar en nuestros instintos y divertirnos en el terreno de juego. Brasil era especialmente bueno en esto y esa era una de las razones por las que habíamos tenido tanto éxito. Pero ahora, a pesar de que no había pasado siquiera una década desde el Mundial de Suecia, la difusión de la televisión estaba empezando a cambiar todas las actividades humanas, incluyendo el fútbol. Ya habíamos visto esto en la Copa Mundial de 1966 en Inglaterra: los equipos se habían preparado para jugar contra nosotros y estaban empezando a utilizar tácticas de juego muy complejas. Ya no bastaba con reunir a un montón de chicos talentosos y motivarlos. Había que tener tácticas, trabajo en equipo y liderazgo.

En ese contexto, vi los errores de 1966 bajo una nueva luz. Aquel momento tras el empate con Escocia, cuando los entrenadores nos reprendieron y Garrincha y yo simplemente nos encogimos de hombros en el pasillo después del partido, había sido un error. En aquel entonces éramos figuras importantes y establecidas del equipo y podríamos haber expresado lo que creíamos que era lo correcto. Del mismo modo, cuando se decidió que yo no jugaría en aquel partido nefasto ese mismo año contra Hungría, podría haber hecho algo más que aceptar mi destino con sumisión.

Tal vez necesitábamos perder para que yo pudiera verlo. Tal vez era necesario que dejara de jugar partidos internacionales por un tiempo. Mientras tanto, hubo otros cambios positivos: Santos estaba jugando bien y yo era el máximo goleador, lo que significaba que había recuperado completamente mi salud y podía jugar de nuevo con Brasil sin tener que preocuparme por descuidar a mi equipo local. También había ahora un ambiente más sensato y controlado con respecto a los partidos internacionales; se habían hecho algunos cambios después del torneo de 1966, como el que permitía que los jugadores que se lesionaran durante un partido —tal como me había sucedido— pudieran ser reemplazados. El Mundial de 1970 también sería el primero en tener tarjetas amarillas y rojas, en parte para desalentar el juego violento que habíamos visto en Inglaterra.

Después de pensarlo bastante y de conversar con todo el mundo, desde el profesor Mazzei hasta Rose, mi mamá y mi papá, llamé a la dirección del equipo y les pregunté si me aceptarían de nuevo. Por suerte, me dijeron que sí. Les prometí allí mismo que a partir de ese momento me concentraría no sólo en ser un buen goleador, sino también en ser un buen líder.

10

Bueno, ¡era más fácil decirlo que hacerlo!

A principios de 1969, poco más de un año antes de viajar a México, los directivos nos sorprendieron al contratar un nuevo entrenador: João Saldanha. Era un conocido periodista que había sido uno de los críticos más fuertes de nuestra actitud caótica y exceso de confianza en 1966. Era un hombre carismático y arrollador, que hablaba muy bien y tenía mucha seguridad en sí mismo. Mientras que los entrenadores anteriores parecían temerosos de ofender a alguien por el hecho de escoger a un jugador o a otro, Saldanha declaró de inmediato que iba a seleccionar a un grupo básico de jugadores y que seguiría adelante con ellos.

—Mi equipo está conformado por once bestias que están listas para cualquier cosa —dijo Saldanha a sus excolegas en la prensa—. Ellos seguirán conmigo hasta el final. ¡Es la gloria o la debacle!

Y así, fuimos conocidos como las «bestias de Saldanha».

Al principio, me pareció que era una mezcla muy acertada. En lugar de tratar de escoger a un equipo de estrellas, Saldanha quería fomentar la unidad conformando una base de jugadores de unos pocos equipos. Gracias al hecho de escoger jugadores que ya se conocían entre sí, resolveríamos los problemas de falta de química que habíamos tenido en el pasado. Buena parte de los jugadores éramos del Santos y del Botafogo, los dos mejores equipos brasileños de la época. Ganamos casi todos nuestros partidos en 1969, derrotando a todos los rivales en la fase de clasificación, algo que nunca antes había ocurrido.

Desafortunadamente, Saldanha también tenía un lado oscuro. La confianza inicial terminó convertida en una arrogancia peligrosa y errática. Saldanha era muy volátil y todo el mundo sabía que era aficionado a la bebida. El *New York Times* lo describió en un extenso perfil como «sin pelos en la lengua, irascible, agresivo y quijotesco». Adquirió el hábito de arremeter contra todos los periodistas y aficionados que se atrevían a cuestionar su estilo de entrenamiento. En un incidente notorio, Saldanha se enojó tanto con las críticas del entrenador de un equipo de Río que lo persiguió con una pistola. Fue un milagro que nadie resultara herido.

La intriga comenzó a hacer mella en el campo. Al final del año, perdimos un partido amistoso contra el Atlético Mineiro —el equipo para el que Dondinho había hecho una prueba en 1942— por un marcador de 2–1. Perdimos 2–0 ante Argentina en un partido en Porto Alegre, en el sur de Brasil. Mientras tanto, Saldanha viajó a México y Europa para explorar a nuestros futuros adversarios. A su regreso, comenzó a descartar de manera aleatoria a algunos jugadores del equipo y a llamar a otros, desintegrando la base que, a pesar de todo, seguía jugando muy bien.

Esta vez, decidí no repetir mis errores de 1966: no volvería a ser la estrella sumisa de antes. Había aprendido la lección y decidí hablar. Traté de hablar primero directamente con Saldanha, pero ni siquiera logré que se sentara conmigo. Por lo tanto, me dirigí a la prensa un poco a regañadientes.

—¿No es un poco pronto para hacer tantos cambios en el equipo? —dije—. No creo que este sea el mejor momento para convocar a nuevos jugadores.

Supongo que tuve suerte de que Saldanha no me persiguiera con una pistola. ¡Pero poco le faltó! Comenzó declarando a la prensa que había llegado el momento de que una «nueva generación» de jugadores brasileños tuviera una oportunidad. Antes de un partido contra Argentina, me dejó por fuera de la alineación titular aduciendo razones de disciplina. Mientras se acercaba otro partido contra Chile, Saldanha dijo que estaba pensando en retirarme definitivamente del equipo, alegando que mi visión defectuosa —la miopía— era una desventaja en los partidos nocturnos.

El asunto de la miopía era bastante divertido en realidad. Es cierto que soy corto de vista; siempre lo he sido, y esta condición fue diagnosticada por los médicos del Santos cuando yo tenía quince años. Pero nunca interfirió con mi desempeño; de hecho, es posible que haya contribuido a mejorarlo. Una de las teorías más interesantes a lo largo de los años para explicar mi éxito, planteadas por algunos periodistas, era que yo tenía una visión extraperiférica que me permitía ver una franja más amplia de la cancha que la mayoría de los jugadores. No sé si esto sea cierto, pero el caso es que mi visión no era ciertamente un problema.

Todo el mundo sabía lo que intentaba hacer Saldanha. Su comportamiento se había vuelto insostenible. Antes del partido contra Chile, la dirección del equipo lo despidió. Permanecí en la alineación titular y anoté dos de los cinco goles.

¿Era ese el final del desastre? Dios mío, no. Luego de regresar al periodismo, con todo el poder y ninguna de las responsabilidades que había tenido antes, Saldanha nos atacó con fuerza renovada. Dijo que Gerson, uno de nuestros centrocampistas estrella, tenía problemas psicológicos y que Leão, el portero suplente, sufría mucho porque sus brazos eran demasiado cortos. En cuanto a mí, apenas se supo que toda la historia de mi supuesta miopía no era más que una cortina de humo, Saldanha cambió de parecer y dijo que yo estaba terriblemente fuera de forma. Eso también era falso, y él cambió su historia una vez más. Habló una noche por televisión y dijo que la triste realidad era que Pelé tenía una enfermedad muy grave, pero que no estaba autorizado a revelar cuál era.

Vi todo esto en directo desde mi casa, mientras él lo decía. *Sonaba* falso y, obviamente, yo me sentía perfectamente bien, pero Saldanha parecía tan convencido que comencé a preguntarme: ¿es posible que él sepa algo que yo ignoro? ¿Los directivos del equipo me están ocultando algo, ya sea por lástima o, más probablemente, por querer que yo no tenga distracciones y gane el Mundial de 1970? A fin de cuentas, se trataba de los mismos directivos que habían abierto nuestra correspondencia y que nos habían prohibido cuestionar sus órdenes. En el Brasil de esa época, donde los jugadores de fútbol eran tratados a veces como propiedades, todo era posible.

Cuanto más pensaba en ello, más me convencía de que podría tener una enfermedad terrible, como cáncer, por ejemplo. No pude dormir esa noche. A la mañana siguiente, hablé con el director de la comisión técnica y con nuestro equipo médico y exigí saber la verdad: ¿estaba enfermo o no? Dijeron que todo era absurdo y que se trataba simplemente de una excusa de Saldanha para salvar un poco de su prestigio ante la opinión pública. Pero fue sólo hasta que examiné mis dos últimos reportes médicos con mis propios ojos que comencé a relajarme.

El tiempo ha pasado y también mi indignación por lo ocurrido. Saldanha sufrió de muchos problemas, algunos de los cuales podrían haber estado más allá de su control. Merece algo de crédito por sentar las bases para nuestro equipo de 1970 y por contribuir a que el fútbol brasileño comenzara a recuperar su autoestima. Al final, murió haciendo lo que amaba, mientras cubría como periodista el Mundial de Italia de 1990.

11

Nuestro nuevo entrenador no sólo era todo lo contrario a Saldanha en términos de comportamiento, sino un ex compañero de equipo y amigo mío: Mário Zagallo. Jugador clave en las selecciones brasileñas que habían ganado los mundiales de 1958 y 1962, Zagallo siempre había jugado fútbol con una actitud combativa, por una razón que yo podía identificar con facilidad. Zagallo estuvo en el Maracaná en 1950, cuando era un soldado y tenía dieciocho años, participando en las festividades previas al partido. Vio el encuentro y fue uno de los muchos brasileños que juraron, cada uno a su manera, vengar la derrota ante Uruguay.

Aunque sólo tenía treinta y nueve años cuando asumió como entrenador de la selección y era apenas seis años mayor que el jugador más veterano del equipo, Zagallo tardó muy poco tiempo en establecerse como un estratega curtido que —de un modo refrescante— se negó a jugar juegos mentales. Contaba con el respeto de los jugadores por su condición de campeón y su fama de tener una fuerza física colosal; Zagallo había crecido nadando en las fuertes olas del nordeste de Brasil, y cada movimiento que hacía trasmitía autoridad y seguridad. De hecho, es el hombre más calmado que he conocido.

Le aseguré de inmediato que yo no sería ningún problema, que la situación de Saldanha era única y que aquello no se repetiría.

—Entenderé si no me permites jugar —le dije—. No voy a protestar, te lo prometo. Pero por favor dímelo de forma directa, en vez de inventar excusas.

Zagallo se rio.

—Pelé —me dijo, apretándome el hombro con su mano enorme—. No soy tonto. Jugarás, confía en mí.

Zagallo tenía mucha seguridad en sí mismo y mantuvo la base del equipo conformado por Saldanha, con unos pocos cambios. Entre ellos, tomó la decisión muy sabia de promover a Eduardo Gonçalves de Andrade, conocido como Tostão, o «pequeña moneda», uno de los más grandes talentos y personajes más pintorescos que hayan jugado con la selección de Brasil. Tostão hizo su debut en el fútbol profesional a los quince años, y su juventud y habilidad como atacante hicieron que algunas personas lo llamaran el «Pelé blanco». Extremadamente inteligente dentro y fuera del campo, Tostão se graduaría más tarde como médico. Hubo cierta especulación en la prensa sobre la imposibilidad de que los dos estuviéramos juntos en la cancha porque nuestros estilos eran muy similares, pero Zagallo tenía la confianza y la sabiduría suficientes para desestimar esas preocupaciones. De hecho, algunas personas señalarían posteriormente que el equipo de 1970 tenía en realidad cuatro o cinco «números diez» en la cancha en un momento dado.

Esto era muy inusual y algunos críticos nos menospreciaron como un equipo exclusivamente de atacantes y sin defensas. Pero Zagallo creía que podía jugar con tantos jugadores talentosos como él quisiera, siempre y cuando nos animara a trabajar juntos. Esto suena simple, pero yo había visto en mi carrera lo difícil que era aplicar este concepto. Zagallo nos animó a todos a hablar y a darle retroalimentación con el fin de tomar decisiones. Era todo lo contrario al ambiente autoritario y de bocas calladas de 1966. Tuvimos reuniones de equipo donde *todo el mundo* hablaba. Zagallo se sentaba a escuchar. Tenía la seguridad suficiente en sí mismo para oír la opinión de todos. Y así, poco a poco, comenzó a nacer un equipo de verdad.

At the North American Soccer League playoffs in 1977. / En los playoffs de la Liga Norteamericana de Fútbol en 1977.

During the early days of my career with Santos Football Club. /
Durante los primeros días de mi carrera con el Santos Futebol Clube.

Eyes on the ultimate prize: the Jules Rimet World Cup trophy, circa
1958. / Con los ojos en el premio más importante: el trofeo Jules
Rimet de la Copa del Mundo, alrededor de 1958.

I had the opportunity to meet King Gustaf VI Adolf of Sweden before the final match of the World Cup against Sweden in 1958. Brazil won 5 to 2. / Tuve la oportunidad de conocer al rey Gustavo VI Adolfo de Suecia antes del partido final de la Copa del Mundo en 1958. Brasil le ganó a Suecia 5 a 2.

Playing soccer gave me the opportunity to see the world. / Jugar fútbol me dio la oportunidad de conocer el mundo.

A beautiful moment. Celebrating Brazil's World Cup victory over Italy in Mexico City, 1970. / Un momento hermoso. Celebrando la victoria de Brasil sobre Italia en la Copa Mundial en la Ciudad de México, 1970.

Meeting Robert Kennedy in 1965. I was proud to work with Eunice Kennedy Shriver on promoting the Special Olympics, which she founded. / Con Robert Kennedy en 1965. Me sentí orgulloso de trabajar con Eunice Kennedy Shriver, promocionando los Juegos Olímpicos especiales, que ella fundó.

While on an official visit of South America in 1968, Queen Elizabeth II and her husband, Prince Philip, greeted me after a local game in Rio de Janeiro. / Durante una visita oficial a Suramérica en 1968, la reina Isabel II y su esposo el príncipe Felipe me saludaron después de un partido en Río de Janeiro.

Visiting Paris in 1971, where I played an exhibition match with Santos FC to benefit cancer research. / Visitando París en 1971, donde jugué en un partido de exhibición con el Santos Futebol Clube en beneficio de la investigación del cáncer.

Taking in the sights while in Europe. / De turismo en Europa.

President Richard Nixon invited me to the White House in 1973. / El presidente Richard Nixon me invitó a la Casa Blanca en 1973.

With President Gerald Ford, 1974. / Con el presidente Gerald Ford, 1974.

AP Photo/Ray Howard, File

When I came to America, I learned about this "other" game of football. I remember Joe Namath (of the Jets) asking if I ever thought of kicking field goals in the NFL. My answer to him: "I cannot score any goals with a helmet on!" / Cuando vine a Estados Unidos, me enteré de esta «otra» forma del fútbol. Recuerdo que Joe Namath (de los Jets) me preguntó si yo había considerado patear goles de campo en la NFL. Le respondí: «¡No puedo marcar un solo gol con un casco!».

AP Photo/Peter Bregg

With President Jimmy Carter, 1977. / Con el presidente Jimmy Carter, 1977.

Playing for the New York Cosmos, 1977. / Jugando con el Cosmos de Nueva York, 1977.

The New York Cosmos

Playing with the New York Cosmos gave me the opportunity to popularize the beautiful game in the U.S. / Jugar con el Cosmos de Nueva York me dio la oportunidad de popularizar el «juego bonito» en Estados Unidos.

The final game of my career, New York Cosmos versus Santos Football Club, 1977. I shouted "Love! Love! Love!" to the crowd and asked everyone to pay attention to the children of the world. / El último partido de mi carrera: los Cosmos de Nueva York contra el Santos Futebol Clube, 1977. Grité «¡Amor! ¡Amor! ¡Amor!» a la multitud y pedí a todos que prestaran atención a los niños del mundo.

My friend and confidant Julio Mazzei played a huge role in persuading me to come to the United States. / Mi amigo y confidente Julio Mazzei fue decisivo en persuadirme para ir a jugar en Estados Unidos.

AP Photo/Seth Rubenstein, File

My friend Muhammad Ali and me before the final game of my career at the Giants Stadium on October 1, 1977. I played one half for the New York Cosmos and the other half for Santos. Cosmos won 2-1. / Mi amigo Muhammad Alí y yo antes del último partido de mi carrera en el Giants Stadium el 1 de octubre de 1977. Jugué el primer tiempo con el Cosmos de Nueva York, y el segundo con el Santos. El Cosmos ganó 2-1.

AP Photo

With President Ronald Reagan, I am showing ball control to a children's soccer team at the White House in 1982. / Con el presidente Ronald Reagan, enseñando en la Casa Blanca a un equipo infantil de fútbol cómo controlar el balón, en 1982.

With Vice President Al Gore in Los Angeles at the 1994 World Cup. / Con el vicepresidente Al Gore en Los Ángeles durante la Copa Mundial de 1994.

During a 1997 trip to Rio de Janeiro, President Clinton visited the Mangueira School, which teaches impoverished children how to build strong bodies and minds. / Durante un viaje a Río de Janeiro en 1997 el presidente Clinton visitó la Escuela Mangueira, y enseñó a los niños pobres a desarrollar cuerpos y mentes fuertes.

AP Photo/Roberto Stuckert, Brazil's Presidency

With Brazil president Dilma Rousseff and FIFA president Sepp Blatter during the preliminary draw of the 2014 World Cup in Rio de Janeiro, 2011. / Con la presidenta de Brasil Dilma Rousseff y el presidente de la FIFA «Sepp» Blatter durante el sorteo preliminar de la Copa Mundial de 2014 en Río de Janeiro, 2011.

AP Photo/J. Scott Applewhite

Kicking around the ball with President Clinton in Rio de Janeiro. / Pateando el balón con el presidente Clinton en Río de Janeiro.

With longtime friend Henry Kissinger during the closing ceremony of the 2012 London Olympic Games. / Con mi gran amigo Henry Kissinger durante la ceremonia de clausura de los Juegos Olímpicos de Londres en 2012.

Visiting Japan in 2011 and commemorating the lives lost in the devastating earthquake and tsunami that struck the country earlier that year. / Visitando Japón en 2011, en conmemoración de las vidas perdidas tras el devastador terremoto y tsunami que azotaron al país a comienzos de ese año.

At the 2013 New York Cosmos Legends Gala being honored by HELP USA. / En la Gala de Leyendas del Cosmos de Nueva York, siendo homenajeado por HELP USA.

In 2012, outside 10 Downing Street in London with British Prime Minister David Cameron. / En 2012, afuera del 10 Downing Street —residencia oficial del primer ministro— en Londres, con el primer ministro británico David Cameron.

Kicking the ball around with children during the 2012 African Cup of Nations in Gabon. / Pateando el balón con unos niños durante la Copa Africana de Naciones en Gabón, en 2012.

12

A medida que nos preparábamos para ir a México, la política se entrometió de nuevo en nuestros preparativos, tal vez de la forma más increíble de mi vida.

Emílio Médici, el nuevo jefe del gobierno militar, era un conservador de línea dura y un gran fanático del fútbol. Siguió los altibajos de la selección brasileña durante muchos años mientras ascendía en el ejército, pero nos sorprendimos mucho cuando dio una entrevista a un periódico diciendo que quería ver a su jugador favorito, Dario José dos Santos, en la selección brasileña que jugaría la Copa Mundial de 1970.

Dario, conocido como «Dadá Maravilha» (Dadá maravilla) era realmente un gran jugador que sería recordado como uno de los mayores goleadores en la historia de Brasil. Pero ya teníamos más que nuestra cuota de poder ofensivo en el equipo y habíamos trabajado muy duro para establecer un grupo base de jugadores que se conocieran y confiaran entre sí. Por lo tanto, en esta fase tardía, no había realmente ningún espacio para Dario en nuestro equipo.

¿Por qué había dicho eso Médici? Tal vez porque era un verdadero fanático de Dario y del fútbol. Pero había otras cosas que estaban sucediendo en Brasil en ese momento, las cuales estaban aumentando la presión en nuestro equipo para tener éxito en el Mundial de México. La dictadura militar había dado un giro mucho más autoritario y represivo a finales de los años sesenta y estaba censurando a los medios de comunicación y purgando a las universidades y a otras instituciones de presuntos «subversivos». Miles de brasileños se vieron obligados a exiliarse y el lema no oficial de esos años en Brasil era: *ame-o ou deixe-o*, «ámalo o déjalo». Lo peor de todo fue que el ejército intensificó su horrible práctica de secuestrar y torturar a la gente. Durante los primeros meses de 1970, mientras nos ocupábamos de entrenar y de prepararnos para la Copa del Mundo, una estudiante universitaria de veintidós años llamada Dilma Rousseff estaba siendo torturada en una cárcel en el sur de Brasil, colgada boca abajo de una barra metálica en las rodillas mientras le aplicaban descargas eléctricas en el cuerpo.

Cuando empezamos a oír esas historias, casi no podíamos creer en ellas, pues parecían las mismas cosas que ocurrirían en la Alemania nazi, pero no en nuestro querido país. Esto fue algunos años antes de que el golpe de Estado propinado por Augusto Pinochet en Chile, o de que el período de la famosa «guerra sucia» en Argentina, mostraran al mundo lo brutales que podían ser las dictaduras de América del Sur. Sin embargo, algunos jugadores y miembros del cuerpo técnico de Brasil no tardaron en oír testimonios de primera mano de aquellos horrores. Aunque todavía no sabíamos la magnitud de lo que estaba ocurriendo, ya no podíamos dudar de su existencia. Los miembros de la selección sostuvimos largas discusiones sobre lo que estaba pasando. ¿Deberíamos decir algo? ¿Deberíamos protestar de alguna manera?

Finalmente decidimos que no éramos políticos sino jugadores de fútbol, no creíamos que nos correspondiera hablar sobre lo que estaba sucediendo. Zagallo llamó a Dario al equipo, conforme a lo solicitado, y todos nos callamos, al menos por un tiempo.

13

De todas las Copas del Mundo en las que participé, la de México 1970 fue de lejos la más loca y divertida. Había una gran cantidad de retos, incluyendo el calor, la altitud y el caos que parecía rodear a nuestro equipo en todo momento. Pero los aficionados mexicanos, que eran estridentes y muy conocedores, afortunadamente nos amaban, porque si no los hubiéramos tenido de nuestro lado podríamos habernos sentido completamente perdidos.

Para citar sólo un ejemplo de la pasión de los aficionados: cuando el conjunto mexicano aplastó a El Salvador por un marcador de 4–0, decenas de miles de personas salieron las calles de la Ciudad de México, haciendo caso omiso del aguacero torrencial. La gente escaló la pared del hotel donde se alojaba la prensa internacional, haciendo rodar un balón de fibra de vidrio que tenía casi cuatro metros de altura, elaborado especialmente para la Copa del Mundo. Gritando y aullando de alegría, la gente hizo rodar el gigantesco balón hasta el Zócalo, la plaza principal de la ciudad, que estaba a tres kilómetros de distancia. Allí, lo destrozaron felizmente y repartieron los fragmentos como recuerdos queridos.

Varios equipos no pudieron adaptarse muy bien a las condiciones. Algunos estadios eran realmente difíciles. Por ejemplo, los partidos en la ciudad de Toluca se jugaron a la increíble altura de dos mil seiscientos ochenta metros sobre el nivel del mar, aproximadamente el doble de la altitud de Denver, Colorado. Algunos partidos comenzaban al mediodía, bajo el brutal resplandor del sol de México, en un esfuerzo de la FIFA para atraer al mayor número de televidentes en Europa. Algunos jugadores simplemente no podían soportar el calor. En ciertos partidos, incluyendo uno entre Alemania y Perú, algunos observadores notaron que los equipos parecían jugar básicamente en la pequeña franja de sombra proyectada por las tribunas del estadio.

Era el primer Mundial celebrado en América Latina desde el de Brasil en 1950, y los europeos en particular, tuvieron cautela con los males exóticos y los peligros que podrían esperarles. Los ingleses trajeron su propia agua embotellada y trataron incluso de importar tocino y salchichas, además de traer su propio autobús y mesas de juego. Pero no pudieron hacerlo: la legislación mexicana prohibió a todos, incluyendo a los jugadores de fútbol, importar alimentos que pudieran transmitir fiebre aftosa. Todas las salchichas inglesas fueron destruidas en el aeropuerto y el equipo inglés tuvo que sobrevivir con salchichas picantes mexicanas.

Brasil no fue inmune a la atmósfera del «todo vale». Poco antes de que llegáramos, las autoridades mexicanas arrestaron a nueve personas que supuestamente hacían parte de un complot internacional para secuestrarme. Después de los arrestos, los directivos del equipo me ordenaron que durmiera cada noche en una habitación diferente. Las medidas de seguridad en las instalaciones del equipo fueron aumentadas y me asignaron un guardia a todas horas. Todo esto suena aterrador ahora y supongo que en cierto modo lo fue, pero en ese momento no le prestamos importancia. Como he dicho, en aquellos años tenías que aceptar el caos de cierto modo, y yo lo hice. Y dormí como un bebé.

Las medidas tomadas por Zagallo y la dirección del equipo nos ayudaron a sentirnos como si estuviéramos viviendo en un oasis exuberante, tranquilo y libre de dramas. Nuestro equipo fue el primero en llegar de los dieciséis países que competían y aterrizamos en México casi un mes antes de nuestro primer partido. Oficialmente, habíamos llegado con mucho tiempo de antelación porque esto nos ayudaría supuestamente a adaptarnos a la altitud de Guadalajara, donde jugaríamos con los otros rivales de nuestro grupo. Pero creo que los directivos querían que nos sintiéramos cómodos y evitar el caos carnavalesco de 1966. Querían que estuviéramos juntos, que practicáramos juntos y que permaneciéramos unidos.

En ese momento, el mismo grupo base llevaba ya un año y medio jugando junto. En el campo de juego yo sabía a veces cuál jugada harían mis compañeros antes de que ellos mismos lo supieran, y viceversa. Y cuando llegamos a México, se estableció un vínculo aún más profundo en la cancha. Comíamos juntos, veíamos juntos los partidos en la televisión y empezamos a sentirnos como verdaderos hermanos.

Una noche hablé por teléfono con Rose y me dijo que nuestra familia se estaba reuniendo todos los días para orar por nosotros. Pensé: ¿No sería maravilloso si nosotros conformáramos también un grupo de oración? Inicialmente compartí la idea con Carlos Alberto, el capitán de la selección de 1970 y compañero de equipo en el Santos. Le pareció genial. Entonces hablamos con Antônio do Passo, uno de los líderes del conjunto, y pronto se unieron Tostão, Piazza y nuestro venerable entrenador Mário Américo. Al poco tiempo, casi todos los cerca de cuarenta jugadores y miembros de la delegación nos estábamos reuniendo todas las noches después de la cena para orar juntos. Obviamente, no era obligatorio, pero casi todos asistían, independientemente de que fueran o no católicos.

Todos los días orábamos por algo: por los enfermos, por la guerra de Vietnam, por la situación política de Brasil o por la salud de un ser querido. Pero nunca oramos para ganar la Copa del Mundo. Sólo pedimos que nadie se lesionara seriamente, que Dios nos ayudara a permanecer juntos y que nuestras familias estuvieran seguras.

Honestamente, ese equipo de 1970 no tenía tanto talento como la selección que jugó en Suecia en 1958. Teníamos debilidades que todo el mundo veía. Pocas personas en Brasil pensaban que ganaríamos ese Mundial, y algunos periodistas ni siquiera creían que pasaríamos a la segunda ronda. Pero a medida que rezábamos y pasábamos todos los días juntos, vi algo que no había visto en los más de diez años que llevaba jugando fútbol profesional. En las prácticas, y después de los partidos, nuestro desempeño era incluso mejor que la suma de nuestras capacidades individuales. Empezamos jugando fenomenalmente bien y comprendimos que realmente teníamos algo especial en nuestras manos.

Esta fue la gran lección del fútbol que no había aprendido por completo antes de 1970. En México, y en medio de las sesiones de oración, de las prácticas, de las reuniones de equipo, de las comidas, de las bromas y de la camaradería, me di cuenta de todo el potencial que puede tener un grupo de jugadores realmente unido. Vi el verdadero poder de un *equipo*.

14

Otra cosa curiosa acerca de la Copa Mundial de 1970 es que fue como una procesión de los fantasmas más terribles e inquietantes del pasado del fútbol brasileño. Tendríamos que enfrentar nuestros miedos y eliminarlos uno por uno si queríamos ser campeones de nuevo.

El primer partido no fue una excepción.

Nuestro rival era Checoslovaquia, el equipo contra el que yo había sufrido una distensión muscular severa en el Mundial de 1962, y que me dejó por fuera del torneo. A pesar del trauma de mi lesión, también me acordé de ese partido gracias a una de las manifestaciones más excepcionales en materia de espíritu deportivo que haya visto en mi carrera. Cuando permanecí en la cancha después de lesionarme, los jugadores checoslovacos podrían haber acabado fácilmente conmigo, golpeándome en la parte lesionada o en otro lugar, lo que me habría enviado fuera de la cancha, dando a ellos mayores posibilidades de ganar. Y también podría haberme causado una lesión a largo plazo, o incluso permanente. Sin embargo, los checoslovacos optaron por neutralizarme limpiamente durante el resto del partido. Tres jugadores en particular —Masopust, Popluhar y Lala— se alejaban un poco de mí cada vez que yo recibía el balón. Obviamente, trataron de impedir que hiciera buenas jugadas, pero me dejaron jugar. Ese partido terminó en un empate sin goles. Aún hoy, sigo muy agradecido con los checoslovacos por la forma tan caballerosa como me trataron.

Los apostadores habían calificado al equipo checoslovaco como uno de los más sólidos en el Mundial de 1970, y no estábamos dispuestos a pensar que serían rivales fáciles, dado lo bien que habían jugado anteriormente contra nosotros. Además, ya teníamos acceso a los videos y yo había pasado mucho tiempo viendo partidos de equipos europeos. En estos videos, y en los partidos amistosos que habíamos jugado, noté que los porteros europeos habían adoptado últimamente una nueva técnica y que se alejaban con frecuencia de la portería cuando el balón estaba en el otro lado de la cancha, actuando casi como defensas. Así que cuando el juego comenzó y vi que el portero checoslovaco Viktor hacía precisamente eso, decidí probar mi suerte.

Yo corría hacia adelante, estaba a punto de cruzar la línea del mediocampo y a unos sesenta y cinco metros de la portería contraria cuando envié el balón al aire. De inmediato pude oír al público murmurar: «¿Qué diablos está tratando de hacer Pelé?», pero a medida que el balón se arqueaba hacia abajo para inclinarse al interior del palo derecho y Viktor corría en pánico hacia la portería, todo se hizo claro. El murmullo de la multitud se convirtió en un rugido.

Mientras corría por la cancha, pude ver el balón describir una curva… pero infortunadamente, salió ligeramente desviado. No fue gol. El público gruñó en señal de decepción y luego comenzó a aplaudir en reconocimiento al esfuerzo. En cuanto a Viktor, parecía aliviado, pero un poco perturbado, como si acabara de sobrevivir a un horrible accidente de tráfico.

Por extraño que parezca, algunas personas dicen que ese tiro fue el momento más memorable del Mundial de 1970. De hecho, incluso hoy en día las personas me dicen que es una de las jugadas que más recuerdan de mi carrera. ¡Es una lástima que el maldito balón no hubiera entrado a la portería!

Cualquiera que sea la decepción que pude haber sentido, no duró mucho. Estábamos empatados 1–1 cuando terminó el primer tiempo, pero Gerson me hizo un paso largo y alto poco después de comenzar el segundo. Dejé que rebotara en mi pecho y, antes de que tocara el suelo —y de que Viktor comprendiera lo que estaba sucediendo—, envié el balón a la red para poner a Brasil arriba 2–1.

Una vez más, los checoslovacos jugaron bien esa tarde, pero nuestro equipo tenía un gran poder ofensivo. Jairzinho, nuestro delantero estrella, anotó dos goles más, comenzando una racha notable y sin precedentes. El marcador final fue Brasil 4, Checoslovaquia 1. Demostramos nuestra capacidad para jugar como equipo, no nos dejamos intimidar por los errores del pasado y por medio de algunas jugadas destacadas como el disparo desde el mediocampo, notificamos a nuestros rivales que el antiguo y extravagante estilo de juego brasileño seguía vivo y coleando.

¡Qué bien por mi miopía!

15

Nuestro próximo partido fue una verdadera batalla entre los dos campeones mundiales anteriores: Inglaterra contra nosotros. Fue un encuentro que yo había esperado durante cuatro años y que estaba desesperado por jugar. Sabíamos que sería uno de los partidos más difíciles de todo el Mundial de 1970. Sin embargo, también sabíamos que contábamos con un arma secreta y formidable de nuestra parte: el público mexicano.

Sir Alf Ramsey, el entrenador inglés, era un hombre afable y un gran estratega, cuyo trabajo he admirado siempre. Por desgracia, algunas personas se sintieron indignadas luego de que él describiera al equipo argentino como uno de «animales» tras la victoria que le propinó Inglaterra en su camino al campeonato de la Copa Mundial. Muchos latinoamericanos se tomaron su comentario a nivel personal y expresaron sus sentimientos con mucha claridad. La noche anterior a nuestro partido, una multitud de casi doscientas personas se reunió afuera del hotel de la selección inglesa, la mayoría con tambores, sartenes, bocinas y otros objetos para hacer ruido. Dieron una «serenata» al equipo inglés hasta las tres de la mañana, cuando los guardias armados comenzaron a disparar al aire para dispersarlos.

¡Como dije, fue una Copa Mundial realmente loca!

Mientras tanto, Ramsey también tuvo la osadía de decir que Inglaterra no sólo ganaría en nuestro grupo, sino que también repetiría su campeonato de 1966. Contaba con una nómina excelente, incluyendo a Bobby Moore, Bobby Charlton y a muchos otros jugadores de primera categoría que habían ganado el Mundial anterior. Sin embargo, el día del partido, los aficionados que estaban en el estadio en Guadalajara parecieron continuar su ruidosa fiesta de la noche anterior: nunca había oído a una multitud tan estridente. Las tribunas se llenaron casi en su totalidad de mexicanos —el contingente de aficionados brasileños se estimó en sólo dos mil personas aproximadamente—, pero casi todo el público estaba animando a Brasil. Parecía como si estuviéramos jugando ante un público local. Fue absolutamente maravilloso.

También sabíamos que el mundo entero estaría observando como nunca antes. La televisión se había extendido mucho más en los últimos cuatro años y la Copa de 1970 fue la primera en ser transmitida a color. El partido de Brasil contra Inglaterra fue probablemente, hasta ese momento, el suceso más visto en la historia del mundo, según escribieron los periodistas. Sólo en Inglaterra, unas veintinueve millones de personas lo vieron, casi tantas como las que presenciaron la primera llegada del hombre a la luna el año inmediatamente anterior.

El entrenador Zagallo, tranquilo como siempre, nos dijo antes del partido que ignoráramos todo el escándalo y que no nos dejáramos llevar por la multitud que apoyaba a Brasil.

—No crean que este partido va a ser un baile de samba —nos advirtió—. ¡Y tampoco esperen goles rápidos!

A los diez minutos del primer tiempo, pensé que podría demostrar que estaba equivocado. Jairzinho hizo una gran jugada al eludir a un defensa inglés y luego envió un pase perfecto, alto y cruzado al punto del penal. Salté en el aire y —manteniendo los ojos abiertos, como siempre— cabeceé el balón hacia abajo, en dirección a la portería. En el instante en que lo hice, supe que era gol. Pero Gordon Banks, el portero inglés, hizo una atajada increíble al saltar desde el otro palo y a duras penas logró sacar la pelota hacia arriba, por encima del travesaño. Fue una de las mejores atajadas de un Mundial, si no la mejor, y el partido permaneció empatado al término del primer tiempo.

En retrospectiva, creo que mi cabezazo podría haber sido una jugada demasiado individualista como para ganar el partido. Si el objetivo de nuestra selección de 1970 consistía en trabajar en equipo, entonces teníamos que anotar un verdadero gol en equipo que reflejara la empatía que habíamos desarrollado durante el último año.

Y así, a los catorce minutos del segundo tiempo, Tostão me hizo un pase sublime sin siquiera mirarme.

«No vi a Pelé mientras yo estaba driblando —diría más tarde—, pero sabía dónde estaría él, porque cada vez que yo iba a la izquierda, él cubría el centro. Y no me equivoqué».

Llevé el balón justo enfrente de la portería inglesa. Sin embargo, en vez de disparar, hice un pase suave a mi derecha, eludiendo a los dos defensores que se acercaban a mí. Jairzinho, que estaba completamente desmarcado y sólo tenía que superar al portero, dio un paso y envió el balón a la red.

Banks no pudo atrapar ese balón. El público mexicano se volvió completamente loco. Brasil 1, Inglaterra 0.

Ese fue el resultado final, una dura batalla y una verdadera victoria en equipo.

Varias décadas después, Zagallo diría que fue «el mejor partido que he visto».

Esa noche, los mexicanos fueron al hotel para celebrar la victoria con nosotros. La gente estaba por todas partes, cientos de personas riendo, dándonos palmadas en la espalda, bebiendo cerveza y tequila en los pasillos y en las habitaciones. El guardia de seguridad que me habían asignado no pudo estar al tanto de todo: en un momento dado, alguien se coló en mi habitación y se llevó mis catorce camisetas a manera de recuerdo. En realidad no me importó, ¡pero me quedé sin nada qué ponerme para el próximo partido! El equipo consideró incluso la posibilidad de pedir a Bobby Moore, el jugador inglés a quien había dado mi camiseta al final del partido, que me la devolviera. Sin embargo, nos enviaron camisetas desde la Ciudad de México en un avión fletado, resolviendo así el problema, y volvimos a celebrar.

Como dije, en esa época, simplemente tenías que aceptar el caos.

16

Los dos partidos siguientes fueron complicados. Nos esforzamos mucho para vencer 3–2 a Rumania en el último partido de nuestro grupo, y luego tuvimos que hacer frente a un Perú muy difícil en los cuartos de final. Ese partido tenía un significado especial para mí: el entrenador del Perú era Didi, mi gran amigo, el «príncipe etíope», el veterano que había llevado a Brasil a coronarse como campeón mundial en Suecia en 1958. Tal como correspondía a su propio legado como jugador, Didi entrenó al equipo peruano para jugar mucho más allá de su capacidad natural, con un enfoque implacable en la ofensiva. El partido que jugamos fue libre y abierto, lleno de ataques y contraataques. Estéticamente hablando, fue uno de los partidos favoritos que he jugado. Ganamos 4–2.

Después de vencer al Perú, todos nos reunimos en el vestuario para escuchar la radio. Un partido muy disputado se llevaba a cabo en la Ciudad de México para determinar quién sería nuestro rival en las semifinales. A pesar de nuestra euforia por haber ganado, se podría haber oído caer un alfiler en el vestuario. Nadie dijo una sola palabra. En realidad, nadie se duchó ni se cambió de ropa. Estábamos demasiado atentos a la acción.

El tiempo reglamentario terminó con el marcador empatado a cero y el partido se fue a tiempo adicional. Y cuando este llegaba a su fin, uno de los equipos logró el gol de la victoria.

Nos miramos el uno al otro.

Sonreímos.

Ninguno de nosotros podía creerlo.

Íbamos a jugar contra Uruguay.

17

Hay una gran cantidad de cosas que han sucedido en mi vida y que no entiendo muy bien. Se podrían llamar coincidencias, pero no creo que esto les haga justicia. No, creo que en algunos momentos de nuestras vidas, Dios tenía un plan. Brasil jugando contra Uruguay en una semifinal, veinte años después de la angustia en el Maracaná, por primera vez en una final del Mundial desde aquel fatídico día en Río: no sé de qué otra manera se pueda explicar esto. Ahora, no creo necesariamente que a Dios le preocupara quién jugaba contra quién en el fútbol, pues sospecho que tenía asuntos más urgentes que tratar. Pero Él nos envía a cada uno de nosotros en un viaje para que podamos crecer como individuos y apreciemos más su amor. Y simplemente parecía apropiado que ese niño que lloró ese día en Bauru y prometió a su papá que se vengaría, ahora tendría la oportunidad de jugar contra Uruguay en el escenario más grandioso del fútbol. Sólo Dios puede explicar por qué sucedió esto. ¡Un día, espero poder pedirle una explicación detallada!

Todos los integrantes del equipo teníamos una conexión muy personal con ese partido. Prácticamente todos lo habíamos escuchado en la radio cuando éramos niños, y nos habíamos lamentado posteriormente con nuestras familias. Zagallo había jugado ese partido. Incluso los jugadores más jóvenes —algunos de los cuales eran apenas unos bebés en esa fecha— entendieron la importancia del encuentro. Y los medios de comunicación brasileños... bueno, ellos no iban a permitir que olvidáramos lo que significaba este partido. Los periódicos brasileños publicaron una y otra vez la historia del Pelé de nueve años de edad, haciendo que la emoción fuera aún más intensa.

—Aunque no ganemos la Copa del Mundo, ¡tenemos que ganarle a Uruguay! —recuerdo que dijo uno de mis compañeros de equipo.

—Los tenemos atorados en nuestras gargantas desde hace veinte años —dijo otro.

Me gustaría poder decir que todos mantuvimos la calma. Me gustaría poder decir que ignoramos el bombo y que jugamos contra Uruguay con el mismo control absoluto que caracterizó nuestros otros partidos en 1970. Pero eso sería una mentira. La verdad es que estuvimos muy desordenados. La presión era increíble. Y cuando salimos a la cancha, por un momento pareció como si la historia pudiera repetirse de la manera más horrible.

Comenzamos tropezando, perdiendo el balón y haciendo pases equivocados. Los uruguayos habían asumido una postura ultradefensiva, con diez jugadores en la zona de defensa y sólo un delantero en punta. Sin embargo, en el minuto veinte, Uruguay logró abrir el marcador y ponerse en ventaja 1–0. Las risitas nerviosas en los televisores y radios de Brasil se oyeron de nuevo: ¿volvería a repetirse la historia?

Sin embargo, confiamos una vez más en la fortaleza de cada uno. Transcurrían los minutos y pasábamos con calma el balón atrás y adelante. Recobramos nuestra compostura, comenzamos a abrir espacios, empezamos a avanzar hacia adelante, en lugar de volver sobre nuestros pasos. Y justo antes del medio tiempo, Clodoaldo recibió un buen pase de Tostão y empató el partido.

Luego del descanso, salimos para ser totalmente nosotros mismos, el grupo que sería conocido en la historia del fútbol como «El equipo bonito». Hicimos pases impecables, disparos audaces y nos anticipamos a las jugadas antes de que sucedieran. En una jugada que mucha gente recuerda, recibí un pase magistral de Tostão y, mientras avanzaba por la cancha, engañé al portero con un movimiento «ficticio». Hice un disparo abierto, aunque muy difícil, a la portería. Por desgracia, salió desviado por el lado izquierdo. Es curioso: ¡los goles que no anoté en 1970 podrían ser más famosos que los que hice! Pero mis compañeros me animaron de nuevo y ofrecí un verdadero espectáculo. El marcador final fue 3–1.

Mientras salíamos juntos de la cancha, me sentí otra vez como un niño de nueve años. Tenía una gran sonrisa en la cara, al igual que todos mis compañeros. Sentimos como si una injusticia de nuestra juventud hubiera sido reparada veinte años después de llorar hasta dormirnos cuando éramos niños. Fue una gran sensación de logro, de una manera que casi no parece racional, como si hubiéramos vencido a un dragón que nos había perseguido siempre. Y para cerrar el círculo y celebrar en serio, sólo necesitábamos ganar otro partido.

18

Cuando llegó el partido final, habíamos pasado por tantas cosas juntos que creíamos que nada podía detenernos, ni siquiera la temida escuadra *azurri* de Italia.

Los italianos tenían una tradición en el fútbol tan rica como la nuestra. Ambos países habían ganado dos Mundiales cada uno. Dicho de otro modo, los italianos eran nuestro polo opuesto: tenían un estilo de juego completamente defensivo y sólo habían recibido cuatro goles en todo el Mundial hasta ese momento; esto representaba cinco partidos jugados. Algunos observadores opinaban que este tipo de fútbol era un poco aburrido: un escritor inglés llamó a los italianos «fuerzas del mal» en oposición a nuestra «luz». Sin embargo, me gustaba la dureza de su equipo, su habilidad técnica y la pasión de sus aficionados. Iba a ser una final de ensueño.

El partido también significaba algo para la historia. Varios años atrás se había decidido que si un país ganaba tres títulos de la Copa del Mundo, podría mantener el trofeo Jules Rimet de forma permanente. Esto era un honor y también una especie de historia ingeniosa. Italia había ganado la Copa Mundial de 1938 y tenía el trofeo en su poder cuando estalló la Segunda Guerra Mundial. El vicepresidente italiano de la FIFA, el doctor Ottorino Barassi, escondió el trofeo en una caja de zapatos debajo de su cama para evitar que terminara en otras manos. Luego, en 1966, el trofeo fue robado de una vitrina en Inglaterra. La búsqueda a nivel nacional terminó una semana después, cuando un perro llamado Pickles olfateó debajo de unos arbustos en Londres y encontró el trofeo envuelto en hojas de periódicos. Como se pueden imaginar, debido a todo el drama a lo largo del tiempo, realmente significaba algo que Brasil o Italia pudieran llevarse esta copa legendaria a casa y conservarla para siempre.

El día del encuentro, un aguacero torrencial cayó en la Ciudad de México y escampó poco antes del partido. Algunas personas dijeron que esto podría conducir a una forma de jugar más descuidada y defensiva, lo que favorecería a Italia. Pero, por suerte, la lluvia no hizo nada para negarnos nuestra (por ahora) arma no tan secreta: el público mexicano. La gran mayoría de los ciento siete mil aficionados que gritaban en el estadio Azteca estaban allí para animarnos una vez más, impulsados no sólo por su orgullo de América Latina, sino por una buena dosis de resentimiento: los italianos habían eliminado a México del Mundial tras ganarles 4–1.

Todos estos factores externos desaparecieron cuando empezó el partido. Nuestra atención se centró en el terreno de juego y en nuestro rival. Una vez más, y para nuestro total deleite, jugamos como si estuviéramos perfectamente sincronizados. Después de una jugada brillante creada por Tostão y Rivelino, salté —«como un salmón», señaló un periódico— para conectar un pase alto en el segundo palo. Yo estaba muy bien custodiado por un defensa italiano, pero todos esos ejercicios tontos y repetitivos de Dondinho rindieron sus frutos una vez más en un partido de la Copa Mundial. Permanecí en el aire y golpeé el balón con la cabeza en el momento preciso, enviándolo entre las manos extendidas del portero italiano Enrico Albertosi para abrir el marcador.

Brasil 1, Italia 0.

Italia empató rápidamente el partido y el marcador quedó 1–1 al final del primer tiempo. Sin embargo, cuando entramos al vestuario, todos nos concentramos. Nadie habló mucho y no hubo ningún discurso exaltado. Simplemente confiamos unos en otros y supimos que las cosas se inclinarían a nuestro favor si seguíamos trabajando duro y jugando en equipo.

De hecho, el segundo tiempo de la final de 1970 fue una de las cosas más majestuosas de las que he formado parte. Todos estos años después, se me eriza la piel al pensar en lo que sucedió: fue una combinación de capacidad atlética, de buen entrenamiento y de trabajo en equipo. Durante los veinte minutos iniciales del primer tiempo, atacamos e insistimos pero no pudimos anotar. Pero posteriormente desplegamos un juego en equipo perfecto: Gerson pasa el balón a Everaldo, quien lo entrega a Jairzinho, nuestro temido goleador. Los italianos cubren frenéticamente a Jairzinho, pero este encuentra a Gerson, que había corrido con fuerza hacia la portería. Gerson lanza un cohete imparable a la red.

Brasil 2, Italia 1.

Apenas cinco minutos después, en el minuto setenta y uno, Gerson hizo que la acción comenzara una vez más al penetrar la defensa italiana. Me vio cerca de la parte frontal de la portería y me hizo un pase largo y alto. Salté en el aire como lo había hecho en el primer tiempo, asustando al portero italiano. Pero en lugar de cabecear el balón, se lo pasé a Jairzinho, que estaba al otro lado de la meta. Anotó con facilidad, convirtiéndose en el primer jugador en marcar un gol en cada uno de los partidos de la Copa Mundial, un récord que aún sigue vigente.

Brasil 3, Italia 1.

Finalmente, en el minuto ochenta y seis, llegó uno de los mejores momentos de mi carrera. Terminé con el balón frente a la portería una vez más. Podría haber hecho un gol, pero por el rabillo del ojo vi a Carlos Alberto subiendo a mi derecha. Era mi compañero y buen amigo en el Santos, y jugaba como defensa. No tenía muchas oportunidades de meter goles en la mayoría de los casos, ¡y mucho menos en una Copa del Mundo! Pero en esa instancia, en aquel día bendito, Carlos Alberto tenía un camino abierto a la red. Así que le pasé el balón y anotó el cuarto gol.

Brasil 4, Italia 1.

Para mí, personalmente, los goles del segundo tiempo me hicieron sentir como si se hubiera cerrado un círculo. En mi primera Copa del Mundo en 1958, yo era el chico que corría hacia la red. Ahora tenía el mismo papel que había tenido una vez Didi: crear jugadas para mis compañeros de equipo. Sentí un orgullo enorme; era el jugador que siempre había querido ser.

Cuando sonó el pitazo final, la multitud irrumpió en la cancha. Gerson, Jairzinho y Carlos Alberto me levantaron en hombros y dimos una vuelta alrededor del estadio Azteca. De repente, me vi con un sombrero mexicano en la cabeza y aún conservo ese recuerdo preciado en mi casa. En cuanto a otras prendas de vestir, mi camiseta desapareció en medio del alboroto, pero eso fue todo y supongo que me trajo suerte. Era el turno de Tostão de terminar casi desnudo: ¡la multitud le quitó la camiseta, los shorts, los zapatos y hasta las medias! Todos nos reímos sin parar. Pasó media hora antes de que la multitud comenzara a calmarse, y poco a poco nos retiramos a los vestuarios.

Casi todos estuvieron de acuerdo: nuestro partido fue una obra maestra. El entrenador italiano diría posteriormente:

—Los brasileños jugaron como si tuvieran alas.

Tarcisio Burgnich, el defensa encargado de marcarme, declararía muchos años después:

—Me dije antes del partido: «Pelé está hecho de carne y huesos como todas las personas». Pero me equivoqué.

El diario británico *Sunday Times*, el mismo que me describió como un «millonario triste» después de la Copa de 1966, encabezó su próxima edición con el titular: ¿Cómo se deletrea Pelé?: D-I-O-S.

Esta reivindicación tuvo un sabor muy dulce. Pero mi momento favorito fue en el vestuario después del partido. Yo estaba sentado, bebiendo un poco de agua con mis compañeros, cuando sentí un golpecito en el hombro. Inicialmente creí que se trataba simplemente de otro periodista y no miré hacia atrás.

Pero Brito me dijo:

—Oye, es Zagallo.

Me di vuelta y me levanté. Nuestro entrenador estaba allí, de pie, derramando lágrimas de alegría. Para mí, él era la única constante, el hombre que había estado conmigo en los tres campeonatos de Brasil, primero como compañero de equipo y luego como mi entrenador. Nos dimos un abrazo largo y apretado, golpeándonos la espalda.

—Teníamos que estar juntos para ser tres veces campeones —le dije llorando—. Esto sólo podría haber sucedido contigo. Gracias.

19

Ese fue el final mío con el equipo nacional. Después de jugar un par de partidos «amistosos» de despedida en 1971, me retiré para siempre.

Una vez más, la política fue uno de los factores que precipitó mi decisión. Después de ganar el Mundial de 1970, el gobierno militar utilizó nuestra victoria como una herramienta de propaganda para encubrir los verdaderos problemas de Brasil. Mientras tanto, las historias que escuchábamos sobre torturas y secuestros se multiplicaron. Aunque no puedo afirmar que la política fue la única razón por la que me retiré de la selección brasileña, es indudable que fue un elemento importante. No podía soportar el hecho de que nuestro éxito se estuviera utilizando para encubrir atrocidades.

Viendo las cosas en términos retrospectivos, lamento no haber dicho nada anteriormente sobre los abusos cometidos en los años sesenta y setenta. Creo que a lo largo de mi vida, mi deseo de concentrarme en el fútbol a veces me hizo conservador, no en el sentido político, sino en mi disposición para aceptar el statu quo. Siempre tenía prisa para llegar a la cancha y jugar, tal como lo había hecho desde niño. A veces creía que si optaba por no hablar acerca de nuestros problemas, podría mantener a la política alejada del fútbol y concentrarme en el deporte. Obviamente, se trataba de una fantasía.

Muchos años después, en 2011, viajaría en un avión con Dilma Rousseff, la joven militante de izquierda que, como he mencionado antes, fue torturada en 1970 mientras nos preparábamos para el Mundial. Como es sabido, Dilma era ya la presidenta democráticamente electa de Brasil. Me había nombrado embajador de la Copa del Mundo de 2014 en Brasil, y la conversación giró en torno a nuestro país y a la forma en que solían ser las cosas.

—El fútbol promovió a Brasil, pero también ocultó y encubrió muchas cosas —me dijo Dilma—. Queríamos que Brasil fuera tan bueno en la vida real como lo era en la cancha de fútbol. Mis compañeros y yo luchamos por eso.

»No éramos famosos como Pelé —continuó—. Así que teníamos que llamar la atención de la gente a través de otros medios.

»Ahora estoy aquí hoy como presidenta. Y todavía estoy tratando de hacer que Brasil sea tan bueno como pueda serlo —se recostó en su silla y sonrió—. Es decir, ¿puedes entender la serie de acontecimientos que me han puesto aquí?

Me reí.

—Eso es algo que tenemos en común —le dije—. Todo el tiempo pienso en esas cosas.

EE.UU., 1994

1

Salí a la cancha vestido con un traje completamente blanco y una corbata de color arco iris, y sentí una de las emociones más grandes de toda mi vida.

Unos noventa y cuatro mil aficionados estaban gritando, aclamando y agitando banderas, ansiosos de que comenzara la final de la Copa Mundial de 1994. El campo de juego estaba lleno de soldados, porristas, delegaciones y banderas gigantes de los veinticuatro países que participaban en el campeonato. En un lado de la cancha, el equipo brasileño estaba calentando, preparándose para jugar su primera final del mundo desde 1970 tras una sequía de veinticuatro años: una eternidad para nuestros estándares. Los italianos estaban en el otro lado. Iba a ser una revancha de aquella final legendaria en la Ciudad de México en la que yo había jugado, otra verdadera batalla entre las dos grandes potencias del fútbol mundial.

Pero mi emoción tenía poco que ver con los equipos. No, el verdadero milagro era que la final de la Copa del Mundo se estaba llevando a cabo en el Rose Bowl, en el sur de California.

—Señoras y señores —dijo el locutor—, es un placer presentar al tres veces campeón del mundo y quien ha sido más importante para el fútbol que cualquier otro jugador. Estará acompañado el día hoy por la artista más popular del mundo. ¡Aquí están Whitney Houston, y el gran Peleeeeé!

Tomé a Whitney de la mano y salimos corriendo a la cancha, riendo y sonriendo mutuamente. Cuando llegamos al mediocampo, me entregó un balón de fútbol que llevaba en sus brazos. Lo pateé tan fuerte como pude a las tribunas y el público se volvió loco.

Mientras Whitney subía a cantar al escenario, permanecí eufórico allí, sin poder creer todavía lo que estaba viendo. Aquí estaba el deporte más grande del mundo, llevando a cabo su encuentro más grande en el país más rico del mundo. Apenas veinte años atrás, nadie habría pensado que esto sería posible. ¿El fútbol, popular en Estados Unidos? Habría sido más probable creer que los marcianos habían llegado a la Tierra.

¿Cómo empezó a ocurrir todo esto? Pues bien, a través del trabajo incansable de muchas personas. Entre ellas: Mick Jagger, Henry Kissinger, Rod Stewart, un par de hermanos de origen armenio y un magnate del entretenimiento estadounidense llamado Steve Ross, que tenía una visión única, inquebrantable, loca y al límite.

Y, obviamente, yo.

¡Sí, es una historia realmente loca!

2

A principios de 1971, con los cánticos de la afición mexicana reso-
nando todavía en mis oídos, estaba listo para retirarme del fútbol,
esta vez para siempre. Tenía apenas treintaiún años, pero Dondinho y el profesor Mazzei me habían advertido de los peligros de jugar
por muchos años. Me dijeron que esto podría tener un efecto nocivo en
mi cuerpo, quitarme un tiempo precioso con mi familia y distraerme
de las oportunidades que ocuparían la mayor parte de mi vida adulta.
En otras palabras, era el momento de seguir adelante con el resto de
mi vida.

En realidad, yo sentía que mi cuerpo estaba en buenas condiciones.
Pero después de jugar fútbol profesional durante casi quince años, estaba cansado mentalmente, especialmente luego de tantos viajes. Nuestro hijo Edinho había nacido sólo seis semanas después de la Copa
Mundial de 1970 y empecé a sentirme cada vez más atraído por mi
hogar. Sabía exactamente lo que era ser un niño en Brasil y me preocupaba que si yo no estaba en casa el tiempo suficiente, Edinho termina-
ría extraviado. Mientras tanto, Rose se sentía sola y reprimida también
debido a las exigencias del deporte y de la fama; en esa época, dijo a

un entrevistador que estar en Santos mientras yo andaba de viaje era «como vivir en una jaula».

Así comenzó mi largo —y me refiero al laaaaaaaargo— adiós. Inicialmente me despedí de la selección brasileña, tal como lo había planeado. El equipo quería jugar algunos partidos en mi honor en Río de Janeiro y São Paulo. Estuve de acuerdo, a pesar de que tenía algunas reservas de que todo se prolongaría demasiado. Con raras excepciones, casi nunca me sentía nervioso antes de los partidos de competencia, ni siquiera en las finales de la Copa Mundial. De hecho, me sentía tan tranquilo que muchas veces trataba de aprovecharme de los nervios de otros jugadores e intentaba algún truco, como por ejemplo, el disparo desde el centro del campo ante Checoslovaquia en 1970. Pero siempre he sido un manojo de nervios para los partidos de despedida o de homenaje. No puedo explicar por qué. Tal vez sea porque toda la atención se centraba exclusivamente en mí y los juegos en sí no eran lo suficientemente competitivos como para concentrar mi mente exclusivamente en el fútbol. Cualquiera que sea la razón, me sentí como un niño esperando a Santa Claus en Nochebuena. Más extraño aún: aunque mi memoria es generalmente bastante buena, me sentía tan tenso durante esos encuentros que cuando concluían, no podía acordarme de nada.

En cualquier caso, los recortes de periódicos de la época confirman que los partidos se efectuaron, incluyendo la «despedida» final contra Yugoslavia, ante ciento ochenta mil aficionados gritando (¿dónde si no?) en el estadio Maracaná de Río. El partido fue transmitido en todo el mundo y los periódicos informaron que las corridas de toros fueron canceladas incluso en Sevilla, España, para que la gente pudiera verlo en la televisión. En el estadio, la gente encendía petardos y agitaba pañuelos blancos. Cuando terminó el encuentro, me quité por última vez la camiseta número diez de Brasil y di una vuelta alrededor del estadio, seguido por un grupo de jóvenes jugadores que pensábamos que representaría a la próxima generación prometedora de Brasil. La multitud gritaba: «*Fica! Fica!*» (¡Quédate! ¡Quédate!).

Su canto era halagador y fue un signo de lo que vendría después. Ya me había «retirado» y cambiado de opinión en 1966, así que todo el mundo estaba seguro de que volvería a jugar. ¡Supongo que sólo puedo culparme a mí! De hecho, se hicieron todo tipo de esfuerzos para convencerme de que jugara la Copa Mundial de 1974 que se celebraría en Alemania Occidental. Los aficionados me lo pedían adondequiera que fuera. Durante varios años, no pude conceder una sola entrevista con los medios o salir a la calle sin que me hicieran esa pregunta. Un abogado presentó incluso una declaración jurada ante un tribunal federal de Brasil, diciendo que como yo estaba «bajo la jurisdicción» de la Confederación Nacional de Deportes, ¡podía estar legalmente *obligado* a jugar con Brasil! Afortunadamente, la corte no compartió esta opinión. El nuevo presidente brasileño de la FIFA, João Havelange, me propuso esto mismo pocos meses antes de la Copa de 1974, cuando me envió una carta que hizo pública, instándome a «reconsiderar» mi decisión a tiempo para el torneo.

«Estoy esperando —escribió Havelange— la palabra de aliento que hará brotar la esperanza como la vegetación floreciente por los campos verdes, fecundados por el fervor que los brasileños han dedicado al deporte del que te has convertido en un ídolo».

¡Guau! Era difícil decir que no a eso. Zagallo, mi amigo y entrenador desde 1970, también me pidió que lo reconsiderara, diciendo que yo era la única pieza faltante que Brasil necesitaba en el ataque. Aumentando la presión aún más, el nuevo jefe del gobierno militar, el presidente Ernesto Geisel, declaró públicamente que me quería de regreso en el equipo nacional. Y como no acepté, la propia hija del presidente Geisel fue a visitarme a Santos.

—Significaría mucho para Brasil y para mi padre que jugaras en el Mundial de 1974 —me dijo—. Sería bueno para el país.

Yo me sentía realmente muy halagado por esas peticiones, pero mi respuesta se mantuvo firme: no, gracias. Yo tenía mis razones para retirarme: eran personales y políticas, como lo he dicho. Tuve la gran fortuna de jugar en cuatro Copas del Mundo y la última fue la mejor. Anoté setenta y siete goles con la selección brasileña a lo largo de mi carrera, un récord nacional que sigue vigente. Realmente había terminado. Fue un verdadero honor representar a Brasil y me gustaría seguir haciéndolo con gran orgullo por el resto de mi vida. Pero no como jugador del equipo nacional.

Cuando abandoné la selección brasileña, me quedaban dos años más de contrato con el Santos. Los días de gloria del equipo en los años sesenta habían quedado atrás; muchos de mis viejos amigos, como Pepe y Gylmar Santos, se habían retirado. Parecíamos tener un entrenador diferente cada día. El club cometió incluso el error garrafal de despedir a mi mejor amigo y consejero, el profesor Mazzei. Un periódico nos describió en 1972 como «el equipo que una vez fue grande y que jugaba un fútbol atractivo». Tal vez era un poco exagerado, pero el autor tenía razón. En 1973 perdimos incluso contra un equipo inglés de tercera división, el Plymouth Argyle, por un marcador de 3–2. Mientras tanto, Santos parecía decidido a exprimirme hasta el último centavo que pudiera antes de terminar mi contrato. En los dieciocho meses anteriores a mi partida, hicimos una gira por América del Sur, el Caribe, América del Norte, Europa, Asia y Australia. Creo que Tombuctú podría haber sido el único lugar donde no jugamos. Nunca en mi vida había viajado tanto y esto era exactamente lo contrario a lo que yo quería después del nacimiento de Edinho. Había jugado más de mil partidos con el Santos en ese momento y los viajes constantes confirmaron mi decisión: era hora de retirarme.

Sin embargo, la gira de despedida con el Santos fue tan emocionante como la de la selección nacional, o acaso más. Para mí, uno de los momentos más emotivos fue mi último partido contra el Corinthians. Siempre había parecido encontrar un poder adicional cuando jugaba contra el «Timão», el «gran equipo», como se le llama, y anoté cuarenta y nueve goles en cuarenta y nueve partidos contra ellos durante mi carrera; un promedio bastante alto. Por lo general, cuando nos enfrentábamos a ellos, yo estaba totalmente concentrado en marcar goles y en celebrar otra victoria. Y ese día, cuando llegué al estadio de São Paulo para mi encuentro final contra ellos, me sentí abrumado al ver a los aficionados del Corinthians agitando pancartas con mi nombre y aclamándome, como si yo fuera uno de los suyos. El club estableció incluso un nuevo récord de venta de entradas en ese partido. Esto me recordó que, aunque nuestros mayores rivales amaban a sus equipos, por encima de todo les *encantaba* jugar fútbol. Ese amor era algo que unía a aficionados y jugadores, sin importar el equipo o el país en el que jugaran.

El último partido del Santos fue contra un equipo del estado de São Paulo llamado Ponte Preta. En realidad, yo estaba muy adolorido —a decir verdad, el estrés probablemente influyó en esto— y me sometí a todo tipo de rehabilitaciones para estar listo y salir al campo de juego por última vez. Apenas podía caminar. Pero me sentí mejor cuando el encuentro comenzó. No sabía exactamente cómo iba a despedirme de la multitud hasta los veinte minutos del primer tiempo aproximadamente, cuando estaba en el centro de la cancha y uno de mis compañeros del Santos me hizo un pase elevado.

En vez de bajar el balón con el pecho, como lo habría hecho normalmente, cogí el balón con las manos. La multitud se quedó sin aliento. Los otros jugadores me miraron atónitos.

Esa fue mi forma de decir: eso es todo, amigos. Se acabó.

Corrí hacia el centro del terreno, con el balón todavía en las manos y las lágrimas resbalando por mis mejillas. Entonces me arrodillé y extendí los brazos, como en un gran abrazo. Quería dar las gracias a toda la gente que estaba allí, a todos los aficionados, a todos los brasileños y, por supuesto, a Dios. Faltaba un par de semanas para mi cumpleaños número treinta y cuatro y estaba convencido de que nunca volvería a jugar fútbol profesional.

Como informó el *New York Times* al día siguiente: «Pelé, el mágico delantero brasileño considerado generalmente como el mejor jugador del mundo, ha comenzado la lenta transición que lo convertirá en Edson Arantes do Nascimento, el rico y joven empresario brasileño, agradable compañero de caza y pesca, devoto esposo y padre de dos hijos».

Bueno... esa era la idea.

3

Durante las primeras semanas después de retirarme del Santos, la gente hablaba de mí como si me hubiera muerto. Amigos, excompañeros, periodistas y otros vinieron a nuestra casa de Santos y me dijeron que no me preocupara, que vendrían a visitarme de vez en cuando. Todo el mundo me preguntó si estaba bien. ¡Por supuesto que sí, les dije! Pero la gente me hacía tantas veces la misma pregunta que empecé a pensar: ¿Realmente estoy bien?

Rose y yo, deseosos de empezar a llevar una vida «normal», tratamos de ir a restaurantes en los alrededores de Santos. Fue una decisión muy audaz: con raras excepciones, no habíamos hecho esto durante una década por temor a que los seguidores nos acosaran. Incluso después de retirarme, salir de la ciudad requería un poco de persistencia. La primera vez que fuimos a un nuevo restaurante nos encontramos completamente rodeados de gente. Venían a nuestra mesa y querían charlar sobre mis tres goles contra Francia en 1958, sobre Garrincha, para saber cuál de mis dos pies era el más fuerte... y así sucesivamente. Yo me sentía muy feliz de estar allí y de revivir esos momentos con ellos toda la noche. Pero no era por eso que salíamos y, comprensiblemente, Rose se molestaba un poco. Sin embargo, seguimos saliendo, y si íbamos a un restaurante por segunda vez, la gente por lo general sólo se limitaba a pedirme autógrafos. Y la tercera vez, tal vez me saludaban desde lejos.

Traté de dividir mi tiempo entre mi familia y mis negocios. Una tarde, mi socio Edvar vino a recogerme para viajar a São Paulo. Al salir de la casa, mi hija Kely Cristina corrió hacia mí y me dijo:

—¿Así que te vas a ir de nuevo papá?

Permanecí allí en silencio, sin saber muy bien qué responder.

Edvar habló finalmente.

—Bueno, sí, eso es cierto. Pero Kely, ya sabes que ha dejado de jugar y tendrá mucho más tiempo para estar contigo.

Kely se puso las manos en las caderas.

—¡Mm, hasta no ver, no creer!

Ella sólo tenía siete años, pero conocía a su papá. Tal vez incluso mejor que yo.

4

ice todo lo posible para tener una vida agradable después del fútbol. Eso incluía hacer algo que había horrorizado absolutamente al Edson de nueve años de edad: volver a estudiar. Desde que era un niño, mis familiares, amigos y mentores me habían hablado acerca de mi falta de educación formal. Todos estuvieron de acuerdo en que esto me acecharía algún día, independientemente de que yo fuera el atleta más famoso del mundo o no. Waldemar de Brito, mi entrenador juvenil en Bauru, fue especialmente enfático.

«Dico —me decía—, no hay duda de que has nacido para jugar fútbol. Sin embargo, tu carrera terminará cuando estés en el mejor momento de tu vida. ¡Y entonces tendrás que estudiar!».

Yo también era consciente de que los niños de todo el mundo me admiraban. Acepté la responsabilidad derivada de ser un modelo a seguir. ¿Qué tipo de mensaje transmitía el hecho de que Pelé nunca había terminado la escuela secundaria? Todo el mundo sabía de mí en todos los rincones del planeta, y me sentí avergonzado, como si los hubiera decepcionado a todos. Por esa época, una revista suiza generó un poco de controversia cuando publicó una caricatura de mí en la portada, con la leyenda: «Nosotros los padres debemos preguntarnos si tiene algún sentido dejar que nuestros hijos estudien».

Poco antes de cumplir treinta años, empecé a pensar más en mi vida después del fútbol, y comprendí que se estaba agotando el tiempo para abordar este asunto. Me parecía que algo fundamental faltaba en mi vida. En mis viajes a lo largo de los años, había conocido a todo tipo de personas inspiradoras: papas y profesores, políticos y médicos. Hice un gran esfuerzo para conversar con ellos, pero a veces era difícil comprender lo que decían. No pensé que me faltara inteligencia o buenos instintos, pero ciertamente carecía de una educación formal y sabía que esto me perjudicaría más con el paso del tiempo. Así que decidí obtener un título en educación física en una universidad de Santos. No sería demasiado difícil: después de todo, era el mismo campo en el que me había desempeñado en los quince años anteriores. Pero, obviamente, obtener un título universitario significaba que tendría que aprender primero todas las cosas de las cuales me perdí en la escuela secundaria.

Así, mientras jugaba todavía con el Santos, pasé mis días libres y muchas noches después de los partidos estudiando de manera incansable. Fue un gran reto: para ser honesto, cuando empecé a jugar fútbol en los años cincuenta, escasamente sabía firmar mi nombre en los autógrafos. Pero el profesor Mazzei me observaba constantemente, ayudándome con las lecciones y animándome, como siempre.

Controlé mis nervios, aprobé el examen y obtuve mi diploma de secundaria. Estaba muy orgulloso, pero no tenía tiempo de celebrar: pasé todo un año preparándome para el examen de ingreso a la universidad, que incluía historia de Brasil, matemáticas y una prueba de resistencia física. Ahora, uno pensaría que este último punto habría sido el más fácil para mí, pero cuando llegó el momento, ¡por poco fallé! ¿Por qué? Bueno, la prueba incluyó un ejercicio de natación de veinticinco metros. Había pasado mucho tiempo pescando en el río Bauru cuando era niño, pero en realidad nunca había aprendido a nadar. ¡Casi me ahogo ese día!

Después de tres años de estudiar mucho, me gradué. Me sentí muy contento por esto. No tanto por los niños, por los aficionados o por mis mentores, sino por mí. Esto hizo de mí un hombre mejor.

5

Si tan sólo hubiera dominado las matemáticas algunos años antes.

Poco después de mi último partido con Santos, trajimos a unos auditores para que examinaran minuciosamente mi portafolio. Había tratado de ser prudente a lo largo de los años, invirtiendo gran parte del dinero que había ganado con el fútbol y con los respaldos comerciales, en lugar de gastarlo en un montón de autos y casas. Siempre había recordado que la carrera de un deportista podía terminar en cualquier momento y no quería preocuparme por mis finanzas después de mi retiro. Había invertido en empresas y en propiedades locales y, tal como me había aconsejado la gente, diversifiqué mis inversiones. Ahora que mi carrera como jugador había terminado, finalmente tendría tiempo para dedicarme de lleno a mis negocios. ¿Por qué no obtener un panorama completo de lo que tenía y de su valor?

Todavía recuerdo el sudor en la frente del contador cuando entró a mi oficina. Parecía a punto de desmayarse. Comprendí de inmediato que había un problema y traté de hacer menos pesado el ambiente con mi buen ánimo.

—Entonces —le dije, sonriendo—, ¿cuántos millones tenemos?

¡El contador se puso aún más pálido! Debería haber llamado a un médico en ese instante.

—Es complicado —me dijo.

En realidad no era muy complicado: yo no tenía millones, *debía* millones. Aunque había acumulado una amplia gama de activos, no sabía muy bien en qué consistían y había dejado que los demás lo hicieran por mí. Una compañía había borrado por completo todas las cosas buenas que habíamos hecho. Se llamaba Fiolax, un fabricante de piezas. Yo había tenido la imprudencia de firmar una nota garantizando un préstamo bancario para la empresa y para sus pasivos, a pesar de que yo no era un accionista mayoritario. Cuando la empresa no pudo pagar el préstamo, el banco me lo cobró a mí. Había también una multa pendiente porque la empresa había violado algunas normas de importación. En total, la compañía debía varios millones de dólares y era yo quien tenía la factura.

Ustedes podrían preguntarme: Edson, ¿cómo pudiste ser tan estúpido? Bueno, sería mejor preguntarme: ¿cómo pudiste ser tan estúpido *dos veces*? Lamento decir que no era tampoco la primera vez que me sucedía. Hacía casi una década, a mediados de los años sesenta, también había descubierto que estaba lleno de deudas. En esa ocasión, había pasado mi poder legal a un hombre que yo creía que era mi amigo, quien me había prometido encargarse de mis negocios. Este hombre me pidió dinero pocos meses antes de mi boda con Rose, lo cual me pareció un poco extraño porque ya le había dado un montón. Eso condujo a una serie de preguntas e investigaciones y terminamos descubriendo que yo no tenía un solo centavo.

Los dos episodios tenían mucho en común. En ambos casos, yo había confiado en personas a quienes consideraba mis amigos, pero que básicamente querían dinero y reconocimiento personal. En ambos casos, mi deseo de centrarme en el fútbol —y sólo en él— me llevó a ser descuidado y tonto con mi dinero. En ambas ocasiones algunas personas me recomendaron declararme en quiebra y no aceptar préstamos desventajosos. Y en ambos casos decidí que era importante pagar todas mis deudas. Hice esto en parte porque quería dar un buen ejemplo y también porque todo el asunto era muy vergonzoso. Nadie creería que de todas las personas en el mundo, Pelé estaba realmente arruinado, y pensarían que yo estaba perpetrando algún fraude deshonesto.

Hoy en día, las historias de atletas profesionales que derrochan sus fortunas parecen ser tan antiguas como la Biblia. Sin embargo, eso era bastante impensable en aquel entonces. Si fui una de las primeras superestrellas del deporte mundial en ganar millones con campañas publicitarias, también fui uno de los primeros en perder todo lo que tenía. No había una guía o manual de instrucciones sobre cómo abordar esto ni sabios ancianos a los que pudiera recurrir en busca de consejos. Nadie fue solidario conmigo; de hecho, algunas personas parecieron sentir un placer extraño en la desgracia que me había ocurrido, una emoción que, personalmente, nunca he entendido. Mi situación era única y tendría que lidiar con ella por mis propios medios.

En la primera ocasión, fui a la junta directiva del *Santos Futebol Clube* y les pedí dinero para pagar mis deudas a corto plazo. Ellos accedieron, siempre y cuando yo aceptara firmar un nuevo contrato que era favorable para el club; no tuve más remedio que hacerlo. Pude pagar el dinero que debía en el transcurso de varios años. Empecé a acumular capital de nuevo y paso a paso, con la ayuda de varios acuerdos de patrocinio. Hasta que, obviamente, las paredes se derrumbaron alrededor de mí por segunda vez.

Entonces, ¿cómo iba a ganar dinero ahora? Bueno, yo no era muy bueno para los negocios, ¡eso estaba claro! Afortunadamente, sin embargo, había algo en este mundo para lo que yo seguía siendo muy bueno.

6

La primera vez que oí hablar del Cosmos de Nueva York fue en una fiesta después del Mundial de 1970 en la Ciudad de México, cuando conocí a dos hermanos originarios de Armenia. Los Ertegun me hablaron un poco acerca de su deseo de armar un equipo de fútbol en la ciudad de Nueva York.

—Estamos en la mejor ciudad del mundo y vamos a conformar el mejor equipo de fútbol del mundo —dijo uno de ellos.

Era un concepto interesante, pero tengo que admitir que me olvidé rápidamente de todo ese asunto. Parecía una de esas ideas locas que escuchas en una fiesta cuando todo el mundo ha bebido más de la cuenta.

El Cosmos fue conformado oficialmente al año siguiente, en 1971, y durante un tiempo el club pareció destinado al fracaso. El equipo jugó en la Liga Norteamericana de Fútbol, que era el segundo intento por organizar el fútbol profesional en Estados Unidos. El Cosmos tenía una nómina de sólo cinco funcionarios y sus jugadores recibían un máximo de setenta y cinco dólares por cada partido. Cuando la asistencia era muy buena, cinco mil personas los veían jugar en una rudimentaria cancha de fútbol en Randalls Island, una pequeña franja de tierra entre Manhattan y Queens, en la ciudad de Nueva York. Los jugadores trabajaban durante el día en la construcción, en restaurantes o como taxistas. En realidad, era una liga semiprofesional, precaria y con un futuro totalmente incierto.

El fútbol siempre había sido difícil de promocionar en Estados Unidos. Los estadounidenses parecían pensar que era un deporte «extranjero» o «elitista». Nunca he entendido este estigma que no parece existir en ninguna otra parte del mundo. Como he dicho, el fútbol es el más igualitario de los deportes y cualquier persona puede empezar a practicarlo de inmediato. Independientemente de la cantidad de dinero que tengas, de lo corpulento que seas, de lo rápido que corras o de cuántos amigos puedas encontrar, siempre podrás jugar fútbol después de un par de segundos. Por el contrario, algunos de los deportes más populares de Estados Unidos —el fútbol americano, el béisbol y el golf, para nombrar unos pocos— requieren una gran cantidad de implementos costosos y se tienen que jugar con frecuencia en campos con un diseño especial. ¿Y el *fútbol* era supuestamente elitista?

Mirando las cosas en términos retrospectivos, creo que el mayor problema del fútbol en Estados Unidos era más lógico: tenía un nivel muy bajo. Los estadounidenses siempre quieren lo mejor y, por lo general, lo recibían al ver béisbol, baloncesto, boxeo, hockey sobre hielo o fútbol americano. Podían encender sus televisores o ir a un estadio y ver a Joe Namath, Hank Aaron, Muhammad Alí o Kareem Abdul-Jabbar. Pero cuando iban a un partido de fútbol profesional, por lo general veían a un italiano, colombiano o polaco del que nunca antes habían oído hablar y que no figuraba tampoco en el escalafón más alto del fútbol mundial. Ver un espectáculo mediocre no era muy divertido y, obviamente, esto suponía un asunto semejante al del huevo y la gallina: a pocos estadounidenses les gustaba el fútbol, así que muy pocos estadounidenses lo jugaban bien, por lo que a muy pocos estadounidenses les gustaba y así sucesivamente, una y otra vez.

Los problemas que tenían las ligas profesionales de fútbol reflejaban este círculo vicioso. Bill MacPhail, el jefe de CBS Sports durante esa época, reflexionó sobre las causas del fracaso de la primera liga profesional de fútbol, a pesar de todo el dinero recibido por derechos de transmisión en la TV:

—Los estadios estaban vacíos, lo que nos dificultaba crear un gran entusiasmo —declaró MacPhail—. Los jugadores tenían nombres extranjeros, sus rostros no eran conocidos y sus antecedentes eran discretos.

Debido a la monotonía de los encuentros, algunos seguidores no se molestaban en comprender los aspectos más sutiles y atractivos del fútbol, así como alguien que escuche bandas de garaje no apreciará a Bach ni a Beethoven. La revista *Sports Illustrated* escribió en 1971: «La típica multitud estadounidense podría ignorar un pase o jugada magistral y aplaudir luego un tiro de treinta o cuarenta metros que saliera desviado, al igual que un europeo podría celebrar una falta en el béisbol».

Sin embargo, había promesas. Era indudable que había que buscarlas, pero existían. Por un lado, la historia del fútbol en Estados Unidos no era tan árida y como pensaba la mayoría de la gente. Durante la Copa Mundial de 1950, el triunfo de Uruguay ante Brasil en el Maracaná ni siquiera fue la mayor sorpresa del torneo. Estados Unidos conmocionó a Inglaterra, la cuna del fútbol moderno, al ganarles por un marcador de 1–0 ante una multitud de unas diez mil personas en Belo Horizonte, Brasil. El gol de la victoria fue anotado por Joe Gaetjens, un hombre de origen haitiano que estaba trabajando en Estados Unidos en ese momento y a quien se le permitió jugar en la selección nacional luego de expresar su intención de hacerse ciudadano estadounidense (aunque en realidad nunca lo hizo). El resultado fue tan impactante que cuando el *New York Times* recibió un recuento por cable del resultado final, no lo publicó de inmediato, pensando que se trataba de una broma. Al escribir sobre el encuentro cincuenta años después, el *Times* señaló que seguía siendo «una de las mayores sorpresas de este deporte».

Pasarían cuatro décadas para que los estadounidenses volvieran a tener un éxito similar en la Copa del Mundo. Pero, mientras tanto, también estaban sucediendo otras cosas interesantes. A nivel universitario, este deporte estaba ganando algunos conversos. Gracias en parte a los cambios sociales que ocurrieron en Estados Unidos en los años sesenta y setenta, las niñas y las mujeres estaban comenzando a jugar fútbol a una escala mucho mayor que en Europa o América del Sur. Igualmente importante: un grupo de personas muy poderosas en los negocios y los medios de comunicación estaba empezando a mostrar un gran interés en el fútbol.

Uno de ellos era Steve Ross, presidente de Warner Communications y un hombre que pasó toda su vida tomando grandes riesgos e innovando. Su imperio incluía el sello discográfico Atlantic Records, que tenía artistas como Led Zeppelin y Crosby, Stills and Nash, estudios en Hollywood con talentos como Steven Spielberg y Robert Redford, e incluso una empresa, Atari, que hacía estas cosas nuevas llamadas «videojuegos». Ross se interesó inicialmente en el fútbol gracias a los hermanos Ertegun, quienes dirigían a Atlantic. Steve no tardó en obsesionarse con la idea de popularizar el fútbol en Estados Unidos.

¿Por qué? Con todos los «juguetes» que Steve tenía a su disposición y todo el acceso que tenía a las celebridades, a la música y a las artes, ¿por qué el fútbol se convirtió en el objeto de su afecto? Steve me lo explicó algunos años después. Me dijo que solía tener los mismos prejuicios contra este deporte que la mayoría de los estadounidenses: que era demasiado lento, demasiado «extranjero» y demasiado difícil de entender. Pero cuando comenzó a ver el juego y algunos amigos se lo explicaron, comprendió lo fascinante que podía ser. Creía que sólo faltaban las condiciones adecuadas para prosperar. En otras palabras, vio al fútbol como el gran empresario que era. Vio una necesidad insatisfecha, un activo subvaluado y convirtió en su misión personal hacer que tuviera éxito contra viento y marea.

Después de que el Cosmos tuviera dificultades en sus primeras temporadas, cambiando de estadios cada cierto tiempo y sin poder generar mucho entusiasmo, Steve compró el equipo a sus inversores originales por la gran suma de un dólar. Y luego, sin ninguna otra razón que su propia pasión y motivación, Steve decidió poner todo el poder comercial y de mercadeo de Warner Communications al servicio del equipo. Steve no sólo haría que el Cosmos fuera un triunfador, sino que traería también un «nuevo» espectador deportivo al público estadounidense.

Steve Ross y su personal creían en el fútbol, sabían que este deporte era todo un ganador. Creían que solamente necesitaban mejorar su calidad para que fuera más popular. Para que esto sucediera, creían que necesitaban una estrella de marca. Y habían oído hablar de un jugador en Brasil que, al parecer, era bastante bueno.

7

La idea no me llamó mucho la atención en un principio.

Bueno, seamos honestos: ¡era absurda!

El gerente general del Cosmos, un ex periodista deportivo británico llamado Clive Toye, había intentado contratarme mucho tiempo atrás, desde 1971, un año después de la Copa Mundial de México. Yo jugaba todavía con el Santos y Clive fue al hotel de nuestro equipo, que estaba jugando en Jamaica. Me localizó en la piscina, donde yo estaba sentado en una silla con el profesor Mazzei.

—Queremos que lleves el fútbol a Estados Unidos —me dijo Clive, casi demasiado nervioso como para respirar—. Creemos que eres el hombre indicado para hacerlo. El dinero no será un problema.

Clive describió algunos de los términos básicos de la oferta. Permaneció allí, hablando mientras el profesor Mazzei servía de intérprete. Tengo que admitir que, durante aquel primer encuentro, sólo escuché a medias. No estaba tratando de ser grosero, pero hay que entender que llevaba más de una década recibiendo ofertas para jugar fuera de Brasil. Muchos de los mejores equipos de Europa, entre ellos el AC Milan y el Real Madrid, me habían hecho propuestas febriles a lo largo de los

235

años. Me sentí halagado, por supuesto, pero cada vez que los rumores acerca de mi partida tomaban fuerza, la prensa brasileña se volvía completamente loca.

Esto fue antes de la época en que los mejores jugadores sudamericanos comenzaran a jugar habitualmente en Europa: lo crean o no, los once titulares de la selección brasileña de 1970 jugaban en clubes de Brasil. Así que muchos comentaristas me acusaron de ser un oportunista o, incluso, un traidor nacional que estaba en sintonía con la filosofía «Brasil: ámalo o déjalo» que caracterizó a nuestro país en los años de la dictadura. Los medios de comunicación no fueron los únicos en reaccionar: en un momento dado, el gobierno brasileño me declaró un «tesoro nacional» y algunas personas dijeron que eso me impediría marcharme de Brasil para jugar en el extranjero.

Lo curioso era que nunca había pensado seriamente en la idea de jugar fútbol fuera de Brasil. Yo tenía mis razones: en pocas palabras, me encantaba el *arroz e feijão* —el arroz con frijoles— que hacía mi mamá. Supongo que es una forma brasileña de decir que me sentía muy feliz y cómodo en mi país, y siempre lo he estado. Sin salir de Santos, pude jugar en el que fue el mejor club de fútbol del mundo durante muchos años. Mi mamá y mi papá vivían en una casa a pocas cuadras de nuestro apartamento. Rose y los niños estaban muy felices en Santos. La temperatura era siempre de veinticinco grados y la playa era espléndida. Jugar con la selección brasileña y con Santos en nuestros frecuentes viajes al extranjero me daba muchas oportunidades para medir mis habilidades contra rivales de calidad en Europa y en otros lugares. Así que, ¿por qué habría de irme?

Aunque yo sintiera la tentación de viajar y de jugar fútbol en otro lugar, Estados Unidos no me parecía ser el lugar al que más me gustaría ir. No me malinterpreten: me encantaba ese país; me encantaba su libertad: la libertad de criar a mi familia en paz, la libertad de hacer negocios y ganar dinero, la libertad de caminar sin temer por mi seguridad. Era un lugar donde podías perseguir tus sueños sin que nadie —el gobierno o la élite de negocios— se interpusiera en tu camino. Esto puede parecer muy elemental para los estadounidenses, pero para un brasileño, y para la gente de muchos países, era una revelación sorprendente. Recuerdo cuando visité Los Ángeles con Rose a finales de los años sesenta y fuimos a Hollywood Boulevard. Mientras caminábamos, me sentí embriagado por lo próspero y pacífico que parecía ser todo. Poder caminar por una calle sin ser abrumado por la gente también era una ventaja. Envolví a Rose en mis brazos, la alcé en el aire y empecé a gritar:

—¡Soy libre! ¡Soy libre!

Pero, ¿fútbol en Estados Unidos? Parecía un hueso imposible de roer. El Cosmos parecía tener más en común con un equipo aficionado que con los competitivos y de alto nivel con los que yo estaba acostumbrado a jugar en Brasil o en Europa. Y a pesar de todas las promesas de Clive, veía con escepticismo la idea tan aparentemente estadounidense de que puedes comprar todo aquello que no tienes. ¿De qué manera el hecho de llevarme a Estados Unidos podía despertar un interés repentino en un país que ya tenía ligas de deportes profesionales de primer nivel? Eso me parecía ridículo.

Pero yo también estaba subestimando el poder del fútbol.

8

Clive Toye me persiguió durante años, obsesivamente, como una especie de cazador enloquecido: yo era Moby Dick y él representaba al capitán Ahab. Clive hizo incluso que los colores del Cosmos fueran el verde y el amarillo, los mismos de la selección brasileña, pensando que esto podría ayudar a seducirme. Sin importar cuántas veces le dijera cortésmente que no o la claridad con que le manifestara que nunca, *jamás*, me iría de Brasil, él me buscaba de nuevo, acechándome en el pasillo de un hotel o en la línea lateral de las canchas donde yo jugaba. En cada ocasión actuaba como si habláramos del tema por primera vez.

—Estamos armando un gran equipo en Nueva York —comenzaba a decirme con la misma seriedad de nuestra primera conversación—. Creemos que deberías jugar tres años con nosotros.

Yo sonreía y lo escuchaba, pero tampoco quería darle falsas esperanzas.

—Gracias, pero estoy muy feliz en Brasil —le decía—. Y en 1974, me retiraré del Santos y del fútbol.

Y obviamente, eso fue precisamente lo que hice. Sin embargo, Clive siguió insistiendo, y yo continué rechazándolo hasta que me puse a pensar: *Mm, después de todo, jugar en Nueva York tal vez no sea una idea tan descabellada.*

No intentaré ocultar esto: una gran razón para mi cambio de actitud fue aquella visita desafortunada de los contadores a finales de 1974. Debía millones, estaba decidido a pagar mis deudas y sabía que jugar fútbol era de lejos la mejor manera de hacerlo. Las sumas que Clive estaba mencionando equivalían al contrato deportivo más lucrativo de la historia en cualquier deporte. Pero también había otras razones que no tenían absolutamente nada que ver con el dinero.

Una de las mejores frases de Clive tenía que ver con la oportunidad única de llevar el fútbol a Estados Unidos.

—Juega en el Real Madrid y podrás ganar un campeonato —solía decirme—. Pero juega en Nueva York y ganarás un país.

En realidad, esta frase resonó mucho en mi interior: el Cosmos me ofrecía la oportunidad no sólo de jugar fútbol, sino también de transformar toda su cultura en uno de los países más grandes e importantes del mundo.

Yo creía que esto era importante, y no sólo para Estados Unidos. En última instancia, lograr que todos los estadounidenses «subieran a bordo del fútbol» tendría un efecto positivo en todas partes. A fin de cuentas, Estados Unidos era el hogar no sólo de millones de aficionados acaudalados, sino también de Hollywood y de muchas de las empresas más grandes del mundo. Gracias a mis patrocinios con Pepsi y otras compañías, había visto de primera mano cómo el dinero corporativo de Estados Unidos se podía utilizar para hacer el bien en el mundo mediante la financiación de clínicas de fútbol y la construcción de instalaciones deportivas en barrios pobres, por ejemplo. Durante esos años, también vi que las empresas estaban más interesadas en desarrollar mercados y oportunidades más allá de su propio territorio. Estaba claro que se trataba de una fuerza tremenda. Si podíamos lograr que los estadounidenses se interesaran en el fútbol, entonces las compañías estadounidenses también lo harían. Esto, a su vez, sería bueno para los jugadores de fútbol de Brasil y de un sinnúmero de otros países. Se trataba de un reto enorme, pero yo sabía que si tenía éxito, sería algo de lo que siempre podría estar orgulloso.

La posibilidad de vivir en Estados Unidos también enriquecía en gran medida mi nueva pasión: la educación. Nuestros hijos eran todavía lo suficientemente jóvenes como para aprender inglés bien y yo sabía que esto les sería muy útil para el resto de sus vidas. Rose dijo que le entusiasmaba la posibilidad de residir en otro país y de explorar un mundo más allá de Santos. También sabía que la vida en el país más rico del planeta me enseñaría algunas lecciones sobre el funcionamiento de los negocios. ¿Quién sabe? Era probable que yo adquiriera la capacidad de ganar millones de dólares sin perderlos rápidamente.

Otra ventaja: un pequeño grado de anonimato. Había jugado algunos partidos de exhibición con el Santos en Estados Unidos como parte de nuestros tours mundiales y mucha gente me había reconocido. ¡Había sido nombrado incluso ciudadano de honor de Kansas City cuando el Santos jugó allí a principios de los años setenta! Pero no era como en el resto del mundo, donde al parecer, *todos* me reconocían con exactitud, por lo general a cien metros de distancia. En Estados Unidos, incluso «gente de fútbol» solía pronunciar mal mi nombre y me decían «Peel». No me habría gustado mudarme a un lugar donde yo fuera completamente desconocido —pues esto habría atentado contra el objetivo inicial—, pero Estados Unidos parecía ofrecerme un punto intermedio entre el anonimato y la multitud habitual de aficionados. A fin de cuentas, Estados Unidos tenía muchos personajes famosos en el cine y los deportes. Y si la idea de mudarme a Nueva York para tener un poco de paz y tranquilidad parecía extraña… bueno, cualquiera que hubiera seguido el curso de mi vida durante los últimos veinte años habría entendido.

Por último, a veces las pequeñas experiencias que nos suceden en la vida, y las personas que conocemos, pueden tener un gran efecto en nuestras decisiones. Una mañana, Clive se presentó en mi hotel en Bruselas, Bélgica —al acecho, sonriente y de buen humor como siempre—. Ya me había retirado del Santos y había jugado la noche anterior en un partido benéfico con motivo del retiro del gran Paul Van Himst, el capitán de la selección belga. Clive se invitó a sí mismo a mi habitación y tuvo que hacerme su propuesta varias veces luego de que una procesión de estrellas internacionales del fútbol —tipos como Rivelino de Brasil y Eusebio de Portugal— lo interrumpieran para despedirse de mí con un abrazo.

—Vamos Pelé, sólo tres años —me rogaba Clive.

En ese momento yo tenía un cierto interés en lo que él me decía, pero recuerdo que ese día en particular yo tenía mucha prisa por marcharme de Bélgica y reunirme con mi familia en Brasil. De hecho, la prisa era tanta que cuando me agaché para recoger mi maleta, ¡me hice un agujero gigante en los pantalones!

Llamé a la recepción y pregunté si alguien podía coserlos rápidamente. Nos mandaron una camarera, que recogió los pantalones y desapareció. Clive seguía haciéndome la propuesta cuando pocos minutos después tocaron la puerta.

Era la camarera de nuevo. Tenía el pantalón en una mano y una cámara en la otra. Las lágrimas resbalaban por sus mejillas.

Entró temblando a la habitación y entregó la cámara a Clive.

—Por favor, señor —susurró con voz ronca—, ¿podría tomarme una foto con Pelé?

La camarera —cuyo nombre, me da vergüenza decirlo, no recuerdo— me dijo que su marido había comprado un boleto para mi partido de la noche anterior, con la esperanza de verme jugar por primera vez. Pero, desgraciadamente, había muerto de un ataque al corazón dos semanas antes del encuentro. Su hijo fue a ver el partido. La camarera quería una foto conmigo para dársela a su hijo como una especie de recuerdo.

Yo ya estaba llorando a la mitad de la historia. Y cuando terminó, yo temblaba en medio de sollozos. Era una historia trágica y sentí una profunda solidaridad con esta mujer y su hijo. Además, su historia me recordaba las profundas conexiones que yo había establecido con tanta gente a lo largo de los años como jugador de fútbol. Me había retirado apenas algunos meses atrás, pero una vieja sensación se apoderó de mí: cálida, sentimental y viva. Me recordó mi verdadero lugar en el mundo. Y comprendí que, a pesar de todas mis dudas en los últimos años acerca de la fama, extrañaba desesperadamente la parte más esencial y gratificante de ser un deportista: el vínculo con mis seguidores. No era demasiado tarde para tratar de recuperarlo.

Cuando la camarera terminó de contar su historia y Clive nos tomó varias fotos, le di un beso de despedida y ella salió de la habitación. Luego me volví a Clive.

—Está bien —le dije—. Jugaré con el Cosmos.

Los ojos de Clive se iluminaron como un niño en Nochebuena.

—¿En serio?

Asentí con la cabeza, sonriendo.

Empezó a correr de un modo frenético por la habitación, saltando y deteniéndose, sin saber cómo reaccionar. ¡Era como si nunca hubiera considerado la posibilidad de que yo pudiera decirle que sí! ¿Qué haría ahora? Yo le había tomado un gran aprecio a Clive, así que le dije que simplemente se relajara e hiciera lo que tenía que hacer.

Por último, me hizo firmar una hoja con membrete del hotel, expresando mi intención de jugar con su equipo. Obviamente, eso no era tan sencillo, pues necesitábamos negociar un contrato de verdad, con agentes e intermediarios y todas esas cosas. Sin embargo, firmar aquella hoja fue una especie de comienzo. Muchos años después, Clive aún la tenía enmarcada en su oficina: G.B. MOTOR INN, BRUSELAS, decía el papel con membrete.

Imagínense: yo, un pobre chico de Brasil, ¡hablando de mi retiro a un británico que trabajaba con un club de fútbol de Estados Unidos y una mujer belga dando el golpe de gracia! El mundo ya no era el que yo había visto por primera vez, cuando era un adolescente soñador en Suecia en 1958. De repente, todo parecía estar más conectado: el dinero y la gente estaban fluyendo alrededor del mundo en una búsqueda mutua. Hoy en día, esto se llama «globalización» y aunque no teníamos una palabra elegante para el fenómeno en los años setenta, fue cambiando la forma de tomar decisiones y de interactuar. Básicamente, esto significaba que si Steve Ross y Warner Communications querían hacer lo que estuviera a su alcance para lograr que un famoso jugador brasileño de fútbol jugara con su pequeño equipo en Nueva York, nada iba a interponerse en su camino.

¡En retrospectiva, yo no tenía ninguna posibilidad de evitarlo!

9

Para la conferencia de prensa en la que se anunció mi llegada, el Cosmos alquiló el Club 21, un elegante club nocturno en Manhattan frecuentado por celebridades. Unos trescientos miembros de los medios de comunicación —y más de un par de curiosos— asistieron, duplicando la capacidad del club: eran casi tantas personas como las que habían asistido a algunos partidos del equipo. Infortunadamente, llegué un poco tarde; la gente se puso tensa y estalló una pelea entre los reporteros. Un camarógrafo brasileño terminó con los lentes rotos. La policía amenazó brevemente con poner fin al evento.

¿Por qué tanto caos? ¡Bueno, era el Nueva York de los años setenta! Era una época de mucha delincuencia y apagones, de consumo de drogas al aire libre y calles duras, cuando Times Square era un hervidero de salas de cine para adultos en lugar del parque temático de neón que es en la actualidad. Era una época antes de que la seguridad comenzara a reinar, de que el crecimiento económico «curara» muchas enfermedades y en la que el caos parecía acechar detrás de cada esquina. ¡En otras palabras, era muy parecido a Brasil! Me iba a sentir como en casa.

A pesar de todos los rumores, mi traslado casi no se hace realidad. Pasar del pequeño papel con membrete del hotel belga al Club 21 fue una odisea que implicó numerosas negociaciones nocturnas, vuelos transcontinentales y kilómetros de cinta Telex, un sistema ya olvidado de comunicación rápida, a medio camino entre el telégrafo y los mensajes de texto en términos tecnológicos. Los delegados de Warner Communications, que representaban a Steve Ross, fueron a Brasil y en un momento dado jugamos fútbol unas horas en la playa de Río mientras tratábamos de afinar los detalles.

Ni siquiera eso supuso un gran avance. Pasaron seis meses sin que llegáramos a un acuerdo. En un momento dado, parecía que las negociaciones se habían detenido, no podíamos ponernos de acuerdo en el dinero. Además, el gobierno militar de Brasil estaba cuestionando si era una buena idea que Pelé jugara en el extranjero. Hay que recordar que era una época en que Brasil era todavía un país muy aislado, paranoico sobre su seguridad y cerrado al mundo del comercio y de muchas otras cosas. La «globalización» es algo que el gobierno temía antes que aceptar, porque sabía que una mayor exposición al mundo haría que los brasileños exigieran democracia y otros derechos. Los militares, al igual que todos los regímenes autoritarios, habían levantado muchas barreras para evitar que sucediera eso. Por lo tanto, parecía completamente posible que los militares que gobernaban Brasil pudieran hacer algo para impedir que yo jugara en el extranjero, y especialmente en Estados Unidos. Por otra parte, muchos de esos mismos militares todavía estaban enojados por mi decisión de no jugar con Brasil en 1974, una decisión que, obviamente, tenía un ingrediente político. Aunque no estaba exactamente claro cómo me impedirían viajar si yo quería jugar en el extranjero, lo cierto era que estábamos en Brasil y que había un número de trucos legales a disposición del gobierno para evitar que yo viajara. Me pregunté si todo el asunto se vendría abajo.

Veamos el caso de Henry Kissinger. Este secretario de Estado de origen alemán fue uno de los miembros de gabinete más poderosos en la historia de Estados Unidos, y un gran aficionado al fútbol. Había jugado en su juventud —como portero— y nunca perdió su pasión por el deporte. En 1973 utilizó una parte de su considerable poder para organizar casi solo un partido de exhibición entre el Santos y el Baltimore Bays, otro equipo de la Liga Norteamericana de Fútbol y que no por casualidad tenía su sede muy cerca de Washington, ¡lo que le permitió asistir al partido! Kissinger me buscó en el vestuario después de aquel encuentro de 1973 y miraba como un niño con los ojos abiertos. Me dijo que sólo los mejores jugadores harían que los estadounidenses apreciaran toda la belleza del fútbol.

—Pelé, eres único —dijo con su voz profunda y ronca y su fuerte acento—. Necesitamos que juegues con más frecuencia en Estados Unidos. La gente se volverá loca. Y aunque el fútbol no eche raíces, ¡al menos podré verte jugar!

Ese mismo verano, el Dr. Kissinger hizo preparativos para que Rose y yo hiciéramos una breve visita a la Casa Blanca, donde me reuní con el presidente Nixon. Es curioso: me había olvidado de esa reunión hasta hace poco, cuando la última parte de las grabaciones secretas que hizo Nixon en la Oficina Oval fue divulgada al público, ¡y yo aparecía en ella! El presidente Nixon fue muy educado y dijo que pensaba que yo era «el más grande del mundo». Me preguntó si yo hablaba algo de español.

—No —respondí suavemente—. Sólo portugués.

Nixon pareció un poco avergonzado, así que añadí con rapidez:

—Sin embargo, todo eso es lo mismo.

Cuando el Dr. Kissinger supo que el Cosmos estaba negociando para contratarme a principios de 1975, el presidente Nixon ya había dimitido por el incidente del Watergate. Pero el Dr. Kissinger seguía activo en la política y tendría el mismo poder de siempre. Decidió hacer lo que fuera necesario para que yo pudiera jugar en Nueva York. Y, entonces, envió una carta al presidente brasileño Ernesto Geisel, afirmando que si yo jugaba en Estados Unidos, sería un gran impulso a las relaciones entre nuestros dos países. Esto fue durante la Guerra Fría y así era Henry Kissinger. Bueno, ya se pueden imaginar el efecto que tuvo su carta. Después de eso, los gruñidos del gobierno sobre mi partida inminente se detuvieron abruptamente. Llegamos a un acuerdo sobre el dinero: alrededor de un millón de dólares anuales durante siete años. Era una oferta que incluía también todo tipo de comercialización de productos y contratos de promoción. Una de las condiciones era traer al profesor Mazzei, quien fue contratado como asistente del entrenador y de *fitness* del Cosmos. Y antes de darme cuenta, allá estaba yo, en el podio del Club 21, con el profesor amable traduciendo para mí.

—Pueden correr la voz —declaré—. El fútbol ha llegado finalmente a Estados Unidos.

Todo esto sonaba muy bien, pero había una pregunta que nadie sabía responder: ¿alguien iría realmente a vernos jugar?

10

¡Ni siquiera yo estaba seguro de querer ver un partido al comienzo! El día de mi primer entrenamiento con el Cosmos cayó un aguacero torrencial. El chofer ni siquiera sabía cómo llegar al sitio del entrenamiento, un pequeño gimnasio en la Universidad de Hofstra, en Long Island, así que llegué con casi una hora de retraso. Esto envió un mensaje terrible: lo último que yo quería era crear la impresión de que creía tener unas reglas diferentes a las de mis compañeros de equipo; pedí muchas disculpas al entrenador Bradley, quien me tranquilizó diciéndome que no me preocupara y tuvo la generosidad de no cobrarme la multa habitual de veinticinco dólares impuesta a los jugadores que llegaban tarde.

Reuní al equipo y di un breve discurso en mi inglés completamente horrible. Yo había practicado un poco antes con el profesor Mazzei, quien me ayudó con la pronunciación. También practiqué un poco por la mañana frente al espejo.

—Es un honor estar aquí —dije—. Siempre he sido un jugador de equipo y todavía lo soy. Por favor, no esperen que gane los partidos solo. Tenemos que trabajar juntos.

Todos los jugadores asintieron, vinieron y se presentaron uno por uno, sonrientes y muy amables mientras me daban la bienvenida. Me parecía muy importante aprender sus nombres de inmediato. Uno de mis nuevos compañeros, Gil Mardarescu, un centrocampista rumano, hizo la señal de la cruz sobre su pecho y me dijo:

—He soñado con estrecharte la mano. ¡Pero jugar contigo es un milagro!

Obviamente, me sentí halagado, pero era también el tipo de comportamiento y de actitud de estrellas que teníamos que evitar en la cancha; tal como había dicho al equipo: no podíamos ser diez jugadores y Pelé, el fútbol no funciona de esa manera. Me quedé aún más preocupado.

Cuando entramos por primera vez al campo de juego, el resultado fue bastante flojo. Yo llevaba ocho meses sin jugar fútbol competitivo y sabía que no estaría en forma. También hubo un poco de extrañamiento y de bocas abiertas mientras yo entrenaba y ensayaba jugadas. «El Cosmos parece un equipo de béisbol de barrio que juega de repente al lado de Babe Ruth», escribió un reportero. Yo había llegado a mediados de la temporada de 1975 y el equipo llevaba seis derrotas y sólo tres triunfos. La actitud de los jugadores era buena, pero necesitábamos más talento. En esa primera práctica, estábamos jugando un partido entre los miembros del equipo cuando recibí un pase a la altura del estómago frente a la meta. Hice un gol de chilena, lanzando la pelota más allá del portero, Kurt Kuykendall, y dejándola en la red.

Era una jugada que había hecho una y mil veces en Brasil, pero Kuykendall actuó como si acabara de ver a un hombre en la luna.

—¿Qué pasó? —no dejaba de preguntarse—. ¿Qué pasó?

Los jugadores de los dos equipos me animaron y me dieron una palmada en la espalda.

Necesitábamos pasar más tiempo juntos, pero no lo había; estábamos a mediados de la temporada y el quince de junio jugaríamos contra los Tornados de Dallas. Lo haríamos en el estadio Downing, un escenario destartalado en Randalls Island donde el Cosmos había jugado sus partidos como local. El encuentro sería transmitido en vivo por la televisión nacional, por primera vez para el Cosmos. Antes del saque inicial, un grupo de oficiales fue a la cancha y trabajó afanosamente en los preparativos para que el equipo debutara en grande. Por supuesto, no sabíamos si alguien vería el partido por televisión o si iría incluso al estadio: ese año, el promedio de asistencia había sido de un poco menos de nueve mil aficionados a cada partido del Cosmos.

Me encantó cuando entramos a la cancha y vimos a unos veintiún mil aficionados, que era toda la capacidad que tenía aquel pequeño estadio. «¡Pelé! ¡Pelé!», cantaban. Al principio, parecía que yo iba a decepcionarlos porque los Tornados anotaron dos goles en el primer período. Cada vez que recibía la pelota, tres o cuatro defensas venían hacia mí. Sin embargo, al comienzo del segundo tiempo, hice un pase a Mordechai Spiegler, nuestro delantero israelí e integrante de la selección de su país en el Mundial de 1970. Descontó el marcador 2–1. Nueve minutos más tarde, Spiegler me devolvió el favor, enviando un balón alto frente a la portería. Salté —no tan alto como en mis días de gloria, pero lo suficiente para ese día— y lancé un fuerte cabezazo al ángulo superior izquierdo de la meta. «¡Pelé! ¡Pelé!», los cánticos se intensificaron y por un momento sentí como si estuviera en el estadio Vila Belmiro, en Santos.

El resultado final fue 2–2, un empate. No es el tipo de resultado que guste por lo general a los estadounidenses. Sin embargo, era un buen comienzo.

De hecho, sólo tuvimos un problema real ese día. Después de darme una ducha luego del partido, me encontré con Rafael de la Sierra, el vicepresidente cubano del Cosmos. Tengo que admitir que yo estaba en estado de pánico.

—Lo siento mucho —le dije—. Pero creo que este será el primer y último partido que juegue con el Cosmos de Nueva York. No puedo hacer esto.

De la Sierra me miró con la boca abierta.

—¿Pero por qué?

Me había sentido horrorizado al descubrir en la ducha que mis pies estaban cubiertos de lo que parecía ser un hongo verde. Sin importar lo mucho que me secara, o la cantidad de jabón que me aplicara, la mancha no salía. Era mi peor temor hecho realidad: un estadio tan destartalado que me causaría un daño permanente en la salud. Ningún jugador de fútbol puede vivir sin sus pies.

Mientras yo explicaba lo que sentía, el ceño fruncido de De la Sierra desapareció y no tardó en sonreír. Esperó pacientemente a que yo terminara de hablar y entonces me informó que, debido a que el estadio Downing estaba en malas condiciones antes del partido, los directivos del equipo habían aplicado varias capas de pintura verde. Esperaban que con eso los espectadores de televisión no notaran la diferencia y que creyeran que el Cosmos jugaba sus partidos en un estadio hermoso y exuberante.

—No es ningún hongo, Pelé —dijo retorciéndose de risa—. Es pintura.

11

Ese primer partido atrajo a una audiencia televisiva de diez millones de personas: fácilmente, un récord para el fútbol de Estados Unidos, superando a cualquier Copa del Mundo o partido del Cosmos hasta ese momento. La transmisión en sí no fue un éxito total, pues la audiencia televisiva se perdió el primer gol del Cosmos debido a un corte comercial, y también el segundo, que marqué yo, mientras pasaban la repetición de una jugada. Era evidente que el fútbol, con su acción constante, en contraste con las pausas largas que se veían en la mayoría de los deportes «americanos» y que le imprimían otro ritmo a la televisión, iba a suponer una curva de aprendizaje para todo el mundo, ¡incluso para los ejecutivos de la televisión!

Sin embargo, las críticas fueron abrumadoramente positivas. «A excepción de una pelea por el campeonato de los pesos pesados —escribió un diario—, ningún evento deportivo en la ciudad de Nueva York ha atraído más la atención de todo el mundo». De un momento a otro, todo el mundo supo quién era el Cosmos. Periodistas estadounidenses como Tom Brokaw, Howard Cosell y otros hablaban de ese primer partido y decían que el fútbol había llegado finalmente a Estados Unidos. Lamar Hunt, el dueño de los Tornados de Dallas, vio el partido en el televisor de un motel en Tyler, Texas.

—Mientras lo veía —recordaría más tarde Hunt—, pensé: «Bueno, lo hicimos, valió la pena toda la agonía y los años de vacas flacas».

De hecho, el auge del fútbol fue mucho más grande e inmediato de lo que cualquier persona —incluyendo a los soñadores más atrevidos, como Steve Ross o Clive Toye— habrían podido imaginar. Después de ese partido inicial, el Cosmos salió en una gira por carretera a lugares en los que supuestamente no había afición por el fútbol: ciudades como Los Ángeles, Seattle y Vancouver, y también a mercados más desarrollados, como Boston y Washington, D.C. Sin importar adónde fuéramos, en todas las ciudades batíamos récords de asistencia. En Boston la gente me asedió después de anotar un gol y me pellizcaron incluso el tobillo mientras trataban de arrebatarme los zapatos, que querían llevarse a manera de recuerdo. En Washington, D.C., asistieron unas treinta y cinco mil personas, la mayor multitud en la historia de la Liga Norteamericana de Fútbol. (Unas noches después, sólo asistieron dos mil cien aficionados a otro partido). Incluso en Los Ángeles —donde el equipo jugó en El Camino Junior College—, los doce mil asientos del pequeño estadio fueron ocupados. En todos los lugares que visitamos la gente fue amable, entusiasta y estaba sorprendentemente bien informada sobre el fútbol. Era como si los aficionados al fútbol de Estados Unidos hubieran estado esperando un solo rayo de luz para señalar que el amanecer había llegado por fin para su deporte.

Además, el fútbol parecía estar también perfectamente a tono con el espíritu de la época que se vivía a mediados de los años setenta en el país, a medida que la generación de los Baby Boomers se hacía mayor. Dick Berg, el director general de los Tornados de Dallas en aquella época, dijo:

«El fútbol es un juego antisistema. No es santificado como la NFL o especializado como la NBA. Su juego individual y sus movimientos constantes son antiempresariales, y estamos atrayendo a los jóvenes adultos que crecieron en los años sesenta, a la gente que estaba en contra de la guerra de Vietnam, tenía el cabello largo y escuchaba una música diferente. Ellos gastan dinero ahora y el fútbol los ha atraído».

Bueno, no sé si todo eso sea verdad. Pero ciertamente dimos en el clavo. Los niños que jugaban fútbol en la escuela comenzaron a pedir a sus padres que los llevaran a vernos jugar. Aún más importante —de hecho, esto demostraría ser el acontecimiento más significativo de todos—: la mitad de los aficionados a los encuentros de la Liga Norteamericana de Fútbol estaba conformada por mujeres. La revista *Sports Illustrated* señaló: «Nadie que estuviera en sus cabales, habría soñado que en unas pocas semanas Pelé sería tan conocido como Joe Namath», el mariscal de campo de uno de los equipos de Nueva York del «otro» tipo de fútbol: los Jets.

Sentí como si la mitad de mis responsabilidades estuvieran en la cancha en calidad de jugador y la otra mitad como una especie de profesor y embajador del fútbol. Fue durante esas primeras semanas que acuñé una frase que me seguiría por el resto de mi vida. Los periodistas estadounidenses siempre me hacían preguntas sobre el «soccer». Esta palabra me pareció extraña al principio porque siempre había conocido este deporte —incluso en inglés— como «fútbol». A fin de distinguir entre el deporte que yo jugaba y el fútbol americano, que me parecía un poco aburrido, brutal e interrumpido por demasiadas pausas, dije que el deporte que yo jugaba era un *jogo bonito*, un «juego bonito». La frase caló y desde entonces se ha utilizado para describir el fútbol en todo el mundo.

Esos fueron algunos de los días favoritos de mi vida profesional. ¿Yo era tan rápido o tan poderoso como lo había sido diez años antes? Dios mío, no. ¿Ganábamos todos los partidos? Ni siquiera remotamente. Pero había una novedad en todo, una sensación hormigueante de descubrimiento que, supongo, no había sentido realmente desde el primer Mundial de Suecia en 1958: cada vez que íbamos a una nueva ciudad y la gente salía a recibirnos, sentíamos como si estuviéramos izando nuestra bandera, la bandera del fútbol, para nunca más retroceder.

Liberado de las expectativas y presiones de mi patria —y también, estoy seguro, más maduro y cómodo en mi propia piel que cuando era más joven— encontré nuevos placeres en el fútbol. Bromeaba con mis compañeros de equipo y disfruté lo que veía en Estados Unidos. En Seattle nos alojamos en un hotel donde mi habitación estaba en un tercer piso, con vista al puerto. El gerente me prestó una caña de pescar y me dio un cubo de filetes de salmón para utilizar como carnada y en pocos segundos atrapé un pequeño tiburón de arena. Lo jalé hasta el balcón mientras mis compañeros de equipo, incrédulos, se retorcían de risa. ¿Qué haríamos con el tiburón? Uno de ellos corrió a la habitación y regresó con la pata de una mesa, que utilizó para golpearlo en la cabeza. ¡No era como pescar en el río Bauru, donde un tiburón habría hecho que toda la ciudad huyera aterrorizada! Pero algún parecido tenía.

Nos tomamos muy en serio nuestros partidos, pero todo el mundo sabía que teníamos un propósito mayor: promover el fútbol y hacerlo viable en Estados Unidos. Y así, había un grado de camaradería, incluso con los equipos rivales, que a veces era difícil de encontrar en otras ligas. Por ejemplo, tuve muchas dificultades con un elemento particularmente nefasto de los deportes de Estados Unidos en los años setenta: el césped artificial. Las superficies artificiales de la actualidad se pueden confundir fácilmente con la hierba exuberante, suave y natural. Sin embargo, en aquella década, las canchas con césped artificial eran básicamente pisos de concreto con una pequeña franja de alfombra verde. Casi nunca antes había jugado en ellas y sentía como si me estuvieran ardiendo los pies. Algunos jugadores de los Sounders de Seattle me dijeron que era más fácil jugar con zapatos deportivos simples y, cuando les dije que no tenía, tuvieron la gentileza de prestarme un par. Me sentí complacido, aunque un poco paranoico: en Brasil, o en cualquier otra liga altamente competitiva, un jugador contrario habría puesto clavos oxidados en las plantas de las zapatillas, ¡o algo parecido! (Estoy exagerando, pero sólo un poco).

La camaradería y las prácticas nos acercaron más. El Cosmos terminó la temporada de 1975 con un récord negativo y no llegamos a los playoffs. Necesitábamos más talento. Pero sentíamos como si hubiéramos sentado las bases de algo. Y la temporada baja; bueno, eso también iba a ser muy divertido.

12

Yo era un hombre hecho y derecho, pero también estaba viviendo fuera de mi país por primera vez en mi vida. Así que hubo momentos en los que, una vez más, me sentí como el chico de catorce años que iba de Bauru a Santos en el autobús: inseguro de mí mismo, lejos de casa, emocionado, pero también un poco perdido. Extrañaba a Brasil, echaba de menos las playas y los asados de carne los domingos por la tarde. Más que nada, extrañaba a los aficionados de lugares como Vila Belmiro, Pacaembú y el Maracaná. A veces, veía una estrella en el sur del cielo y me quedaba mirándola, preguntándome qué estaría pasando en mi país y de qué me estaría perdiendo.

Por suerte, tuve la oportunidad de traer algunas comodidades que tenía en Brasil. La mayor de todas era mi familia. Rose y los niños vinieron conmigo y vivíamos en un lindo apartamento en el East Side. Kely Cristina y Edinho aprendieron inglés rápidamente, así como lo hacen todos los niños, y se adaptaron al sistema escolar estadounidense. Mi hermano Zoca también viajó con nosotros; trabajó en la Universidad de Trenton y dando talleres de fútbol para niños. Mis padres pasaron mucho tiempo con nosotros, y era divertido: el clan Nascimento tal vez pasó más tiempo junto en Nueva York que en Santos.

Además, Nueva York no era el tipo de lugar en el que realmente tuvieras tiempo para sentir nostalgia. Inusualmente para mí, y dado el hecho de que por lo general me importaban pocas cosas además del fútbol, realmente disfruté de todas las opciones culturales que ofrecía la ciudad. Casi todos los fines de semana iba a algún espectáculo o evento con Rose. A veces íbamos a los musicales de Broadway, pero asistíamos con mucha frecuencia al ballet. Había algo en el ballet que realmente me conmovía y me recordaba al fútbol: la combinación de fuerza, fluidez de movimiento y elegancia. Permanecía hipnotizado horas y horas, semana tras semana. Me encantaba el Cirque du Soleil por las mismas razones. Cuando veía este espectáculo me parecía que realmente lo entendía: sentía que podía anticipar muchos de los movimientos que hacían los intérpretes.

También hubo menos… actividades… sanas. El imperio de Steve Ross en Warner Communications me reveló un nuevo mundo de personas interesantes, entre ellas a muchos cantantes y estrellas de Hollywood que vivían en Nueva York o pasaban mucho tiempo en la ciudad. Una de las celebridades que vi con mayor frecuencia fue a Rod Stewart, un cantante del sello Warner Brothers y gran aficionado al fútbol. A veces, visitaba las instalaciones del Cosmos y pateaba la bola con nosotros durante las prácticas. Rod me llevaba al Studio 54, el famoso —¿infame?— restaurante y club nocturno que era el centro de la escena festiva de Manhattan en los años setenta. Escuchábamos música y nos divertíamos. Algunas veces, Mick Jagger se unía a nosotros. Lo mismo sucedió con Liza Minnelli, Bjorn Borg y Andy Warhol, quien proclamó que yo era la excepción a su regla de que todo el mundo tiene quince minutos de fama.

—Pelé siempre será famoso —dijo, con una buena dosis de exageración.

A pesar de estas compañías, continué fiel a la filosofía de «ni drogas ni alcohol» que había seguido siempre. Este voto ha sido de gran ayuda en la preservación de mi cuerpo y me permitió seguir jugando fútbol después de cumplir treinta y cinco años, pero me hacía un poco raro para la multitud del Studio 54. Una noche, Rod se sintió un poco frustrado conmigo y me dijo:

—¡Maldita sea, Pelé! No bebes ni consumes drogas. Entonces, ¿qué haces?

Bueno, yo tenía mis debilidades, sobre todo cuando se trataba de los miembros del sexo opuesto. Yo no era un santo. Y pueden creer que no había escasez en materia de tentaciones en la Nueva York de mediados de los años setenta, especialmente cuando la fama del Cosmos comenzó a despegar. Recuerdo una vez que fui al edificio de Warner, donde el actor Robert Redford también tenía una oficina. Los dos estábamos conversando en el vestíbulo cuando un grupo de personas que querían autógrafos vino corriendo hacia nosotros. Vi que Robert se estremeció con anticipación, pero la sorpresa asomó lentamente en su rostro cuando vio que los aficionados no venían a él, sino a mí.

—¡Guau! —dijo maravillado mientras yo firmaba autógrafos—. ¡Realmente *eres* famoso!

La fama también me ayudó en algo muy importante: impresionar a mis hijos. Esta tarea se hizo mucho más difícil con el transcurso de los años, tal como sucede a todos los padres. Cuando mi hija Kely Cristina era adolescente, me rogaba continuamente que le presentara al actor William Hurt, de quien estaba profundamente enamorada. Así que la llevé a un cóctel en Nueva York para el lanzamiento de la película *El beso de la mujer araña*. Cuando entramos, William me vio:

—¡Eres Pelé! ¡Eres Pelé! —dijo prácticamente gritando. Se arrojó sobre mí y comenzó a besarme los pies literalmente. No dejé de reírme. ¡Kely se sintió impresionada, tal vez por primera y última vez en su vida!

Yo esperaba que el hecho de vivir en Nueva York me ayudara a construir un puente para mi vida después del fútbol y no me decepcioné en este sentido porque tuve algunas oportunidades maravillosas. Había hecho algunas actuaciones en Brasil, incluyendo un papel en una telenovela en los años sesenta en la que interpreté a un extraterrestre que exploraba la Tierra con el fin de invadirla. No era un muy buen actor —y estoy siendo amable conmigo mismo—, pero me divertí mucho. Un día, durante un almuerzo en Nueva York, el director Steven

Spielberg propuso hacer una película de mí jugando fútbol en la luna. A decir verdad, nunca entendí esa idea: tal vez Spielberg me confundió con Marcos Cesar Pontes, ¡otro famoso ciudadano de Bauru, quien fue el primer brasileño en viajar al espacio! Finalmente, aparecí en una famosa película de Hollywood: *Escape to Victory*, protagonizada por Sylvester Stallone y Michael Caine, en la que interpreté a un jugador de fútbol. Obviamente, esto era mucho menos complicado para mí.

Mi contrato con Warner incluía hacer diversos tipos de publicidad. Por ejemplo, cuando lanzaron un nuevo sistema de videojuegos para Atari, participé en su promoción. Y también conocí a toda una red de personas por medio de brasileños que vivían en Estados Unidos. Tenía un socio comercial a quien le ayudé a abrir algunas clínicas quiroprácticas en Los Ángeles. Él, por su parte, conocía a un chef brasileño que era el cocinero profesional de una estrella del pop que, después de cantar en un grupo durante varios años, estaba lanzando su carrera como solista. Y así fue como me invitaron a la fiesta del cumpleaños número dieciocho de Michael Jackson en California. Era muy tranquilo, muy bien vestido y correcto, un joven sencillo, pero obviamente muy delicado. Me dio mucha tristeza lo que le sucedió muchos años después.

¿Por qué menciono todo esto? Porque todo el contacto con las estrellas y celebridades era muy divertido. Estaba en el mejor momento de mi vida, pero, mirando hacia atrás, también había un propósito constructivo: esto contribuyó a que el fútbol fuera atractivo. Al darle un poco de ostentación y de bombo publicitario, convencimos a muchos estadounidenses de que era un deporte que valía la pena ver. Varias celebridades empezaron a comprar equipos de la Liga Norteamericana de Fútbol: Mick Jagger adquirió una participación en un equipo de Filadelfia, junto con otros rockeros como Peter Frampton y Paul Simon; Elton John encabezó el grupo propietario de los Aztecas, la franquicia de Los Ángeles. E igualmente importante, otros jugadores de renombre de todo el mundo se entusiasmaron con la posibilidad jugar en Estados Unidos. Mis palabras habían demostrado ser ciertas después de todo: el fútbol había llegado realmente.

13

Cuando el Cosmos no llegó a los playoffs en 1975, dije a Steve Ross y a Clive Toye que necesitábamos al menos a otro jugador de renombre.

—No puedo hacerlo solo —les dije.

Me sentí mal diciéndolo —apreciaba mucho a mis compañeros de equipo—, pero no hay sustituto para el talento en los deportes profesionales, y la verdad descarnada era que simplemente no teníamos suficiente talento. Los equipos rivales podían asignar tres o incluso cuatro defensas para marcarme, pero mis compañeros de equipo no lo aprovechaban.

—No vamos a ganar de esta manera —dije—. Por favor, busquen otros jugadores en Suramérica o en Europa.

Diré lo siguiente sobre Steve Ross: no tenías que pedirle dos veces una misma cosa. Poco después, el Cosmos contrató a dos de las grandes estrellas del fútbol internacional: al delantero italiano Giorgio Chinaglia y a Franz Beckenbauer, el capitán de la selección de Alemania Occidental que acababa de ganar la Copa del Mundo de 1974. Estas fueron las adquisiciones imbatibles que consolidaron a la Liga Norteamericana de Fútbol como una liga importante, y que molestaron a muchos aficionados del fútbol del «Viejo Mundo». La contratación de Chinaglia fue un golpe tal que «tuvo que ser sacado de contrabando de Italia luego del comienzo de la temporada por temor a disturbios generalizados», según escribió un diario, probablemente con alguna dosis de exageración, pero sólo un poco. Cuando Beckenbauer llegó a Nueva York, una gran multitud de personas, entre ellas muchos niños, fueron a recibirlo al aeropuerto. Beckenbauer dijo posteriormente que haber venido a Estados Unidos fue «la mejor decisión que he tomado».

Cuando los demás clubes vieron las estrellas que estaba contratando el Cosmos, decidieron seguir su ejemplo. Eusebio da Silva Ferreira, la estrella de la selección portuguesa que había eliminado a Brasil en 1966, firmó con los Quicksilvers de Las Vegas. El Tampa Bay Club contrató a Tommy Smith, un defensa de lengua afilada que había jugado muchos años en el Liverpool. George Best, la leyenda de Irlanda del Norte, no tardaría en firmar con los Aztecas de Los Ángeles. También hubo nuevos equipos de expansión en lugares como San Diego y en Tulsa, Oklahoma. ¡La competencia había comenzado!

Hicimos enormes progresos en esa temporada de 1976. Chinaglia lideró la liga con diecinueve goles y once asistencias, y ayudó a desviar una gran cantidad de la atención que yo recibía. Tuve la oportunidad de tener un poco más de espacio en el terreno y en un partido en Honolulú marqué cuatro goles, tres de ellos en un lapso de quince minutos en la etapa complementaria. Jugábamos en estadios llenos en casi todas las ciudades, y las multitudes en Nueva York eran tan grandes que los propietarios trasladaron al equipo al Yankee Stadium. El hecho de ganar contribuyó aún más al fervor popular: terminamos la temporada con dieciséis victorias y ocho derrotas.

Llegamos a los playoffs y nos enfrentamos a los Rowdies de Tampa Bay. Ese equipo tenía una historia exitosa y destacada, y en cierto modo era todo lo opuesto a nuestro club de Nueva York. Tenían una estrella: Tommy Smith. Pero si Nueva York era ostentación y glamour, Tampa Bay tenía el ingenio y el valor de un pueblo pequeño. Los jugadores y entrenadores iban a un restaurante después de los partidos para firmar camisetas con el conocido lema del equipo: «Los Rowdies son una patada en la hierba»*, el cual era un poco fuerte para los Estados Unidos de aquel entonces. Antes de cada partido, un grupo de porristas llamado «Wowdies» corría por el campo de juego y lanzaba globos a sus aficionados. Y entonces, toda la multitud cantaba el tema: «Los Rowdies corren aquí, los Rowdies corren allá y patean el balón». Era un poco cursi, pero a la gente le encantaba y al equipo le estaba yendo bien. A pesar de ser un equipo de expansión en 1975, el Tampa Bay ganó el campeonato de la Liga Norteamericana de Fútbol ese año. Y todo parecía indicar que volvería a llevarse el trofeo en 1976.

Los aficionados del Tampa Bay eran conocedores del juego y también eran muy amables. La gente me dio una ovación de pie antes de empezar el partido, mientras yo salía a la cancha. Fue un maravilloso despliegue de espíritu deportivo. ¡Lástima que esto fuera lo más destacado del partido para mí!

El encuentro comenzó bastante bien. Pero el equipo de Tampa Bay tenía una defensa excepcional y no podía librarme del jugador que me marcaba. En una jugada fui derribado y, mientras permanecía en el suelo, con Tommy Smith junto a mí, los Rowdies anotaron un gol que les dio la victoria.

Sí, nos sentimos decepcionados por la derrota, pero yo estaba feliz de que hubiera aumentado el nivel de competencia y de que la Liga Norteamericana de Fútbol pareciera ya una de verdad. Cerca de treinta y siete mil personas asistieron a nuestro partido contra el Tampa: era una gran cantidad de público para cualquier deporte en Estados Unidos. EL FÚTBOL ESTÁ RECIBIENDO CADA VEZ MÁS APOYO, proclamó *Sports Illustrated* en agosto de 1976. Ninguno de nosotros sospechaba que, en cierto sentido, lo contrario era cierto. Se estaban formando varias nubes de tormenta y pronto amenazarían todo aquello que habíamos luchado tanto para construir.

---

* El lema, que en inglés es «*The Rowdies are a kick in the grass*», es un juego de palabras que recuerda la frase «a kick in the ass», una patada en el culo (N. del ed.).

14

Uno de mis mayores placeres en la ciudad de Nueva York era recorrer Central Park, tratando de encontrar grupos de niños jugando fútbol. Esto implicaba buscar un poco en los primeros días: era mucho más fácil encontrar personas lanzando una pelota de béisbol o de fútbol americano en uno de los prados verdes y enormes del parque. Pero con el tiempo, y con un poco de persistencia, comencé a ver grupos pateando una pequeña bola blanca y negra, y sonreí.

Al principio me limitaba a mirarlos con los brazos cruzados, tal vez bajo la sombra de un árbol. Yo permanecía en silencio, pero inevitablemente alguien me veía parado allí. ¡Ya se pueden imaginar la sorpresa! Y luego iba a hablar un momento con ellos, les enseñaba un par de jugadas y les daba tal vez algunos consejos. Era una época en que las cámaras instantáneas Polaroid realmente estaban de moda y siempre había alguien que parecía tener una. Posaba con los niños y todos levantábamos el dedo pulgar al estilo brasileño, luego les estrechaba la mano o los abrazaba y desaparecía de nuevo en la jungla urbana.

Difundir mi pasión por el fútbol a otras personas me hizo muy feliz y tuve la oportunidad de hacer esto de una manera más formal. A principios de los años setenta firmé un contrato con PepsiCo para dar una serie de talleres de fútbol a niños de todo el mundo: se llamaba el Programa Internacional de Fútbol Juvenil. El profesor Mazzei y yo trabajamos juntos en este proyecto y viajamos a sesenta y cuatro países, dando talleres a los niños para enseñarles a jugar mejor al fútbol. La idea fue un éxito total y no tuvo ningún costo para los entrenadores, las escuelas ni los jugadores. Para mí, fue un gran ejemplo de lo que podían hacer las empresas para hacer del mundo un lugar mejor, al mismo tiempo que promocionaban sus productos.

También con PepsiCo produjimos un libro y una película de entrenamiento llamada *Pelé: el maestro y su método* que afortunadamente ha sobrevivido al paso del tiempo y sigue siendo vista por algunos jóvenes de hoy. En ella explicábamos los conceptos más básicos del «juego bonito»: el control del balón, los malabares, el dribleo, los pases, las atajadas, los cabezazos y —finalmente— los disparos, «el arte no tan delicado de marcar goles», como lo llamábamos. Demostré cada una de estas habilidades. Tenía zapatos especiales con parches de tonos claros en las partes del pie más utilizadas para patear el balón: muchos chicos pensaban erróneamente que podían patear la pelota con mayor velocidad y precisión con la parte delantera del pie, cuando darle con un lado suele ser mucho mejor.

Trabajamos realmente duro para producir una película que no sólo mostrara las destrezas técnicas del deporte, sino que transmitiera también un poco del romance del fútbol. Durante una escena, la cámara enfocaba de cerca un balón y el narrador decía:

«Quince onzas de cuero y aire comprimido... ¿es un objeto muerto? No, en realidad no, sólo está en reposo, esperando una señal de su dueño».

Entonces, yo empezaba a patear la pelota, haciendo malabares con mis zapatos y rodillas, mientras el narrador seguía hablando.

«Y de repente, está lleno de vida, haciendo todo lo que Pelé quiere que haga».

Estos ejercicios eran la parte fácil. El reto más grande era cómo transmitir a los niños la importancia y los fundamentos del verdadero juego en equipo, lo que, obviamente, se había convertido en una obsesión mía desde 1970. Así que rodamos muchas escenas en el viejo estadio de Vila Belmiro, en Santos, con algunos de mis antiguos compañeros de equipo. También filmamos en la cancha de un pueblo pequeño y en una playa, donde pedimos a unos niños que probaran su suerte con una chilena estilo Pelé. En una escena, até un balón a la rama de un árbol con una cuerda y lo cabeceé una y otra vez, tal como me había enseñado Dondinho muchos años atrás.

«Pero incluso para Pelé, hubo una época en la que el balón no siempre le obedecía —decía el narrador—. Fue sólo después de muchas horas de práctica solitaria, cuando era un niño, que adquirió esta habilidad. Con frecuencia, no tenía un verdadero balón de fútbol para practicar, tenía que arreglárselas con lo que tuviera, tal vez con una bola de trapos viejos atados con una cuerda...».

Bueno, ustedes ya conocen toda la historia.

De nuevo, el momento histórico que estábamos viviendo contribuyó mucho a nuestros esfuerzos. Las nuevas tecnologías —el proyector de cine en casa y, poco después, la videocasetera— significaron que más niños que nunca pudieron ver películas de este tipo en sus hogares. Esto habría sido impensable sólo unos pocos años atrás: si querías ver una película, tenías que ir al cine o esperar que la pasaran por alguno de los pocos canales de televisión disponibles. Mientras tanto, la decisión de hacer la película en inglés —a pesar de que el mío era todavía un «trabajo inconcluso»— fue también un gran impulso. Se trataba de una época en la que, gracias a las empresas estadounidenses y a la difusión de la televisión y de otros medios de comunicación, podías encontrar personas que hablaran inglés no sólo en Estados Unidos o Inglaterra, sino también en lugares como Europa oriental y el sudeste asiático. Ellos también pudieron ver y apreciar la película, haciendo que fuera aún más popular. Una vez más, estábamos en el lugar correcto y en el momento adecuado, mientras el mundo cambiaba.

Cada uno de estos proyectos contribuyó, en pequeña escala, a difundir el evangelio del fútbol. Efectivamente, a medida que pasaba el tiempo, yo paseaba por Central Park y cada vez veía más niños jugando fútbol (¡y me era mucho más difícil permanecer de incógnito!). Pero como se vio después, el mayor triunfo de este deporte no estaba sucediendo realmente en Nueva York o Boston ni en cualquiera de las otras grandes ciudades. El crecimiento realmente extraordinario ocurrió en lugares como Plano, Texas, en el condado Prince George de Maryland o en Grosse Pointe, Michigan. El fútbol parecía haber sido hecho a la medida del Estados Unidos cada vez más espacioso y suburbano que floreció durante los años setenta y ochenta. A fin de cuentas, nunca hubo escasez de espacio para construir nuevas canchas de fútbol y el deporte tuvo un gran atractivo para los niños y niñas por igual, quienes estaban dispuestos a participar en un deporte que representaba perfectamente el espíritu estadounidense de igualdad y juego limpio. Todas mis dudas sobre el futuro del deporte se desvanecieron. Al final, resultó que el fútbol y Estados Unidos estaban hechos el uno para el otro.

15

Al igual que el Santos, el Cosmos de Pelé recorrió todo el mundo y jugó en todos los rincones del planeta, desde China a India a Venezuela y a Francia. Uno de mis recuerdos favoritos es el de un viaje a un país amado: Suecia. Volvimos a Gotemburgo para un partido contra un equipo local y ganamos 3-1. Pero la mayor sorpresa de todas me la llevé en el hotel, cuando una mujer rubia y atractiva se acercó a mí.

—¿Sabes quién soy? —me preguntó con seriedad.

Me da vergüenza admitir que no lo sabía, al menos no al principio. Pero cuando me dijo su nombre, me acordé de inmediato: era Ilena, la chica sueca a la que había conocido unos veinte años antes, en 1958. Había llevado a su pequeña hija, que era un retrato de ella, rubia y hermosa.

Di un abrazo enorme a Ilena. Había leído acerca de mi visita en un periódico local y quería verme. Durante un largo rato hablamos de aquel verano mágico y de todo lo que había sucedido desde entonces. Me sentí muy bien al conectarme de nuevo con alguien cuya vida se había cruzado con la mía tantos años antes, y con quien había perdido contacto debido a la distancia y al tiempo. ¡Además, ahora que yo hablaba algo de inglés, pude entender mucho más lo que me decía!

—Siempre supe que te iría bien —me dijo Ilena sonriendo—. El fútbol ha sido muy bueno para ti, ¿verdad?

16

La temporada de 1977 fue mi última con el Cosmos y realmente la más fabulosa despedida del fútbol profesional que un hombre pudiera desear. El equipo se trasladó una vez más, en esta ocasión al nuevo estadio de los Giants en las afueras de Nueva York, donde podíamos jugar ante multitudes aún más numerosas. La asistencia casi se duplicó otra vez, y el promedio de asistencia a los partidos de ese año fue de treinta y cuatro mil personas. Las multitudes eran frenéticas, llenas de celebridades y cada vez más conocedoras del fútbol, ¡así que ya no celebraban los tiros desviados desde veinte metros de la portería! Ese fue también el año en que el Cosmos contrató a mi viejo amigo Carlos Alberto, mi compañero de equipo en el Santos y el defensa que anotó el último gol contra Italia en el Mundial de 1970. Yo estaba rodeado de amigos y de grandes jugadores, estábamos jugando un fútbol excelente y vivía en una de las ciudades más maravillosas del mundo. Me sentía como si estuviera en el paraíso.

En esa última temporada, el Cosmos jugó también —y por primera vez— el partido por el Campeonato de la Liga Norteamericana de Fútbol en el Soccer Bowl. Como se puede deducir por este nombre, la Liga había tomado en préstamo algunos elementos del fútbol americano, incluyendo la tradición de jugar el encuentro por el campeonato en un sitio neutral. En Portland, Oregón, jugamos en el Soccer Bowl III contra los Sounders de Seattle frente a unas treinta y cinco mil personas. Antes del partido, todos mis compañeros de equipo se acercaron y me dijeron que querían despedirme con el título del campeonato. Me sentí profundamente conmovido. Y, por supuesto, gracias a los goles de Stephen Hunt y de Chinaglia —el delantero italiano contratado por Steve Ross— ¡el Cosmos ganó su primer Soccer Bowl!

Unas semanas después, el primero de octubre de 1977, el Cosmos realizó un encuentro de «despedida» para mí. Había jugado ciento once partidos con el equipo y anotado sesenta y cinco goles. Obviamente, no era la primera «despedida» que había jugado y si alguien puso los ojos en blanco, seguramente tuvo la educación para hacerlo en privado. Amigos y antiguos rivales de Brasil y de todo el mundo fueron a Nueva York para ver el partido. Lo mejor de todo fue el rival: el Cosmos jugaría contra el Santos.

No había un boleto más codiciado en Nueva York ese día. Cada asiento del estadio de los Giants fue ocupado y tuvimos una multitud de casi ochenta mil espectadores. También asistieron más de seiscientos periodistas de treinta y ocho países. El presidente Jimmy Carter pronunció un discurso y Muhammad Alí me visitó en el vestuario. Dijo de mí en su estilo clásico:

—No sé si es un buen jugador, pero definitivamente soy más apuesto que él.

Antes de empezar el encuentro, hicimos un último guiño a la creciente popularidad de este deporte en Estados Unidos. Nueve equipos juveniles formaron un círculo alrededor de la mitad del campo: seis de niños, dos de niñas y otro conformado por atletas de las Olimpiadas Especiales, que hicieron algunas jugadas para mostrar sus habilidades. A continuación, los capitanes de los últimos equipos ganadores de la Copa del Mundo salieron juntos al campo de juego: Hilderaldo Bellini, nuestro capitán cuando Brasil ganó en 1958, Bobby Moore, capitán de Inglaterra en 1966, Carlos Alberto, nuestro capitán en 1970 y Franz

Beckenbauer, mi compañero en el Cosmos de Nueva York y capitán de Alemania Occidental, campeón mundial de 1974.

Tuve el honor de que muchos amigos queridos viajaran para acompañarme. Pero hubo un asistente aún más sorprendente en ese encuentro: Dondinho, mi papá. Después de tantos años de fútbol, él había asistido a muy pocos partidos míos. Siempre me había apoyado, pero no le gustaba viajar y prefería mantenerse alejado de las multitudes enardecidas de los estadios. En este día tan especial, en la despedida verdadera y definitiva de mi larga carrera, Dondinho hizo un esfuerzo para asistir. Ver al hombre que me había enseñado todo lo que yo sabía en materia de fútbol caminando ese día por la cancha del Giants Stadium, fue uno de los momentos más emotivos y profundos que he tenido.

Como pueden imaginar, ¡yo estaba llorando incluso antes de que comenzara el partido! Marqué un gol en la etapa inicial y en el tiempo de descanso cambié de camiseta y, para honrar mi pasado, jugué el segundo tiempo con el Santos. Por desgracia, no anoté ningún gol para el Santos, pero a nadie pareció importarle. Cuando todo terminó, me pasaron un micrófono y pronuncié un breve discurso para la multitud y para todos mis compañeros de equipo, el cual concluí gritando:

—¡Amor! ¡Amor! ¡Amor!

Tal vez no haya sido la conclusión más elocuente, pero me sentía abrumado por la emoción y eso reflejaba lo que había en mi corazón. Entonces agarré una bandera brasileña y otra de Estados Unidos y desfilé alrededor de la cancha llevado sobre los hombros de mis compañeros de equipo.

Esto fue tres semanas antes de cumplir treinta y siete años. Tenía ya seguridad financiera, era un ícono en Estados Unidos y realmente estaba feliz con mi vida. Había dejado de jugar para siempre, y lo que había predicho Waldemar de Brito era cierto: tenía toda mi vida por delante.

17

Por un momento fugaz, pareció como si todo ese esfuerzo hubiera sido vano, arrebatado de manera violenta y repentina, como retoños de hojas en una tormenta de primavera.

A pesar de todos sus éxitos, el Cosmos y la Liga Norteamericana de Fútbol habían cometido algunos errores graves. Se habían expandido con una rapidez excesiva y la liga tenía veinticuatro equipos en 1980. Peor aún, el derroche de dinero en el fichaje de jugadores internacionales, mientras todos los equipos de la liga trataban de contratar a su propia versión de Pelé, fracasó en muchos sentidos. Los equipos terminaron contratando a muchos jugadores famosos, pero que ya no estaban en condiciones de jugar cuando llegaron a la liga y esta comenzó a ser conocida en Europa y en otros lugares como un «cementerio de elefantes» por su bajo nivel deportivo. El énfasis en el talento extranjero también arrebató una oportunidad a jugadores estadounidenses que realmente podrían haber tenido una mejor conexión con los aficionados locales y, lo más importante, haber contribuido a producir la próxima generación de estrellas del fútbol en Estados Unidos.

Lo peor de todo fue que se gastó un dinero excesivo en contratar estrellas. En 1977, mi último año en la liga, sólo dos equipos tuvieron ganancias: Minnesota y Seattle. Así es: hasta el Cosmos, el equipo que, con mucho, tenía la mayor asistencia en la liga y el reconocimiento internacional de su nombre, estaba operando con un saldo en rojo.

La liga se mantuvo por un tiempo y prosperó algunos años después de mi retiro. La máxima asistencia anual que tuvo el Cosmos ocurrió en 1979, cuando reunió un promedio de cuarenta y seis mil setecientos aficionados por partido en el Giants Stadium. Pero la liga comenzó a tener dificultades mientras el entusiasmo se desvanecía lentamente y, en poco tiempo, sólo la mitad de sus equipos tuvo un promedio de más de diez mil aficionados por partido. La liga colapsó en 1985, arrastrando al Cosmos en su caída.

Todos estos acontecimientos me partieron el corazón. A finales de los años ochenta me preocupó que el fútbol estuviera «muriendo» en Estados Unidos, como dije a la prensa en ese momento. Pero debería haber tenido más fe en este deporte. A fin de cuentas, los fracasos financieros de un grupo de empresarios no podían borrar todo el trabajo que habíamos hecho. No pudieron borrar el atractivo de un juego bonito que llevaba varios años echando raíces en un suelo muy fértil.

Como se resaltó en *Once in a Lifetime*, un excelente documental realizado en 2007 sobre el ascenso y caída del Cosmos, la popularidad de nuestro equipo perseveró. Resonó a lo largo del tiempo, de un modo impredecible pero muy gratificante. Por ejemplo: he mencionado que cuando el Cosmos contrató a Franz Beckenbauer, un grupo de niños fue a recibirlo al aeropuerto de Nueva York. Uno de ellos era Mike Windischmann. Mike fue recogepelotas del Cosmos desde 1975, año en que firmé con el club. Bueno, cuando Mike creció, se convirtió en un excelente jugador, ¡y fue nombrado capitán de la selección de fútbol de Estados Unidos! Mike llevó al equipo estadounidense a la Copa Mundial de 1990. Era la primera vez que los estadounidenses habían clasificado a un Mundial desde 1950, cuando propinaron la famosa derrota a la selección inglesa en territorio brasileño, como ya he mencionado.

En efecto, la generación que alcanzó la mayoría de edad en los años setenta —durante la época del Cosmos— lo cambió todo. Aunque la Liga Norteamericana de Fútbol desapareció y el fútbol profesional estadounidense entró en una especie de hibernación en los años ochenta, la pasión por este deporte no desapareció.

Incluso en los momentos más oscuros, el fútbol se seguía jugando en miles de canchas grandes y verdes en todo Estados Unidos. Me halaga decir que algunas personas se refirieron incluso a los niños estadounidenses que crecieron jugando fútbol en los años setenta y ochenta como «los hijos de Pelé». Mia Hamm, la mejor jugadora de fútbol en la historia de Estados Unidos, y tal vez del mundo, comentó que asistía religiosamente a nuestros encuentros cuando el Cosmos jugaba en Washington, D.C. La Liga Mayor de Fútbol, la liga que floreció en Estados Unidos y prosperó a diferencia de la Liga Norteamericana de Fútbol, gracias en parte a una gestión financiera mucho más prudente, está llena de jugadores que se sintieron inspirados de alguna manera por lo que hicimos. Jay Heaps, un destacado exjugador y actual entrenador del Revolution de Nueva Inglaterra, nació un año después de mi llegada a Nueva York. Sin embargo, dijo que había visto *Pelé: el maestro y su método* una y otra vez en su videocasetera cuando era niño. ¡Dijo que ataba incluso un balón de fútbol a la rama de un árbol y lo cabeceaba durante horas y horas! Me emociona muchísimo que, incluso hoy en día, las técnicas de Dondinho sigan influyendo en los jugadores de fútbol, después de sesenta años y a ocho mil kilómetros de distancia de Bauru.

El verdadero golpe, el que aseguró para siempre el futuro del fútbol en Estados Unidos, se produjo en 1988, cuando varios países estaban compitiendo por el derecho a organizar la Copa del Mundo de 1994. Uno de los finalistas era Estados Unidos. Yo había soñado desde los años setenta en lograr que se realizara un Mundial en territorio estadounidense; una vez más, pensé que la exposición al talento de primera línea era necesario para seducir al exigente público de Estados Unidos y ganarlo para este deporte. Si lográbamos reunir a los mejores jugadores del mundo en su mejor momento y hacer que jugaran en los estadios de todo el país, sería algo aún más eficaz que la época dorada del Cosmos.

Mi entusiasmo por la Copa del Mundo de Estados Unidos tenía un obstáculo: los otros dos aspirantes eran Marruecos y... Brasil. Ya se pueden imaginar la rabia que se desató en mi país cuando apoyé públicamente la candidatura de Estados Unidos. Muchos columnistas deportivos y otros en Brasil me acusaron de ser un títere de las corporaciones estadounidenses, o antipatriótico. Sin embargo, yo tenía mis razones.

En primer lugar, creía que teníamos un tiempo limitado para garantizar el futuro del fútbol en el país más rico del mundo: necesitábamos un «big bang» de buen fútbol para llamar la atención de todos y esperar que condujera al renacimiento de una liga profesional estadounidense. En segundo lugar, yo creía que el Brasil de esa época no estaba en condiciones de organizar una Copa del Mundo. Me sentí aliviado de que la democracia regresara en 1985, pero infortunadamente, la transición de la dictadura había sido caótica en muchos aspectos. La situación financiera de Brasil —siempre difícil— nunca había sido peor. La pobreza se había disparado. Lo mismo sucedió con la inflación porque el gobierno recién elegido gastó mucho más dinero del que recaudó. ¿Recuerdan lo mal que se sentían las personas a comienzos de los años sesenta, cuando los precios se duplicaban cada año en Brasil? Ahora, a finales de los años ochenta, se duplicaban cada *mes*. ¿Quién que estuviera en su sano juicio iba a creer que el país podía permitirse el lujo de construir varios estadios nuevos o de renovar incluso los existentes en medio de una situación como esa? Como dije públicamente en su momento:

—Un país donde millones de personas están muriendo de hambre y que tiene la deuda externa más grande del Tercer Mundo, no puede considerar el hecho de organizar una Copa del Mundo con dinero del gobierno.

Fue una declaración muy impopular, pero era cierta.

El 4 de julio de 1988 —el Día de la Independencia de Estados Unidos— la FIFA anunció que Estados Unidos se había ganado el derecho a organizar la Copa del Mundo en 1994. Me sentí orgulloso de haber cumplido con mi parte y dije entusiasmado a los periodistas que la decisión era «un sueño hecho realidad». Alan Rothenberg, el director de la Federación de Fútbol de Estados Unidos, me dio las gracias por mi ayuda y declaró posteriormente:

—Pelé fue la persona más importante en traer la Copa del Mundo a Estados Unidos.

18

Cuando llegó el momento rutilante, la Copa del Mundo de Estados Unidos fue un éxito más grande de lo que yo había imaginado. El promedio de asistencia de casi sesenta y nueve mil aficionados por partido superó el récord de cincuenta y un mil que se había establecido en Inglaterra en 1966. El equipo de Estados Unidos jugó lo suficientemente bien como para avanzar a la segunda ronda, pero tuvo la mala suerte de jugar contra un rival muy difícil en la siguiente: Brasil.

Este encuentro —que por extraño que parezca también tuvo lugar el 4 de julio— desató una gran tormenta mediática mientras los expertos se preguntaban: ¿A cuál equipo apoyará Pelé? La tensión se agravó con nuestra larga sequía de títulos: veinticuatro años, que combinada con todos los problemas que tenía Brasil a mediados de los años noventa, habían exaltado a todo el país. «La ansiedad se ha desatado como un sarpullido nacional —escribió el *New York Times*—. No es porque los brasileños tengan miedo de los estadounidenses. Es simplemente que en Brasil sólo hay dos resultados: la victoria con estilo y el pánico».

Eso todavía me hace reír, ¡sobre todo porque era —y es— muy cierto! Pero al final, no había motivos para sentir ningún tipo de nervios. Obviamente, apoyé a mi país natal, mientras esperaba también un buen desempeño del país que me había tratado con una generosidad tan maravillosa.

El resultado final fue perfecto: una victoria muy reñida 1–0 para Brasil, que jugó ante ochenta y cuatro mil aficionados enardecidos que agitaron banderas en el Stanford Stadium, al norte de California. La defensa de Estados Unidos fue increíble ese día, permitiendo un solo gol de Bebeto en el minuto setenta y cuatro. El partido se disputó hasta el pitido final. Aunque los estadounidenses no ganaron, tuvieron la oportunidad de ver fútbol internacional en su máxima expresión. La selección nacional de Estados Unidos aumentó su rendimiento y obtuvo resultados aún mejores en las siguientes Copas del Mundo.

En cuanto a Brasil, ese conjunto de 1994 fue sumamente bueno. Zagallo, mi antiguo compañero de equipo y entrenador en 1970, estaba de vuelta en el redil como asistente principal de Carlos Alberto Parreira, el entrenador del equipo. Tuvimos una multitud de jugadores increíbles como Dunga, Bebeto, Romario y un talento joven y fenomenal llamado Ronaldo que tenía diecisiete años, la misma edad a la que yo jugué en Suecia en 1958. Aunque Ronaldo no jugó mucho en 1994, con el tiempo rompió no sólo mi marca brasileña de más goles anotados en Copas del Mundo, sino también el récord mundial, con quince anotaciones.

Hablando de Suecia, este país conformó una selección muy destacada y fueron nuestros rivales en las semifinales. Fue un encuentro arduamente disputado y casi parecía que los suecos se vengarían de aquel día lejano en Estocolmo, hasta que Romario consiguió finalmente un gol en el minuto ochenta y Brasil prevaleció, ganando 1–0 y avanzando a la siguiente fase.

En la final, Italia jugó un partido muy animado, como siempre lo ha hecho contra nosotros. El tiempo reglamentario terminó en un empate sin goles, y lo mismo sucedió en el tiempo suplementario. Fue la primera final de un Mundial en definirse por penales, lo cual era un poco vergonzoso. Pero a nadie pareció importarle, por lo menos no a los brasileños, que terminaron ganando.

La multitud estalló en aplausos. Al Gore, el vicepresidente de Estados Unidos, entró a la cancha para entregar el trofeo a Dunga. Yo también estaba allí, lleno de orgullo por mi país de adopción y por mi deporte favorito. A pesar de los pronósticos adversos, ambos habían conquistado los corazones de todos.

BRASIL, 2014

1

Con frecuencia me preguntan: «¿Hubo un momento en tu carrera en que te sintieras asfixiado y cedieras a la presión en el campo de fútbol?».

Claro que sí, digo yo. Por supuesto. Pero también fue el momento que dio inicio a uno de los capítulos más gratificantes de mi vida.

En 1969, un año antes de la Copa del Mundo en México, empecé a acercarme a un hito sin precedentes en el fútbol: anotar mil goles profesionales. Esto se consideraba un logro particularmente difícil debido en parte a la gran cantidad de partidos que tenía que jugar para alcanzar esta meta. Mi carrera incluía todos mis encuentros con el Santos, la selección brasileña e incluso el año que jugué en el ejército a mi regreso de Suecia. Después de ganar la Copa del Mundo, y al igual que todos los jóvenes brasileños en los años cincuenta, tuve que prestar un año de servicio militar cuando cumplí dieciocho años. Pensé que esto enviaría un gran mensaje, que todo el mundo sería tratado por igual, y los militares recibieron también algunos beneficios, ¡incluyendo a un delantero muy bueno para su equipo!

Era mucho fútbol, mucho sudor y mucho trabajo. Como ya he dicho, Santos programó una enorme cantidad de juegos con la esperanza de sacar el máximo provecho de nuestra popularidad. En 1969, por ejemplo, jugué nueve partidos en marzo, seis en abril y seis en mayo. En junio, Santos jugó contra Corinthians, São Paulo FC y Palmeiras, los tres mejores equipos de São Paulo. También jugué en la selección de Brasil contra Inglaterra, los campeones defensores, en una victoria difícil 1–0. Por último, a final de mes, viajé con Santos a Milán, Italia, para jugar contra un Inter poderoso. Y eso fue un mes relativamente fácil ¡con sólo cinco encuentros! Algunas personas, entonces como ahora, trataron de minimizar la importancia del hito de anotar mil goles, diciendo que todos esos partidos lo habían facilitado, a lo que yo respondo: realmente yo no estaba a cargo de programar los encuentros. ¡Y creo que debería recibir *algún* crédito simplemente por no haberme desplomado en la cancha!

En cualquier caso, la mayoría de la gente pensó que era un número digno de celebrar. «Anotar mil goles en el fútbol es, en términos comparativos, una hazaña mayor que los setecientos catorce cuadrangulares en toda la carrera de Babe Ruth en el béisbol», escribió Associated Press en ese momento. El poeta brasileño Carlos Drummond de Andrade fue particularmente amable al declarar:

—Lo difícil, lo extraordinario, no es marcar mil goles como Pelé. Es anotar un gol como Pelé.

El único problema con que la gente diga cosas tan bonitas es que tienes que cumplir con lo que dicen. Y en octubre de 1969, mientras superaba el umbral de novecientos noventa goles, me sentía cansado físicamente y también emocionalmente. No me gustaba que toda la presión se centrara exclusivamente en mí: era el mismo tipo de reacción inusualmente nerviosa que sentiría algunos años después en mis partidos de «despedida». En realidad, nadie se preocupaba por mis nervios ni debía hacerlo. Yo era un profesional y hacía lo que me gustaba. El contingente de aficionados y periodistas de todo el mundo fue creciendo y creciendo con cada día que pasaba. Antes de los partidos, los equipos locales organizaban desfiles, colgaban banderas e invitaban incluso a bandas de música para hacerme un homenaje, ¡a pesar de que yo jugaba contra ellos!

Me golpeé contra un muro invisible bajo el peso de todas estas expectativas. No pude marcar un gol para salvar el pellejo. Uno de nuestros partidos durante ese período terminó empatado 0–0. Durante un encuentro en Salvador contra Bahia, un disparo mío pegó en el poste de la portería, y en otro tiro igualmente errado y angustioso, un defensa me robó el balón en la línea de gol. Las cosas se volvieron tan malas que el Santos decidió hacerme jugar como portero en un partido contra un equipo modesto en João Pessoa, en el nordeste de Brasil. Esto no era muy difícil para mí: durante muchos años fui el portero suplente del Santos, gracias a todo el tiempo que jugué en esa posición cuando yo era un niño en Bauru. Pero en este caso particular, creo que la dirección del club probablemente estaba siendo misericordiosa conmigo.

Mientras yo estaba aparentemente atascado en 999 goles por toda la eternidad, Santos debía jugar contra el Vasco da Gama, precisamente en el Maracaná. He jugado algunos partidos importantes en ese estadio en mi vida, pero no puedo recordar otro partido tan intenso como aquel. La fecha era el 19 de noviembre, el día de la bandera de Brasil. El estadio estaba lleno a reventar. Había una banda militar y lanzaron globos al cielo. Sentí que iba a vomitar.

Finalmente, un pase cruzando vino hacia mí, alto y bonito, tal como me gustaba. Yo estaba en la posición perfecta para enviar el balón a la meta. Salté tan alto como pude, mantuve los ojos abiertos como me había enseñado Dondinho y...

¡Gooooolllllllllllllll!

Pero esperen: no había tocado la pelota. Rêne, un defensa del Vasco, ¡había saltado para contenerme y terminó haciendo un autogol! ¡Yo no podía creerlo! ¡Dios mío, pensé que nunca más anotaría un gol!

Sin embargo, pocos minutos después me derribaron mientras entraba con el balón al área rival. El árbitro sonó el silbato. ¡Penal! No podía creerlo. ¿Era así como iba a anotar el gol número mil?

Sí. Tardé un tiempo considerable en alinear la pelota y noté incluso que temblaba un poco. Pero cuando llegó el momento, corrí hacia el balón, hice una pequeña pausa para engañar al portero y luego golpeé el esférico:

Esta vez fue de verdad:

¡¡¡¡¡¡¡¡¡Goooooooolllllllllllllllllllllllll!!!!!!!!!!

La multitud rugió. Corrí al fondo de la red, recogí el balón y lo besé. El estadio estalló con aclamaciones y petardos. Un enjambre de periodistas corrió hacia mí con micrófonos y cámaras de televisión y me preguntó cómo me sentía. Realmente no había pensado en lo que iba a decir y en el calor del momento dije lo que pensaba y dediqué el gol a los niños de Brasil.

—Tenemos que cuidar a los niños pequeños —señalé—. Necesitamos preocuparnos por eso.

¿Por qué lo dije? Unos meses antes había salido temprano de una sesión de entrenamiento en Santos y vi a un grupo de niños, tal vez de doce o trece años, de esos que te piden unas monedas por «cuidar tu auto». Esto es muy común y, a decir verdad, hay algo de extorsión detrás. En este caso, los niños ni siquiera estaban fingiendo cuidar nada porque los sorprendí tratando de robar un auto estacionado cerca del mío. Les pregunté qué estaban haciendo. No me hicieron caso en un principio, hasta que me reconocieron y luego reaccionaron un poco.

—No te preocupes, Pelé —me dijo uno de ellos—, sólo robamos autos de São Paulo.

¡Sonreí conmocionado y les dije que no robaran ningún tipo de autos!

Sonrieron con malicia y se alejaron. Pero el incidente permaneció en mi memoria y me preocupó mucho. Yo también había hecho travesuras cuando era niño: recuerden el maní en el tren que terminó como capital semilla para el Sete de Setembro, nuestro equipo en Bauru. Sin embargo, parecía que la vida de los niños brasileños se estaba haciendo mucho más brutal y peligrosa, aunque la economía estuviera creciendo mucho en esa época. Brasil había pasado de ser un país principalmente rural a uno predominantemente urbano en el transcurso de una sola generación y muchos de los lazos comunitarios que yo recordaba de Bauru, donde todas las personas se conocían, habían sido destruidos a medida que los vecindarios desaparecían y la gente se mudaba a las grandes ciudades. En vez de nadar en ríos y de coger mangos de los árboles vecinos, como lo había hecho mi generación, muchos jóvenes se encontraban ahora atrapados consumiendo drogas en bloques de apartamentos gigantescos y opresivos. Parecía, al menos para mí, que había una gran diferencia entre robar maní y robar autos. Y, por supuesto, tener hijos hizo que estas preocupaciones fueran más personales que nunca.

Bueno, es gracioso cómo funciona la vida: mi comentario sobre los niños terminó siendo mucho más memorable e importante que cualquier otra cosa que haya ocurrido ese día, incluyendo mi gol número mil o mis dificultades para anotarlo.

En ese momento, tuve que soportar una gran cantidad de críticas por parte de los medios de comunicación, los cuales dijeron que estaba siendo demagógico o poco sincero. Pero pensé que era importante aprovechar esa ocasión, cuando todo el mundo observaba, para llamar la atención sobre un asunto crítico que estaba más allá de las canchas de fútbol, un problema social que había empezado a preocuparme mucho. A medida que me fui haciendo mayor, empecé a comprender que el deporte puede —y debe— tener un propósito más amplio, más allá de los goles, pases y campeonatos. Al final resultó que, a pesar de todo el escepticismo y las dudas, la gente en Brasil y en todo el mundo en realidad estaba escuchando lo que yo tenía que decir.

2

Estaba en una fiesta en Nueva York en la época del Cosmos, cuando alguien me presentó a una mujer elegante y mayor.

—Es un placer conocerte, Pelé —me dijo—. Soy Eunice Kennedy Shriver.

Conocí al hermano de la señora Shriver, el presidente John F. Kennedy, varios años atrás. Me parcció un hombre muy carismático y amable, y me entristeció su muerte en 1963, pero hasta csc momento, yo sabía muy poco sobre el resto de la familia y del trabajo que hacía. Así que sentí mucha curiosidad cuando la señora Shriver empezó a hablarme esa misma noche sobre el programa que había iniciado unos años antes, en 1968, para fomentar el atletismo y el deporte entre las personas con discapacidad.

—Lo llamamos las Olimpiadas Especiales —me dijo—. Y sería un honor si nos ayudaras a promoverlo.

Acepté de inmediato. Nunca había oído hablar de un proyecto más digno. Con el paso de los años, probablemente me hice más cercano a la señora Shriver que a cualquier otra persona en Estados Unidos mientras hacía mi labor para ayudar a promover las Olimpiadas Especiales, apareciendo en eventos y reuniones con los atletas. La señora Shriver siempre fue muy buena conmigo; era muy seria y astuta. Decía que le encantaba la alegría del pueblo brasileño, nuestra música y nuestros bailes. Pero ella se había concentrado especialmente en hacer que las Olimpiadas Especiales fueran todo un éxito. Lo que comenzó como una carrera de atletismo en Chicago en 1968, con apenas mil quinientos atletas, se transformó en 1983 en un megaevento en el que participaron un millón de atletas de cincuenta países. Contribuir un poco a ese crecimiento fue una de las experiencias más gratificantes de mi vida. Nunca olvidaré las inolvidables palabras de la señora Shriver:

—En las Olimpiadas Especiales, lo que cuenta no es el cuerpo más fuerte ni la mente más deslumbrante, sino el espíritu invencible que supera todas las desventajas.

Estaba asombrado por la capacidad estadounidense para promover la caridad, los negocios y el deporte al mismo tiempo. Nunca había visto nada igual en Brasil. La señora Shriver fue especialmente hábil en la organización de estos eventos donde la gente podía reunirse para hacer el bien, divertirse y ganar dinero. Un ejemplo de esto fue aquella ocasión en que un grupo numeroso se reunió un fin de semana de tres días en Washington, D.C., con el fin de recaudar fondos para las Olimpiadas Especiales y promover una nueva película: *Superman*, protagonizada por Christopher Reeve.

Mucha gente famosa estaba allí, desde Steve Ross hasta la periodista estadounidense Barbara Walters y Henry Kissinger (obviamente). La hija de la señora Maria Shriver, quien tenía veintitrés años, fue con su novio, un culturista austriaco llamado Arnold Schwarzenegger. Era mucho más callado en aquel entonces y su inglés era mejor que el mío, pero no por mucho. Le pregunté si había jugado fútbol en Europa.

—Prefiero el levantamiento de pesas —dijo sonriendo—. Soy mejor en eso.

El presidente Carter y su esposa asistieron a la proyección de la película. Kissinger entusiasmó a la multitud al hablar de su pasado como portero de fútbol en Alemania.

—Quiero darles las gracias por estar aquí para ver una película dedicada a mi vida —bromeó.

Y, antes de *Superman*, pasaron un cortometraje sobre las Olimpiadas Especiales. Recuerdo que la sala quedó totalmente en silencio mientras todos los niños hablaban de lo importante que era tener su propio evento deportivo.

Esto, además de ser una labor importante y conmovedora, fue una tremenda experiencia de aprendizaje para mí. La caridad y las labores benéficas podían ser divertidas y se podían hacer de una manera eficaz, con la mirada puesta en resultados específicos y concretos. Armado con este conocimiento, volví a Brasil, decidido a hacer en mi patria todo el bien que pudiera.

3

A comienzos de los años noventa parecía que las cosas no podían ser peores en Brasil. Pero, de alguna manera, sí lo fueron. Además de todos los problemas económicos habituales, fuimos golpeados por una serie de tragedias casi impensables y tan terribles que el mundo entero lloró con nosotros. En 1992 estalló un motín en la prisión de Carandiru, en São Paulo; la policía militar irrumpió en la cárcel y abrió fuego: ciento once presos murieron. Apenas unos meses después, en 1993, un grupo de hombres armados abrió fuego contra varias docenas de niños sin hogar que dormían afuera de la iglesia de la Candelaria, en Río de Janeiro. Ocho niños, entre ellos algunos que apenas tenían once años, fueron asesinados. Los asesinos en este último caso resultaron ser policías que al parecer estaban furiosos por la delincuencia en el centro de Río y creían que estos niños indefensos debían ser castigados por ello.

La masacre de Candelaria, como llegó a ser conocida, fue devastadora para mí y para muchos brasileños. Lloré durante varios días. Me pareció que era la culminación de todos mis temores acerca de los niños de nuestro país y de la preocupación que había manifestado en 1969.

Era la prueba de que vivíamos en una sociedad profundamente enferma que le había dado la espalda a los más vulnerables y necesitados.

El Brasil de mi juventud, el país de gente muy rica y de otra muy pobre, no había cambiado mucho en los últimos años, al menos no en ese sentido. La brecha entre las clases sociales era tan grande como siempre y Brasil seguía siendo uno de los países más desiguales del mundo. Mientras tanto, la población nacional había crecido a una velocidad asombrosa: los casi sesenta millones de habitantes en 1956 —el año en que salí de Bauru en aquel autobús para Santos— habían pasado a ciento setenta millones o más en 1990. Casi todo el crecimiento había sucedido en las ciudades y, sorprendentemente, el país rural de mi juventud ya era urbano en un ochenta por ciento. Nuestras ciudades eran enormes, pero los empleos eran pocos y esporádicos, y muchas personas tenían vidas violentas y breves en las favelas de las colinas que rodeaban a Río de Janeiro y São Paulo. Pocos creíamos que tendríamos la oportunidad de ver una mejora en la situación.

En 1994, mientras se celebraba la Copa del Mundo en Estados Unidos, se estaban realizando elecciones presidenciales en Brasil. No les presté mucha atención. Aunque me disgusta mucho el cinismo, estaba convencido de que la política siempre sería una parte del problema en Brasil y no de la solución. Mi historia personal me había enseñado a creer que las cosas eran así.

Sin embargo, hay que decir que el presidente electo era un poco diferente a los mandatarios anteriores de Brasil. Era Fernando Henrique Cardoso, un famoso sociólogo de São Paulo. Había estudiado en detalle la pobreza y sus causas y realizado estudios en los años cincuenta, señalando la falta de oportunidades económicas que tenían los negros en Brasil. Fernando Henrique, como le decía la gente, fue un hombre de izquierda durante la dictadura, y se exilió en Chile y en Francia. Pero había evolucionado con el tiempo y ahora quería hacer de Brasil un país moderno con una economía integrada y vibrante. No era un hombre carismático y, aunque hablaba francés, español e inglés con fluidez, a veces tenía dificultades para hablar en un lenguaje cotidiano que pudieran entender los brasileños. Sin embargo, como ministro de Hacienda del gobierno anterior, Cardoso logró controlar el viejo problema de la inflación brasileña. Los precios habían aumentado un impresionante dos mil quinientos por ciento en 1993, el peor año en términos de inflación. Pero a mediados de 1994, los precios escasamente subieron. Este éxito inesperado llevó a Cardoso a postularse como candidato presidencial.

Fernando Henrique también utilizó el fútbol a favor de su agenda política. En este sentido, por lo menos, supongo que fue muy similar a algunos de sus predecesores. El primero de julio de 1994, tres días antes del encuentro en California entre Brasil y Estados Unidos durante el Mundial, Fernando Henrique lanzó una nueva moneda llamada *real* con el fin de estabilizar aún más los precios. Por supuesto, el fútbol no tendría un impacto directo en el éxito ni en el fracaso de esta moneda, pero, como declaró posteriormente, Fernando Henrique creía que los brasileños podían estar más dispuestos a aceptar el *real* si tenían un buen estado de ánimo y sentían confianza en su país. ¿Qué mejor manera de lograrlo que ganando el Mundial de fútbol?

Así que Fernando Henrique decidió jugarse su suerte con la selección nacional, invitando a periodistas y otras personas a su apartamento para ver el partido mientras él animaba a Brasil. Esta era una especie de apuesta arriesgada: después de todo, ¡Brasil llevaba veinticuatro años sin ganar un Mundial! Sin embargo, Brasil venció a Italia ese día en el Rose Bowl, convirtiéndose en el nuevo campeón mundial de fútbol. Coincidencia o no, el lanzamiento del *real* también fue un éxito y Fernando Henrique ganó las elecciones por un amplio margen algunas semanas después. Una vez más, la política y el fútbol estaban juntos en Brasil. Yo no podía creerlo.

Poco antes de la ceremonia de investidura presidencial a finales de 1994, fui invitado a reunirme con Fernando Henrique en Brasilia. Realmente no sabía qué esperar. Él fue muy amable y más realista de lo que esperaba.

—Una de las cosas que queremos hacer es llevar más niños a la escuela —me dijo—. Creemos que, con el tiempo, eso resolverá muchos de los problemas de Brasil.

Sonaba muy bien, pero yo no entendía qué tenía que ver conmigo, hasta que fue al grano.

—Pelé —me dijo—, me gustaría que fueras el ministro extraordinario de Deportes de mi gobierno.

Ah, no era una idea nueva. Obviamente, me sentí halagado, pero tres presidentes anteriores me habían ofrecido ese cargo en los últimos diez años y no había aceptado. Decliné la oferta, le agradecí con educación y me dispuse a marcharme.

—Bueno, lo entiendo —dijo en voz baja—, pero ¿qué pasa con la declaración que hiciste sobre los niños de Brasil cuando marcaste tu gol número mil?

Fernando Henrique dijo que quería hacer que los deportes fueran una parte fundamental de su plan para convencer a los niños de ir a la escuela.

—Esta sería una oportunidad para que hicieras algo concreto y real para ayudar a los niños. Así que vamos, Pelé. ¿Qué piensas?

Recuerdo que pensé: *¡Hombre, este tipo es bueno!* Tal vez *era* hora de que yo dejara de hablar de la política brasileña e hiciera algo concreto para marcar una diferencia positiva. Casi a pesar de mí mismo, me encontré diciendo «sí» a la oferta de Fernando Henrique. Después de tantos años de quejarme de la política, yo iba a ser parte del sistema.

4

Siempre he sido un tipo muy informal y relajado, incluso para los estándares de Brasil, un país donde la gente no es conocida por usar siempre trajes y corbatas. Así que la pompa y el decoro de Brasilia, nuestra capital, fue conmocionante al principio. Era una ciudad de títulos elaborados, trajes oscuros, sedanes negros y discursos en los que tenías que reconocer por su nombre a todas las personas importantes antes de que te permitieran decir una sola cosa sustancial. Mis amigos ya ni siquiera sabían cómo decirme: ¿ministro Edson?, ¿ministro Pelé? Yo había tenido todo tipo de apodos, incluyendo algunos que hacían referencia de un modo divertido a mi carrera, como *negão* y *crioulo*. Personas a las que había conocido durante varias décadas venían a verme durante esos primeros meses en el Ministerio y me decían:

—Hola, *crioulo*, ¿qué pasa?

Y luego se ponían pálidos y corregían:

—Uuuy, lo siento, ministro Edson...

Yo me reía simplemente y respondía:

—No, no, relájense....

Todo eso fue una experiencia nueva para mí, pero estaba muy orgulloso de mi nueva posición. Me sentía honrado de servir a mi país desde un cargo oficial, y agradecido por la confianza que el presidente y mis compatriotas brasileños habían depositado en mí. También me sentí orgulloso de ser el primer ministro negro en la historia de Brasil. Que hubieran pasado casi dos siglos después de la Independencia de Brasil para que esto sucediera, demostraba una vez más todas las dificultades que habían tenido los afrobrasileños en materia de oportunidades. Me alegré de ayudar a derribar esa barrera y de que muchas más personas pudieran seguir mis pasos, como no tardaron en hacerlo.

Descubrí, para mi sorpresa y alegría, que se podían hacer algunas cosas maravillosas desde Brasilia. Como había prometido Fernando Henrique, nuestra mayor atención se centró en convencer a las familias de que enviaran a sus hijos a la escuela. Esto abordaría varios de los problemas más acuciantes de Brasil, entre ellos, con suerte, el más grave de todos: la pobreza. Un estudio de 1992 mostraba que el quince por ciento de los niños brasileños menores de cinco años tenía síntomas de desnutrición, lo que, obviamente, tenía consecuencias terribles no sólo en el presente de Brasil, sino también en el futuro. En total, unos treinta y dos millones de niños en todo el país vivían en la pobreza, una cifra mayor que la población de Canadá. Creíamos que si podíamos hacer que los niños fueran a la escuela y permanecieran allí, podríamos garantizar en el corto plazo que comerían mejor y que estarían alejados de las malas influencias de la calle, algo que conducía con frecuencia a la delincuencia. A largo plazo, queríamos darles educación, lo que era claramente un paso necesario para sacar a la gente de la pobreza.

Una de las ideas de Fernando Henrique fue un programa llamado *bolsa escola* (beca escolar) que pagaba a las familias un estipendio mensual de unos pocos cientos de dólares si mantenían a sus hijos en la escuela. Esto fue muy importante: de hecho, marcó un punto de inflexión en la educación brasileña y en las vidas de muchas personas pobres. Pero yo sabía por experiencia propia que los niños también necesitaban otro incentivo, que necesitaban más excusas para ir a la escuela. Después de todo, si la escuela de Bauru hubiera tenido una cancha de fútbol, ¡yo podría haber asistido con más frecuencia a las clases!

Así, con la ayuda de muchas personas dedicadas en el Ministerio de Deportes y en otros lugares, pusimos en marcha un programa que construyó instalaciones deportivas de bajo costo, como canchas de fútbol y de baloncesto, en muchos de nuestros barrios más pobres. Llamamos a estas instalaciones *vilas olímpicas* o «villas olímpicas». Este nombre daba una sensación de gran importancia, pero por lo general, cada villa tenía un costo muy inferior al millón de dólares. Debido a que el gobierno brasileño aún tenía muy pocos fondos en esa época, logramos obtener la mayor parte del dinero de compañías privadas como Xerox, una empresa estadounidense. Los niños podían ir a las villas siempre que quisieran, pero —aquí estaba la clave— tenían que demostrar que habían asistido a clases con regularidad. Este requisito tenía dos ventajas: daba a los niños una razón adicional para asistir a clases y los mantenía también fuera de las calles después de la escuela, lejos de las drogas y de otros problemas, así fuera por unas pocas horas.

Era una idea simple, pero realmente eficaz. Es así que, en muchos de los barrios en los que construimos estas villas, la asistencia escolar aumentó mientras que la delincuencia juvenil se redujo, en algunos casos casi a cero. En 1997, el presidente de Estados Unidos, Bill Clinton y su esposa Hillary fueron a Río y visitaron una *vila olímpica* particularmente exitosa que estaba ubicada en Mangueira, un barrio pobre. El presidente Clinton dio un discurso elogiando el éxito del programa y felicitó a uno de los estudiantes en Mangueira por ser la primera persona de su familia en ir a la universidad.

Posteriormente, el presidente Clinton y yo entramos a la cancha de fútbol.

—Ten paciencia conmigo —me dijo entre risas. Sonreí, la prensa se rio y nos tomaron muchas fotos mientras pateábamos un poco la pelota.

¡El presidente Clinton no jugaba nada mal! Pero, para ser honesto, mis pensamientos estaban en un lugar mucho más allá del fútbol: estaba muy feliz y orgulloso de lo que habíamos logrado. Ese momento en Mangueira me pareció la culminación de varias cosas por las que había trabajado muy duro. Mi éxito en el fútbol me había dado una plataforma para hacer una diferencia, mi educación me dio las habilidades para hacerlo y la confianza que la gente había depositado en mí y el duro trabajo de mis colegas y mío en el Ministerio resultaron en la creación de un proyecto que realmente marcó una diferencia positiva en las vidas de los niños. Fue un momento para estar orgulloso tanto de Edson como de Pelé.

5

El trabajo con los niños fue de lejos lo más gratificante que hice como ministro. También ayudamos a organizar torneos de fútbol entre los indígenas de Brasil y partidos entre los presos de las cárceles. Pero también había otro grupo al que yo quería ayudar: los jugadores de fútbol. Y aunque inicialmente no parezca ser un grupo demográfico que necesitara de nuestra ayuda, teniendo en cuenta todas las otras personas necesitadas que había en Brasil, la verdad es que la acción del gobierno estaba en mora desde hacía mucho tiempo.

La mayoría de los extranjeros cree que el fútbol profesional brasileño debe ser muy próspero. A fin de cuentas, tenemos una de las tradiciones más ricas del mundo en este deporte, una enorme base de seguidores leales y una cantera interminable y excitante de talento local. Así que, supuestamente, debíamos tener una de las mejores ligas del mundo, ¿verdad? Falso. En los años noventa, y con mucha frecuencia, la liga brasileña tenía apenas el dinero suficiente para pagar a sus jugadores, debido en parte a que muchos fondos desaparecían por culpa de la corrupción. En realidad, nadie sabía a dónde se iban todos los millones de dólares recaudados por concepto de taquilla y de transferencias de jugadores. Con frecuencia, los estadios eran inseguros debido al aumento de la violencia en nuestra sociedad y a la cual el fútbol no era inmune. Así pues, las familias comenzaron a alejarse y las tribunas de nuestros grandes estadios —incluso del Maracaná— muchas veces estaban semivacías.

Mientras tanto, las normas y reglamentos —y en algunos casos, la falta de estos— despojaban a los jugadores incluso de sus derechos más básicos. No había planes de jubilación, de ayuda médica o de un seguro para los jugadores brasileños, quienes tampoco tenían derecho a ser «agentes libres» después de terminar su contrato con un club. Si un jugador no podía llegar a un acuerdo con su equipo, este podía prohibir que jugara en otro. Era una especie de esclavitud. Mientras tanto, un puñado de estrellas brasileñas que jugaban en Europa ganaban altos salarios, pero la mayoría de los jugadores en Brasil escasamente lograba ganarse la vida.

Gracias a mis viajes, sabía que Brasil no era el único país en tener estos problemas. En los años noventa, las ligas de fútbol de Inglaterra y de algunos países de Europa y Oriente Medio también tenían una baja asistencia. El vandalismo, que algunos creían que había surgido de la cultura anárquica y sin raíces que se afianzó en los años sesenta y setenta, asustó a miles de aficionados y, mientras tanto, los organismos gubernamentales que supervisaban el fútbol tal vez se habían vuelto demasiado poderosos. Todo el dinero y el prestigio que recibió nuestro deporte rey en los años setenta y ochenta dio de manera repentina una gran influencia y prestigio nacional a los presidentes y funcionarios de las federaciones de fútbol, pero nadie implementó normas o leyes para estar al día con la nueva realidad y garantizar que estas personas utilizaran todo su poder de manera imparcial y transparente.

De hecho, durante muchos años, me sentí indignado por la forma en que el dinero del fútbol parecía despilfarrarse. Me acordaba de todos los partidos que había jugado con el Santos, de todos los viajes que hicimos a Europa, África y Estados Unidos, y de cómo nuestro club misteriosamente nunca parecía ser más rico. Nuestros vestuarios y escenarios para entrenar no eran de primera categoría, por decir lo menos. Un año después de nuestra gira habitual por Europa para jugar partidos, una maleta de dinero con las ganancias del equipo desapareció sin más. Uno de los oficiales del equipo se bajó del avión para tomar un café y dijo que alguien le había arrebatado la maleta. ¡Parecía algo salido de *Misión Imposible*! Ah, nos reímos de eso ahora, pero estas cosas eran realmente muy tristes.

El problema de los agentes libres me molestaba tanto que yo había hablado con nuestros políticos al respecto desde principios de los años setenta. Viajé a Brasilia con un grupo de jugadores del Santos para hablar del tema con el presidente Médici después de un incidente que ocurrió en nuestro equipo. Un compañero nuestro estaba saliendo con la hija de un miembro de la junta del equipo. El jugador y el directivo tuvieron una discusión, el miembro de la junta insistió en que el jugador fuera retirado de la alineación y, obviamente, fue despedido y le prohibieron firmar con cualquier otro equipo. Las leyes laborales protegían a casi todas las demás profesiones en Brasil de este tipo de situaciones, pero los jugadores de fútbol eran tratados como ciudadanos de tercera clase.

El presidente Médici pareció solidarizarse con esta causa, pero terminó haciendo lo más fácil: nada. Ahora que yo era ministro de Deportes, estaba decidido a resolver el problema. Propuse un conjunto de reformas que tenían el objetivo de ayudar tanto a los jugadores brasileños como a los equipos. No sólo íbamos a dar a los jugadores el derecho de ser agentes libres, sino también a aprobar una ley que obligara a los clubes de fútbol a elaborar informes financieros anuales y auditados. Esto resultaría probablemente en la desaparición de un número mucho menor de maletas.

Era evidente que había llegado el momento de los agentes libres. Sin embargo, fui mucho menos afortunado en el tema de la transparencia financiera. Prácticamente todos los clubes de fútbol del país se rebelaron contra mi iniciativa debido a que sus directivos sabían que significaría la pérdida de sus privilegios especiales. Crearon incluso un grupo de presión con una oficina en Brasilia, cuya labor consistía en trabajar de tiempo completo contra la legislación. Mientras tanto, hubo denuncias de corrupción en el ministerio y tuve que despedir a catorce funcionarios. Todos los días había artículos en la prensa en los que me atacaban por tratar de acabar con el fútbol brasileño, cuando yo trataba obviamente de hacer lo contrario.

En 1998, un proyecto de ley fue aprobado finalmente: se llamaba «Ley Pelé». Sin embargo, prácticamente lo único que contenía era el hecho de permitir la agencia libre, por lo que ni siquiera estoy seguro de que mereciera mi nombre.

Ser vilipendiado todos los días en la prensa no era algo a lo que yo estuviera acostumbrado. No fue divertido, eso es seguro. Yo sólo estaba tratando de hacer que el fútbol fuera tan bueno como pudiera, y de que la profesión fuera tan digna como el deporte en sí. Han pasado muchos años, y esto no ha sucedido todavía. Muchos clubes tienen deudas enormes y los jugadores aún están luchando para ganarse la vida. En otras partes del mundo, muchas de las ligas que tuvieron problemas en los años noventa están un poco mejor ahora, gracias a una mayor seguridad y a una administración más profesional. Es una lástima que mi país siga atascado en muchos sentidos. El fútbol brasileño, y los fanáticos del fútbol brasileño, se merecen algo mejor.

6

El sucesor de Fernando Henrique fue Luiz Inácio Lula da Silva, otro presidente que rompió con la imagen tradicional de los presidentes brasileños. Uno de los veintitrés hijos de un hombre del nordeste, Lula y su familia emigraron a São Paulo a bordo de un camión cuando él era apenas un niño. Fue la primera persona de la clase trabajadora de Brasil en llegar a la presidencia y, al igual que yo, había logrado muchas cosas en su vida a pesar de tener muy poca educación formal. Es una figura inspiradora para muchas personas, no sólo en Brasil, sino en todo el mundo.

Lula podía ser muy divertido y encantador. Era un gran aficionado al fútbol y llegó a la presidencia después de que Brasil ganara su quinta Copa Mundial, en 2002, todo un récord. Su equipo favorito era el Corinthians, contra el que, como he dicho, yo siempre parecía jugar muy bien por alguna razón. El primer par de veces que hablé con Lula, él rio y me dijo:

—¡Ahhhhh, Pelé, eres un desgraciado, lo que me hiciste sufrir con tu maldito Santos!

También me pidió que lo disculpara con Doña Celeste en su nombre por maldecirla tantas veces a lo largo de los años mientras me veía jugar.

Nos reímos mucho.

Siempre me llevé bien con Lula, pero me sentí muy decepcionado cuando me enteré, poco después de su elección, que iba a desmantelar las villas olímpicas, las cuales habían tenido mucho éxito, incluso después de que yo dejara el ministerio. Rogué a Lula que reconsidera su decisión, pero dijo que quería terminar el programa, al parecer porque su partido político tenía un proyecto diferente. No era un proyecto *mejor*, sino uno diferente. Y así, la financiación de las villas fue suprimida.

Esta es una de las cosas de la política que nunca he entendido. Los políticos se mantienen tan ocupados peleando entre sí y tratando de destruir los logros del otro en busca de su interés personal, que no piensan en lo que es mejor para el pueblo. El final de las villas fue, en mi opinión, la prueba definitiva de que la política no era el juego adecuado para mí.

Dicho esto, ha habido muchos cambios positivos en Brasil y en el mundo en los últimos veinte años aproximadamente. En mi propio país, unos treinta y cinco millones de personas han salido de la pobreza, el equivalente a cuatro veces la población de la ciudad de Nueva York. El viejo problema de Brasil —la desigualdad social y económica— también ha mejorado. Algunos aspectos de las enfermedades y del hambre en Brasil —del que los médicos del equipo trataron de «salvarnos» desde antes del Mundial de 1958 en Suecia— han desaparecido. Por ejemplo, en los años cincuenta la esperanza promedio de vida de un brasileño era de sólo cuarenta y seis años, frente a sesenta y nueve en Estados Unidos. Era una brecha enorme. Actualmente, la esperanza promedio de vida de un brasileño es de setenta y tres años, sólo cinco años menos que en Estados Unidos. No es una casualidad que, mientras esta mejora tenía lugar, vimos un aumento espectacular en la escolarización, gracias en parte a los programas que ayudamos a instrumentar durante los años noventa. Brasil tiene ahora una escolarización casi del cien por ciento en la escuela primaria. Por razones personales, y debido a mi propio pasado, esto me da una enorme satisfacción. Es un logro que seguirá teniendo beneficios en las próximas décadas.

En Brasil, mucha gente tiende a acreditar a los dos últimos presidentes por este progreso. Y es cierto: Fernando Henrique y Lula hicieron muchas cosas buenas, pero he viajado lo suficiente por el mundo como para saber que el de Brasil no es un caso aislado. El mismo progreso que hemos experimentado en Brasil ha ocurrido también en innumerables países. A nivel mundial, el número de personas que viven en la pobreza extrema —definida por lo general como vivir con menos de 1,25 dólares al día— se ha reducido en casi mil millones desde 1990. He visto evidencia de esto en mis viajes con la UNICEF y otras organizaciones a África, al sudeste asiático y a otros países de América Latina. Todavía existe una gran pobreza en el mundo, más de la que debería haber. Sin embargo, y con algunas excepciones, no se ve el mismo grado de miseria que en el pasado. Las caras de hambre, enfermedad y desesperanza —las que recuerdo haber visto con frecuencia en mis primeras épocas y viajes como jugador— ahora son más escasas y espaciadas.

Son muchas las razones para este progreso y, aunque las entendiera a la perfección, no trataría de explicarlas todas aquí. Pero pienso en mis experiencias y en la forma en que era el mundo en 1950, cuando los brasileños se reunieron por primera vez como una nación para escuchar el partido por el campeonato mundial en el Maracaná. A partir de ese día, la gente pareció más conectada con Brasil como país y con más probabilidades de pensar en sí misma como parte de una comunidad y, después de que apareció esta unidad, ya nunca podrían separarnos. En los años sesenta, a medida que las personas fueron más consciente del mundo a su alrededor, comenzaron a exigir mayores derechos para sí mismas y para los pobres, en parte porque querían que Brasil fuera tan bueno en la vida real como lo era en una cancha de fútbol. También pienso que, en esa misma época, empezamos a concentrarnos en nuestras capacidades individuales y a pensar más en la colaboración y en el trabajo en equipo. A su vez, estos valores fueron cada vez más aceptados en todo el mundo, y no sólo en el campo del fútbol.

Últimamente, a medida que el deporte se ha enriquecido más, he visto una y otra vez cómo se han utilizado los frutos de la popularidad del fútbol para ayudar a los menos afortunados, ya sea a través de donaciones directas o por medio de clínicas o de otros programas valiosos que permiten que los jóvenes jueguen al fútbol. Hablando desde mi experiencia personal, cuando un niño o una niña pisan una cancha de fútbol, se sienten iguales a todos los habitantes de su pueblo y del mundo. Ese sentimiento de orgullo y de empoderamiento no desaparece nunca una vez que los niños lo sienten. Exigen más a sus políticos. Se exigen más a sí mismos y a sus familias, tal como deberían hacerlo.

Sí, creo que el fútbol ha ayudado a hacer del mundo un lugar mejor. Puede que no sea el factor principal, pero ha sido importante. Los valores que enseña este deporte son universales. Me han hecho una persona mejor, y no sólo a mí sino también a una gran cantidad de personas.

7

Después de tantos goles y campeonatos, ¿cuál creen que es el gol más famoso en la historia de Brasil?

¿El gol de Carlos Alberto en la final del «equipo bonito» contra Italia en 1970?

¿El cohete de Didi que encapsuló «los mejores tres minutos en el fútbol» contra la Unión Soviética en 1958?

¿O mi cabezazo contra Suecia en el último minuto de la misma Copa del Mundo?

Ninguno de los anteriores. El gol del que todavía habla más la gente y que se repite una y otra vez en la mente de los brasileños es el gol de la victoria contra nosotros en el Maracaná en 1950, anotado por Alcides Ghiggia.

¡Han pasado sesenta y cuatro años! Y todavía…

Una gran parte del recuerdo perdurable que tenemos de ese gol es el hecho de que Brasil no ha vuelto a organizar otra Copa del Mundo desde entonces. A pesar de que hemos ganado cinco Copas del Mundo —más que cualquier otro país—, la mayoría de nuestros rivales han tenido el placer de ganar un Mundial en su propio país: Argentina, la

República Federal de Alemania, Inglaterra, Italia… pero nosotros no. Créanme, lo he visto: no hay nada como celebrar un campeonato mundial ganado en tu propio país. El patriotismo, el alboroto de la multitud, el orgullo que sienten los jugadores, es algo que no tiene igual.

Brasil fue uno de los finalistas para realizar la Copa en 1994, algo a lo que me opuse porque creía que nuestro país necesitaba invertir su dinero en otras cosas más importantes, como ya he señalado. Pero la economía mejoró a mediados de la década del 2000, lo que pareció darnos un margen más amplio de acción. Mientras tanto, Lula prometió que no se gastaría ni un centavo del dinero público en los estadios de la Copa Mundial. También prometió que usaríamos el Mundial como un pretexto para construir todo tipo de carreteras y de sistemas de transporte público, aeropuertos y otros proyectos que Brasil llevaba varios años —o tal vez décadas— aplazando. Así que parecía un buen negocio y me sentí muy emocionado cuando Brasil fue escogido para realizar la Copa del Mundo de 2014. Además, ganamos el derecho a organizar los Juegos Olímpicos de 2016 en Río de Janeiro y eso también me hizo sentir feliz y orgulloso.

Por desgracia, las cosas no han salido como fueron prometidas. El plan para que los bancos del sector privado financiaran los estadios realmente nunca se llevó a cabo y fue necesario acudir a la financiación pública. Casi todos los grandes proyectos de infraestructura fueron cancelados o aplazados y la construcción de los estadios se atrasó y excedió el presupuesto inicial. Supongo que, entre todas las personas, yo debería haberlo previsto. Después de todo, si asignas un presupuesto de cien millones de dólares para un estadio, *nadie* lo construye por noventa y luego te dice: «Aquí está el resto del dinero». Y mucho menos en Brasil o en el fútbol brasileño.

A mediados de 2013, muchísimos brasileños se indignaron por todo esto e hicieron algunas protestas callejeras durante la Copa Confederaciones, una especie de torneo de preparación que se realiza un año antes en el país anfitrión de la Copa Mundial. Mucha gente estaba indignada de que el dinero público se hubiera destinado a los estadios y no a hospitales, escuelas y otros servicios públicos. Un manifestante brasileño sostenía un cartel que decía: Japón, cambiaría mi fútbol por tu educación.

Como alguien que alguna vez cometió la herejía de oponerse a una Copa del Mundo porque pensó que Brasil no podía permitírsela, apoyé gran parte de lo que estaban diciendo los manifestantes. Había muchas cosas para estar molesto en Brasil. Sin embargo, me preocupó que la política se infiltrara en las canchas de fútbol; era algo que ya había visto muchas veces como jugador y siempre me daba tristeza. Por ejemplo, algunas personas utilizaron la Internet para invitar a los aficionados a dar la espalda al campo de juego durante el himno nacional. Por suerte, los partidos se realizaron tal como estaba previsto, Brasil ganó incluso la Copa Confederaciones y todos los aficionados se sintieron muy bien al respecto.

Creo que la Copa Mundial de 2014 será muy divertida; tal vez se presentarán algunos problemas logísticos, pero de todos modos será muy divertida. Los estadios estarán llenos de aficionados entusiastas, las playas estarán impecables y las bebidas fluirán en abundancia. Brasil sabe cómo organizar una fiesta y nuestra tradición en el fútbol es insuperable. Somos conocidos por nuestra hospitalidad y nuestra gente está deseosa de acoger a los casi trescientos mil visitantes que se esperan. También tenemos algunos jugadores destacados en el equipo. Estoy seguro de que Brasil, y el fútbol brasileño, se ganarán a más de una nueva generación de aficionados en todo el mundo.

Y si terminamos jugando la final contra Uruguay en el Maracaná: Dios mío, podría sentirme demasiado nervioso para asistir al estadio. ¡Más bien, tal vez tendría que ir a la iglesia con mi madre!

8

En la pared de mi oficina en Santos, tengo una foto de Dondinho, acompañado por mi hijo Edinho y yo. Le estamos dando un beso en la mejilla. La foto me recuerda algunos de mis días más felices, cuando Edinho y yo jugábamos fútbol en el patio de nuestra casa en Guaruja, mientras mi papá nos veía. Permanecía un rato en silencio y luego se ponía a gritar consejos:

—¡Vamos, con un lado del pie! —y, por último, cuando no podía soportarlo más, se levantaba, sonreía y decía—: ¡Bueno, muchachos, pásenme el balón! ¡Ya saben que yo también tengo un poco de experiencia con él!

Tres generaciones de la familia Nascimento jugando fútbol y retorciéndose de la risa, nada me ha hecho más feliz. Mi padre falleció en 1997 debido a problemas del corazón. El fútbol no ha tenido exactamente la misma alegría para mí desde entonces, todos los días lo extraño.

Cuando Dondinho murió, mi mamá me sorprendió al sacar una antigua reliquia: mi viejo kit de limpiabotas. Casi se me salen los ojos. Pensé que llevaba medio siglo perdido y no sabía en dónde lo había guardado ella. Pero allí estaba, con el viejo cepillo e incluso con un poco de betún endurecido adentro. Cuando lo abrí, tintinó una vieja moneda de cuatrocientos *reis*. Brasil ha tenido siete u ocho monedas diferentes en el transcurso de mi vida debido a todos los problemas financieros, y es imposible hacer un seguimiento del valor de cada una, pero supongo que esta vieja moneda habría sido una suma un poco decente en los años cincuenta, especialmente para una familia tan pobre como la nuestra.

—¿Qué es esto? —pregunté.

—Es el primer dinero que ganaste para nosotros —dijo mi mamá en voz baja—. Lo guardé porque trabajaste muy duro para ganártelo.

¡Bueno, ustedes ya me conocen bastante bien como para saber lo que hice a continuación! Fue un momento muy emotivo para los dos que me recordó lo afortunado que he sido toda mi vida. Fui bendecido por Dios con un talento especial y tuve la suerte de poder utilizarlo y disfrutarlo durante toda mi vida. Tuve la oportunidad de labrarme una buena vida y de apoyar también a muchos seres queridos.

Actualmente estoy en mi octava década de vida y creo que he empezado a bajar un poco el ritmo y a reservar un poco más de tiempo para Edson. Cuando estoy en mi casa en las afueras de Santos, paso largos ratos en mi pequeño jardín trasero. Tengo algunas hierbas, coles, cebollas y otras verduras. Arranco maleza y riego las plantas. Por lo general, estoy solo con mis pensamientos y me refiero en broma al jardín como a «mi psicólogo».

Sin embargo, incluso allí, en ese silencio, en ese tibio remanso de verdor exuberante, los recuerdos de la vida que he vivido están siempre presentes. En un viaje a finales de los años setenta a Tailandia, probé una fruta que me pareció particularmente agradable: el lichi, que crece en un árbol originario del sudeste asiático. Es una fruta dulce, pequeña, jugosa y deliciosa dentro de una cáscara roja y espinosa. No teníamos lichis en Brasil en aquel entonces y, después de pensarlo un poco —¡pido perdón!—, decidí introducir algunas semillas de contrabando a Brasil. Las puse en mis zapatos y ¡mi corazón latía con fuerza cuando llegué a la aduana! Sin embargo, pasé desapercibido y planté algunas semillas en mi patio trasero. Actualmente los árboles están grandes y producen frutos. Durante todo este tiempo, Brasil y el mundo se han vuelto más abiertos y se pueden encontrar lichis en una gran cantidad de restaurantes y bares de São Paulo y otros lugares. Pero cada vez que miro estos árboles, me acuerdo de mis viajes y pienso en la forma tan dramática en que ha cambiado el mundo.

En realidad, el mundo nunca está demasiado lejos para mí. Sigo viajando, trabajando para organizaciones como la UNICEF y sirviendo como embajador mundial del fútbol. También me ocupo de mis negocios con la ayuda de Legends 10, la agencia que gestiona mi marca y apariciones en todo el mundo y que desarrolla proyectos conmigo a fin de dejar un legado para las generaciones futuras. Afortunadamente, muchas personas siguen interesadas en mí. Hago todo lo que puedo para hacerlas felices, especialmente a los niños.

También tengo algunas causas que intento promover. Una de ellas es el bienestar de mis compañeros de fútbol de los equipos brasileños de los años cincuenta y sesenta. Muchos de ellos tienen problemas de salud y dificultades económicas, y creo que todos nos entristecimos por lo que le pasó a Garrincha, que estaba muy enfermo y arruinado al final de su vida. Muchos de nosotros nos ofrecimos a jugar en partidos benéficos para él en el Maracaná, o simplemente a darle un poco de dinero, pero siempre lo rechazaba y decía que él estaba bien. Creo que las personas que han trabajado toda su vida y que alguna vez estuvieron en la cima del mundo, tienen dificultades para aceptar la ayuda de sus amigos. Por esta razón, hemos trabajado duro a fin de convencer al gobierno para que les ofrezca algo más formal: un poco de ayuda financiera a estos campeones mayores, en señal de agradecimiento por todo lo que hicieron por Brasil.

Sigo viendo a muchos de mis viejos compañeros de la selección brasileña y del Santos. Algunos de nosotros —Pepe, Zito, Coutinho y yo— hemos estado yendo puntualmente a la misma barbería en Santos cada dos semanas durante los últimos treinta años, y siempre nos reímos mucho. Hay dos o tres restaurantes de la ciudad donde nos reunimos de vez en cuando para celebrar el cumpleaños de alguien. Ha sido genial conservar las viejas amistades. Mientras tanto, y de manera inevitable, algunos integrantes del equipo de 1958 han empezado a fallecer: sólo el año pasado, en 2013, perdimos a Djalma Santos, a Nilton De Sordi y a Gylmar dos Santos, mi querido compañero de equipo en cuyo hombro lloré luego de nuestra victoria contra Suecia. Tenían ochenta y cuatro, ochenta y dos y ochenta y tres años respectivamente; vivieron mucho y tuvieron una vida agradable. La muerte es parte de la vida, algo que sucede a todo el mundo. Sin embargo, echo de menos a estas personas.

Estamos tratando de armar un Museo Pelé aquí en Santos. Muchas personas han contribuido a esto, entre ellos el famoso arquitecto brasileño Oscar Niemeyer, quien antes de morir a la edad de ciento cuatro años tuvo la amabilidad de hacer un pequeño bosquejo de un obelisco que pondremos fuera del museo.

Al igual que siempre, mi mayor alegría proviene de mi familia. Todos mis hijos han hecho que me sienta orgulloso de su naturaleza única. Kely Cristina vive en Nueva York y es madre de cuatro hijos, Edinho es un funcionario del equipo Santos, mi hija Jennifer tiene una licenciatura en filosofía y hace traducciones, Flavia es terapeuta física y recientemente me ayudó a recuperarme de una cirugía de cadera. Sandra era concejera en Santos antes de morir trágicamente de cáncer, dejando dos hijos que ahora son adolescentes y que juegan para un equipo de fútbol local en las afueras de São Paulo. Mis dos gemelos de mi segundo matrimonio, Joshua y Celeste (el nombre de mi madre), son adolescentes ahora. Celeste vive y estudia con su madre en Florida, mientras que Joshua juega con el equipo juvenil del Santos. Le he dicho, y a todos mis hijos, que no se preocupen por tratar de seguir mis pasos como jugador de fútbol ni de ser famosos. Cada persona en esta Tierra, incluyendo a cada uno de mis hijos, tiene su propio talento especial y su lugar en el mundo. Si ese talento les permite realizarse, ser felices y hacer que otras personas lo sean, genial, pero en realidad no importa, siempre y cuando descubran cuál es su don y lo cultiven.

Después de todo, he visto de primera mano que la fama puede ser fugaz. Hay otra foto en mi oficina: una de mí a los diecisiete años, dando la mano a un hombre apuesto y con un traje después de ganar el Mundial de 1958. Está al lado de otras fotografías donde aparezco con conocidos personajes como papas, presidentes y otras personalidades.

Todo el que viene a visitarme me pregunta: «¿Quién es ese hombre del traje?», y yo siempre sonrío. Es el rey Gustavo de Suecia. En esa época, era el gobernante del país anfitrión de la Copa y centro de la atención mundial. Ha pasado apenas medio siglo y la mayoría de la gente ya no sabe quién es él, esa es una lección valiosa.

Cuando miro hacia atrás, no es la fama o el dinero lo que más importa. Lo que sé en el fondo de mi corazón es que el fútbol fue bueno para mí y que es fantástico para el mundo. El fútbol tomó a un niño pobre, le dio un propósito y le mostró maravillas en todo el planeta, lo que dio paso a amistades de toda una vida y me creó grandes recuerdos con mi familia. Durante mi vida, he visto cómo ha unido el fútbol a la gente en las comunidades y la ha hecho más sensible a lo que la rodea, he visto una y otra vez la forma en que el deporte ha mejorado muchos millones de vidas, tanto dentro como fuera de las canchas. Al menos para mí, es por eso que el fútbol es importante.

AGRADECIMIENTOS

Pelé y Brian Winter desean agradecer a: Ray García, Jen Schuster y a todo el equipo de Celebra/Penguin por su visión, trabajo duro y apoyo; a Paul Kemsley, Chris Flannery, Theresa Tran y a todos en Legends 10; a Celso Grellet, José «Pepito» Fornos Rodrigues, Patrícia Franco, Jair Arantes do Nascimento, Andrew Downie, Michael Collett, Ezra Fitz, Jerome Champagne, Erica Winter, Saul Hudson, Todd Benson, Kieran Murray, Moisés Naím, la familia Mitchell, Kenneth Pope y a la familia Hendee. En memoria de Katherine Winter.